ドイツ刑事法入門

金 尚均
Sangyun Kim
辻本典央
Norio Tsujimoto
武内謙治
Kenji Takeuchi
山中友理
Yuri Yamanaka
著

Die Einführung in die deutsche Strafrecht

法律文化社

目　次

序　章　ドイツ刑事法の学び方

第Ⅰ部　刑　法

第3章　刑法の諸原則

第4章　構成要件

第5章　違 法 性

第6章　責　任

第7章　未遂犯

第8章　中止犯

第9章　共　犯

第10章　不作為犯

第11章　過　　失

第12章　錯 誤 論

第13章　刑法各論

第Ⅱ部　刑事訴訟法

第14章　総　　論

第15章　起訴前手続

第III部 刑事政策

第19章 制裁論

第20章 責任と保安処分

■略表記①

BGBl	Bundesgesetzblatt
BGHSt	Entscheidung des Bundesgerichtshofes in Strafsachen
BVerfGE	Entscheidung des Bundesverfassungsgerichtes
DRZ	Deutsche Rechtszeitschrift
DRiZ	Deutsche Richterzeitung
FS	Forum Strafvollzug
GA	Goltdammer's Archiv für Strafrecht
HRRS	Online-Zeitschrift HRRS und Datenbank mit aktueller Rechtsprechung des BGH, BVerfG, EGMR und weiterer Gerichte im Strafrecht www.hrr-strafrecht.de/
JA	Juristische Arbeitsblätter für Ausbildung und Examen
JR	Juristische Rundschau
Jura	Juristische Ausbildung
JuS	Juristische Schulung
Justiz	Die Justiz
JW	Juristische Wochenschrift
JZ	Juristenzeitung
Kriminalistik	Kriminalisik
MDR	Monatsschrift für Deutsches Recht
NJ	Neue Justiz
NJW	Neue juristische Wochenschrift
NStZ	Neue Zeitschrift für Strafrecht
RGSt	Entscheidungen des Reichsgerichts in Strafsachen
StraFo	Strafverteidiger Forum
StV	Strafverteidiger
VRS	Verkehrsrechts-Sammlung
wistra	Zeitschrift für Wirtschafts- und Steuerstrafrecht
ZIS	Zeitschrift für Internationale Strafrechtsdogmatik www.zis-online.com/
ZRP	Zeitschrift für Rechtspoltik
ZStW	Zeitschrift für die gesamte Strafrechtswissenschaft

■略表記②（法令）

BGB	民法（典）
BRAO	連邦弁護士法
BtMG	麻薬法，薬物取締法
EKMR	欧州人権条約
GG	基本法
GVG	裁判所構成法
JGG	少年裁判所法
OWiG	秩序違反法
SDÜ	シェンゲン協定
StGB	刑法（典）
StPO	刑事訴訟法
StVG	道路交通法
StrVollstrO	行刑法
VStGB	国際刑法（典）
ZPO	民事訴訟法

■略表記③（注の見方）

a.A./a.M.	別の見解，反対説
a.a.O.	前掲（主に注で使用）
a.F.	旧版
Anm.	評釈
Bd.	○○巻
bestr.	否定的
Ex.	たとえば
f.	～以下（S. 10 f. =10頁と11頁〔のみ〕）
ff.	～以下（S. 10 ff. =10頁以下〔複数〕）
Fn.	脚注
FS	記念論文集
ggf.	場合によっては
grds.	基本的に
h.M.	通説，支配的見解
hrsg.	編集
i.d.R.	原則として
i.E.	結論として
i.e.	詳細は
i.e.S.	狭い意味で
insb.	特に
i.S.d./ i.S.v.	～の意味で
i.Ü.	その他に
i.w.S.	広い意味で
Komm.	コンメンタール
krit.	批判的に
Lit.	文献，学説
m.a.W.	言い換えると
n.F.	新しい版
Rn.	肩番号（文献の余白に付された番号）
Rspr.	判例
s.	～を見よ
S.	頁（S. 10=10頁）
sog.	いわゆる
str./ umstr.	争いがある
Tab.	図表
u.	および／後述
u.a.	とりわけ
usw.	～など
u.U.	事情によっては
v.a.	特に
z.Z.	部分的に，一部では
zust.	肯定的
zutr.	的確に
zw.	疑わしい

序　章　ドイツ刑事法の学び方

I◆──ドイツの刑事司法システム

ドイツの刑事司法は，その多元的な構造に特徴がある。すなわち，ドイツは，連邦共和制をとる統一国であり，刑事司法に関しても，基本的に，連邦が刑事実体法および手続法の立法権限を有している。それゆえ，いかなる行為に刑罰が科され，それがいかなる手続で処理されるべきであるかは，連邦で統一的な運用が行われる。

もっとも，16の諸州は，単なる地方公共団体の地位にとどまらず，それぞれが主権を有してもいる。そこから，諸州は，それぞれ独自の憲法を制定し，立法・行政・司法の権限を行使する。それゆえ，ここに，連邦と州との関係における二元的な刑事司法の運営が予定されている。すなわち，刑事司法に関して，前述のとおり，実体法および手続法は連邦が制定した法令に基づくが，その具体的運営機関は，州に委ねられているのである（裁判管轄は，後述122頁参照）。また，警察活動は，州の権限であることから，犯罪予防・鎮圧の場面と，刑事訴追の場面とで，連邦と州との権限分配が問題となるわけである。

ドイツの刑事裁判所は，州が所管する区裁判所，地方裁判所，高等裁判所と，連邦が所管する連邦通常裁判所とに分かれる。とくに後者は，上告審として法律審査のみを行う点に特徴がある。また，憲法判断は，連邦または州の憲法裁判所が専権的に行う事項であるため，通常裁判所ではこれを行わない。

さらに，近時は，刑事司法の欧州統一化に向けた動きが顕著である。中でも，欧州人権条約による市民の基本権保障は，刑事手続に際しても広く及んでいる。また，条約の機関（欧州連合の機関ではない）である欧州人権裁判所は，具体的事件の直接の救済を図るものではないが，個人（または国家）による提訴に基づいて，刑事手続の条約適合性を審査し，それに違反するものと判断されると，当該国はこれを是正すべき義務を負う。その意味で，条約の存在と，人権裁判所によるその審査は，ドイツの刑事司法に対して大きな影響をもっている。

なお，ドイツの法曹養成システムについては，本書229頁を参照してほしい。

Ⅱ◆──日本との比較のポイント

ドイツの刑事法は，実体法および手続法ともに，古くから日本に紹介され，立法や理論に大きな影響を与えてきた。日本の刑事法の学習に際しても，ドイツ法の用語をしばしば目にするところである（たとえば「構成要件」や「訴訟条件」といった概念）。それゆえ，ドイツ刑事法を学習することによって，日本でも通用している諸概念のオリジナルの理解を知ることができる。もっとも，すべての概念が日本にそのまま伝えられているわけではなく，場合によっては，日本流にアレンジされていることもある。したがって，同じ概念が両国で如何なる意味をもって議論されているかは，双方の比較において重要である。そして，その異同は，現実の法制度とどのように関係しているかを，常に考えておく必要がある。

他方で，両国で，ひとつの問題について「通説」が異なっているものも，しばしばみられるところである（たとえば因果関係論）。そのような原因は，ある見解が日本に「輸入」された時期や，その後の展開の変遷によることが多い。したがって，ある問題について両国を比較考察するとき，単に，理論的側面だけを見るのではなく，歴史的な流れの中でそれをとらえていく必要がある。

また，手続面では，日本がドイツから影響を受けていた旧刑訴法の時代と，第二次世界大戦後の状況とを比較してみるとよい。刑事司法の在り方は，一国の主権を反映するものであることから，時代や政治体制が変わればおのずと変化が生じる。しかし，それによっても普遍的に維持されている原理・原則も必ず存在する。そのような意味で，ドイツは，この100年間で二度の敗戦とナチス政権の支配，東西分裂と統一，そして欧州統一化といった大きな動きがあった中で，刑事司法制度は如何に変化し，また変化しなかったのかを考察し，同じく，第二次世界大戦による法制度の変化を経験した日本の諸制度と比較してみることで，両国の根底に流れる基本的理念が明らかになるかもしれない。

Ⅲ◆――本書の射程

本書は，ドイツ刑事法，すなわち刑事実体法と刑事手続法を中心に，その概説を行う。その際，刑罰執行や犯罪予防システム，少年刑事司法といった範囲も広く取り込んでいる。

もっとも，紙幅の関係上，それらの記述にあたっては，最小限度の情報にとどめざるを得なかった。ドイツには，日本のような「刑事法入門」といった科目が大学の法学部には配置されておらず，いきなり，「刑法総論」や「刑事訴訟法」といった科目が，一年次から配当されている。おそらくは，大学に入るまでの教育課程で，刑事司法に関する一通りの学習が終えられている結果であろう。それゆえ，ドイツの法学部生は，基本的に，かなり分厚い「基本書」によって勉強し，市場にもそのような本があふれている。本書は，そのような「基本書」のほんのさわりの部分（しかし，内容は厳選されている）を紹介するものであり，あくまでドイツ刑事法の学習への導入となるにすぎないものである。したがって，読者は，ドイツ刑事法の本格的な学習（および研究）を行うにあたっては，本書で紹介されるような「基本書」，「論文」，「判例」といった原資料にあたる必要がある。

Ⅳ◆――ドイツ刑事法への誘い

このようにして，本書は，導入部分を担うにすぎないものであるが，本書をきっかけとして，ドイツ刑事法の学習を開始される人が１人でも多く出るのであれば，本書を作成したわれわれにとっても，望外の喜びである。

われわれは，いずれも，ドイツ刑事法を比較研究の対象として研究への道に入った者であるが，しばしば，なぜドイツ刑事法を選択したのかという質問を受ける。その回答はさまざまであるが，ひとつ共通していえることがある。それは，ドイツ刑事法は，非常によく考え抜かれた理論に基づいており，これを理解すべく学習を始めた者にとっては，そこに無限の智の泉を実感することができるのである。もちろん，ドイツ人とてわれわれと同じ人間であるから，間違いはあるし，いかなる制度も完璧なものは存在しない。しかし，それでもなお，間違いの発見から新たな理論を構築し，そして，またそこから新たな論争へと発展していく営みをみると，古くから，日本の研究者らがドイツ刑事法に学びを求めてきたことは，決して間違いではなかったと思われる。

そのような意味で，読者において，まずは本書によってドイツ刑事法の概略を知り，興味のもてそうな問題点が発見できたならば，智の泉へと足を踏み入れてみて欲しい。

第Ⅰ部

刑　法

■テキスト

· *Gropp,* Walter, Strafrecht Allgemeiner Teil, 3. Aufl. 2005.
· *Jakobs,* Günther, Strafrecht AT, 2. Aufl. 1991.
· *Jescheck/Weigend,* Lehrbuch des Strafrechts AT, 5. Aufl. 1996.
· *Krey/Esser,* Deutsches Strafrecht, Allgemeiner Teil, 5. Aufl. 2012.
· *Kindhäuser,* Urs, Strafrecht Allgemeiner Teil, 6. Aufl. 2013.
· *Kühl,* Christian, Strafrecht AT, 7. Aufl. 2012.
· *Maurach/Gössel/Zipf,* Strafrecht AT. Teilband 2, 7. Aufl. 1989.
· *Rengier,* Rudolf, Strafrecht Allgemeiner Teil, 4. Aufl. 2012.
· *Roxin,* Claus, Strafrecht AT. Teilband 1, 4. Aufl. 2006, Teilband 2, 2003.
· *Stratenwerth/Kuhlen,* Strafrecht Allgemeiner Teil, 6. Aufl. 2011.
· *Wessels/Beulke,* Strafrecht Allgemeiner Teil, 42. Aufl. 2012.
· *Rengier,* Rudolf, Strafrecht Besonderer Teil I, 15. Aufl. 2013 und Strafrecht Besonderer Teil II, 14. Aufl. 2013.
· *Wessels/Hettinger,* Strafrecht Besonderer Teil 1, 36. Aufl. 2012.
· *Wessels/Hillenkamp,* Strafrecht Besonderer Teil 2, 35. Aufl. 2012.
· *Eisele,* Jörg, Strafrecht Besonderer Teil I, 2. Aufl. 2012 und Strafrecht Besonderer Teil II, 2. Aufl. 2012.
· *Hohmann/Sander,* Strafrecht Besonderer Teil I, 3. Aufl. 2011 und Strafrecht Besonderer Teil II, 2. Aufl. 2011.
· *Kindhäuser,* Urs, Strafrecht Besonderer Teil I, 5. Aufl. 2012 und Strafrecht Besonderer Teil II, 7. Aufl. 2012.
· *Krey/Heinrich,* Strafrecht Besonderer Teil. Band 1, 15. Aufl. 2013.
· *Krey/Hellmann,* Strafrecht Besonderer Teil. Band 2, 16. Aufl. 2013.
· *Maurach/Schroeder/Maiwald,* Strafrecht Besonderer Teil. Teilband 1, 10. Aufl. 2009 und Strafrecht Besonderer Teil. Teilband 2, 10. Aufl. 2012/2013.
· *Beulke,* Werner, Klausurenkurs im Strafrecht I, 6. Aufl. 2013 und Klausurenkurs im Strafrecht II, 2. Aufl. 2010.
· *Hilgendorf,* Erc, Fälle zum Strafrecht für Anfänger. Klausurenkurs I, 2. Aufl. 2013 und Fälle zum Strafrecht für Fortgeschrittene. Klausurenkurs II, 2010.
· *Hillenkamp,* Thomas, 40 Probleme aus dem Strafrecht Besonderer Teil, 12. Aufl. 2013.
· *Kudlich,* Hans, Prüfe dein Wissen. Strafrecht Besonderer Teil I, 3. Aufl. 2013 und Prüfe dein Wissen. Strafrecht Besonderer Teil II, 2. Aufl. 2009.

■コンメンタール

· Alternativkommentar zum StGB, 1990（未完。§§1-21; 80-145d）.
· *Fischer,* Thomas, StGB und Nebengesetze, 60. Aufl. 2013.
· *Joecks,* Wolfgang, Studienkommentar StGB, 10. Aufl. 2012.
· *Kindhäuser,* Lehr- und Praxiskommentar zum StGB, 5. Aufl. 2012.
· *Kindhäuser/Neumann/Paeffgen,* Nomos Kommentar zum StGB, 4. Aufl. 2013.
· *Lackner/Kühl,* StGB mit Erläuterungen, 27. Aufl. 2011.
· Leipziger Kommentar zum StGB, 12. Aufl. seit 2007.
· Münchener Kommentar zum StGB, 2. Aufl. seit 2011.
· *Schönke/Schröder,* Kommentar zum StGB, 28. Aufl. 2010.
· Systematischer Kommentar zum StGB, Band 1, Stand 2013.

第1章　刑法の歴史の概観

現行ドイツ刑法典は1871年に制定された。本刑法典は，直接的には，1851年プロイセン刑法典に起源を有する。プロセイン刑法典は，1810年フランス刑法典からの影響を受け一般予防と犯罪行為に対する応報を基調としていた[1]。ビスマルク宰相のもと，プロセイン王国が1867年の普墺戦争に勝利し，北ドイツ同盟を樹立した。1868年，プロセイン王国議会は，刑法，刑事手続ならびに裁判所構成法の草案を作成することを可決した。1870年2月，同王国議会に北ドイツ同盟の刑法典草案が提出され，1870年5月に可決された。北ドイツ同盟刑法典は1870年5月31日に制定，1871年1月1日に施行された。これに次いで1871年に普仏戦争にも勝利した結果，1871年1月18日，南ドイツ諸国も統合したドイツ帝国を樹立した。それにより，本刑法典は，「ドイツ帝国刑法典」と命名されるに至った。その制定は1871年5月15日となっている[2]。本刑法典では，Immanuel Kant（イマヌエル・カント）やGeorg Wilhelm Friedrich Hegel（ゲオルク・ヴェルヘルム・フリードリヒ・ヘーゲル）の応報思想とPaul Johann Anselm von Feuerbach（アンゼルム・フォイエルバッハ）の一般予防思想が統合ならびに融合して刑罰目的が構築されている。これを統合説とよぶ（Vereinigungsthorie）[3]。

つぎに，ここでは，戦後における改正の歴史に限定して概観する。

1949年，ドイツは，ボンを暫定的な首都とするドイツ連邦共和国（1949年5月23日成立）（以下，ドイツ）とベルリンの東部地区（東ベルリン）を首都とするドイツ民主共和国（1949年10月7日成立）に分裂した。その後まもなくして，西ドイツでは刑法の改正作業を始めることになった。その端緒として，デーラー司法大臣の主導で，ドイツ人の刑法の教授に対して刑法改正に係る基本問題に関する鑑定を委託した[4]。これと同時に総則および各則に係る比較法の作業も行われた[5]。このような作業が刑法改正の前提作業となり，1954年，ノイマイヤー司法大臣を委員長とする刑法改正大委員会が設置された。同大委員会は1954年

4月6日に招集され，各則に関する審議を3つの独立した下部委員会で行わせることを決定した。1954年から59年までその作業が行われた。その成果として，1959年刑法第一草案，1959年刑法第二草案，そして1960年刑法草案が作られた。1961年，連邦議会選挙の後に，政府は1960年草案を修正し，1962年刑法草案を作成し，1966年に連邦議会に提出したが，これは法律にはならなかった。[6)]

1962年草案（62年草案）は，総則（1条～133条）と各則（134条～484条）から構成されていたのであるが，総則において，故意，過失，構成要件および禁止の錯誤についてそれぞれ法律によって定義した。本草案は，人の責任に対する**正当な応報**として責任主義を根本原理として据えている。ここで，責任を問われる人とは，自由で答責的な倫理的自己決定権を有する者であり，法に賛成し，不法に反対することを決定することを理論的前提としている。[7)]量刑に関しては，刑罰の量の基礎として責任だけを規定している（60条1項）。また，62年草案では刑罰目的として応報を基調としており，贖罪思想と一般予防が再社会化思想より優先していた。

各則における刑罰規定では，最初に「第1章」として「生命に対する罪」を置き，殺人罪（134条）を最初に規定していた。そして最後から2番目の「第5章」に「国家およびその諸機関に対する罪」を置くことで，ここから個人的法益を第一義的に保護する思想を伺うことができる。62年草案では，従来から存在する**懲役刑**，**投獄刑**の他に**刑事拘束**の新設，短期自由刑の存続，[8)]保安監督の新設（Sicherungsaufsicht）が意図されており，各則では，姦通（193条），男性同士の性交（216条），動物との性交（218条），**売春仲介**，**物乞い行為**等，道徳違反や慣習違反等の処罰を意図する刑罰規定が従来と変わらず置かれていた。[9)]このような道徳違反的色彩の強い行為の犯罪化がなお草案には存在していたのであるが，これに対して，14人のドイツとスイスの大学教授によって，[10)]1966年に，総則について，いわゆる「**対案**」が提起された。[11)]ここでは刑罰目的として，特別予防と一般予防を基調としており，法益保護に処罰の範囲を限定する試みがなされた。つまり，法益をみいだすことのできない刑罰規定，言い換えると，法益を保護しないものは刑法から排除すべきだと主張された。1966年に62年草案が連邦議会に提出されたが，その後，1968年にFDP（自由民主党）議員団が「対案」をその刑法草案として提出した。これら両草案は，連邦議会の刑法改正特別委員会で審議されることになったが（1966年～1969年），その後，1969年６月25日の第１次刑法改正法が1969年９月１日と1970年４月１日に施行され，1969年７月４日の第２次刑法改正法（第２次改正によって総則が全面改正）が1975年１月１日に施行された。ここでは，「量刑の一般原則」（46条１項）で，量刑の基礎を「責任」としながら，「社会における行為者の将来の生活に与えると期待しうる効果」を付け加えており，62年草案と対案との妥協がはかられた。また，属地主義（３条）の採用[12]，不真正不作為犯に関する定義（13条），構成要件的錯誤（16条）と禁止の錯誤（17条），責任無能力の根拠に関する精神の状態または事情（20条），未遂犯についての概念（22条），著しい無分別による不能未遂（23条３項），狭義の共犯において故意を要求する規定（26，27条），免責的緊急避難に関する錯誤（35条２項），等が新たに定められた。

第１次刑法改正法では，懲役刑と投獄刑を廃止することで**自由刑**の単一化[13]，刑46条（短期自由刑の回避）の制定により短期自由刑の制限[14]，自由刑の下限を１月に引き下げること，**日数罰金制度**の導入（47条２項），量刑基準の新たな規定，刑の免除（60条）（Absehen von Strafe）の導入，執行猶予の拡大[15]，**行状監督制度**の導入（68条以下），改善および保安処分を比例性原則に拘束すること，労働作業所の廃止，市民的名誉権剥奪の廃止，過失による受刑者解放罪の廃止，軽率な過失によって嫌疑をかける罪の廃止，決闘規制の廃止，姦通罪の削除，男性同士の性交罪の改正[16]，動物との性交罪の削除，売春仲介罪の改正[17]，等が実現した。

第２次刑法改正法では，不真正不作為犯規定の導入，行為事情に対する錯誤規定の導入，禁止の錯誤に係る責任説を採用する規定の導入，正犯と共犯に関する規定の導入，緊急避難に係る二分説を基礎とした規定の導入が行われた。また，**社会治療施設**（65条）における収容を新設した[18]。

1970年５月20日の第３次刑法改正法（1970年５月21日施行）では，デモ刑法の改革が行われ，犯罪行為への公然の扇動罪，執行官に対する抵抗罪，そして暴力行為を直接または間接的に関与ないしは促進させた者に処罰範囲を限定する意図のもと騒乱罪が規定された。

1973年11月23日の第４次刑法改正法が1973年11月24日に施行された。性刑法を改正し，章題を「性的自己決定に対する罪」に改め，慣習保護から性的自己決定への保護に重点を変えた。

1974年6月18日の第5次刑法改正法では，妊娠中絶の罪に関連して改正が行われ，一定の条件が守られている場合に不処罰とされるに至った。

1974年8月15日の刑法導入法が1975年1月1日に施行され，**反則行為**が廃止された。

1976年3月16日，**行刑法**が制定され，翌年1月1日に施行された。

1976年7月29日，第1次経済犯罪対策法が1976年8月1日施行され，補助金詐欺（264条），保険の濫用・保険詐欺（265条），破産（283条），特定債権者の優遇（283c条），債務者の優遇（283d条），暴利（302a条）構成要件が導入された。

1986年5月15日の第2次経済犯罪対策法が1986年8月1日施行され，支払用カード，小切手および手形の偽造（152a条），コンピュータ詐欺（263条），投資詐欺（264条），キャッシュカード・クレジットカードの濫用（266b条）が導入された。

1987年3月10日，新刑法が公布された[19)]。これによって，総則部分の実体刑法の改正は終了した。

1992年7月5日の組織的な違法薬物取引および他の組織犯罪の現象形態を防止するための法律（組織犯罪対策法）が1992年7月15日施行され，資産刑の賦科（43a条），拡大没収（73d条），資金の洗浄，不法に獲得された財産的価値の隠蔽（261条）が導入された。

1994年10月28日，犯罪対策法が制定された。

1998年1月26日第6次刑法改正法が1998年4月1日に施行され，領得罪への第三者領得（意思）の導入，放火罪が現代化された。

2002年6月26日の国際刑法典導入のための法律が2002年6月30日施行された。

2004年7月30日の第36次刑法一部改正法では，「録画による高度に私的な生活領域の侵害罪」（201a条）が導入された。

2005年2月11日の第37次刑法一部改正法では，刑180b条および181条が削除され，「性的搾取目的での人身取引罪」（232条），「労働力搾取のための人身取引罪」（233条），「人身取引の促進罪」（233a条），「行状監督，拡大収奪について」(233b 条) および「人の強取罪」(234条) が導入された。

2004年７月23日に事後的保安監置の導入のための法律が制定された。

2005年９月１日の第39次刑法一部改正法では，落書き・グラフィティに対応するために刑303条，304条の改正が行われた。

2007年３月22日にストーカーの刑事規制のための法律が制定された。刑238条が導入された。

2007年７月16日に精神病院ならびに離脱施設収容の保全のための法律が制定された。

2007年８月７日に，第41次刑法一部改正法によりコンピュータ犯罪対策のために，データの探知罪 (202a 条)，データの入手 (同 b 条)，予備 (同 c 条) が導入された。

2007年10月26日の核テロ犯罪行為撲滅のための2005年４月13日の国連条約の国内実施のための法律により，「電離放射線の濫用罪」(309条) と「爆発犯罪または放射線犯罪の予備」(310条) の改正が行われた。

2008年10月31日の性的搾取および児童ポルノ撲滅のためのヨーロッパ評議会の枠組み決定の国内実施のための法律により，「過失による虚偽の宣誓罪」(161条)，国際裁判所，国内の調査委員会 (162条) が導入され，刑163条が廃止された。

2009年７月30日の国家を危殆化する重大な暴力行為の予備の訴追のための法律により，「国家を危殆化する重大な暴力行為の予備罪」(89a 条)，「国家を危殆化する重大な暴力行為を挙行するための関係を受け入れる罪」(89b 条)，「国家を危殆化する重大な行為の挙行の指揮罪」(91条) が導入された。

2011年３月16日の一定の民族差別および外国人排斥表現形態に対する刑法による撲滅の2008年11月28日のヨーロッパ評議会の枠組み決定の国内実施，およびコンピュータシステムを使って行われる民族差別および外国人排斥行為の犯罪化に関するコンピュータ犯罪の2001年11月23日のヨーロッパ評議会の協定に関する2003年１月28日の付帯条項の国内実施のための法律により，「民衆扇動罪」(130条) が改正された。

2011年６月23日の強制結婚撲滅および強制結婚の被害者の保護ならびに在留および移民法規定の改正のための法律により「強制結婚罪」(237条) が新設され

た。

2012年12月５日，保安監置法における隔離の国内実施のための法律。

2012年12月６日の第45次刑法一部改正法により刑法による環境保護に関するヨーロッパ議会および評議会のガイドライン国内実施のために関係法律の改正が行われた。

2013年９月14日の第47次刑法一部改正法により女性の性器の切除に対する罪を刑216a 条として新設した。

1）このプロイセン刑法は，1851年４月14日プロイセン国王によって署名され，同年７月１日に施行された。プロセインは，1849年に「普通ドイツ刑法草案」を提示している。

2）ドイツ刑法に関する歴史について，*Vormbaum,* Thomas, Einführung in die moderne Strafrechtsgeschichte, 2009. が大変参考になる。

3）統合説は，引き続き，刑46条において現行の刑法にも受け継がれている。

4）17人の教授は，メツガー，シュミット，ボッケルマン，ヴェルツェル，ハイニッツ，ランゲ，ヴュルテンヴェルガー，ジーファーツ，ガラス，ニーゼ，シュナイデヴィーン，マウラッハ，マイヤー，フォン・ヴェーバー，シュレーダー，ケルン，ヴァークナーである。

5）Materialien zur Strafrechtsreform Band 1, Band 2, 1954.

6）1962年草案は法律にはならなかったものの，持続的に現行の刑法典に影響を及ぼし，その結果，刑法改正史の重要な画期を築いたとされる（Claus Roxin, Strafrecht; AT. Bd1, 4., vollst. neu bearb. Aufl, 2006, §4 Rn.17.）。

7）BGHSt2, 200.

8）刑事拘束の刑に関して，最長６ヶ月，最短10日の自由拘束を予定していた。

9）1953年当時の刑法典においてもすでにこれらの規定は存在していた（Bekanntmachung des Wortlautes des Strafgesetzbuchs〔BGBl. 1953 I, S.1083〕Vom 25. August 1953）。これは1954年１月１日公布された。男性同士の性交罪は1872年１月１日施行されたライヒ刑法典において175条に規定され，第１次刑法改正法で男性同士の単純同性性交罪を廃止し，18歳を超える男性が21歳未満の男性と性交することを禁止し，1973年11月23日の第４次刑法改正法で18歳を超える男性が18歳未満の男性と同性性交することのみを処罰することに改正された。1994年７月11日に削除されるまで存在した。なお同条には動物との性交罪も規定されており（1935年に刑175b 条に条文改正），1969年第１次刑法改正により削除された。姦通罪は1969年第１次刑法改正によりに削除された。物乞い行為は1974年に削除された。

10）バウマン，ブラウネック，ハナック，アルトゥール・カウフマン，ランペ，レンクナー，クルーク，マイホーファー，ノル，ロクシン，シュミット，シュトラーテンヴェルト，シュトレー，シュルツの14名。

11）Alternativ-Entwurf eines Strafgesetzbuches, Allgemeiner Teil, 1966. Vormbaum/Rentrop, Reform des StGB, Bd.3, S.401ff.

12）それまで刑法は属人主義を採用していた。

13）改正前の刑法は，終身刑以外に，重懲役刑，軽懲役刑，禁固刑に区分されていた。懲役刑と投獄刑の廃止は，再社会化思想の勝利ともいわれる。

14）62年草案では，短期自由刑が広い範囲で認められていた。

15）62年草案では，９ヶ月を超えない懲役刑または投獄刑の宣告を受けた場合にのみ執行猶予が予定されていた。

16）18歳未満の男性に対する同性性交行為に改正された。

17）16歳未満の未成年に対する性行為の援助に改正された。

18）刑65条は1984年の法律によって削除された。

19）BGBl. 1987, S.945.

第2章　刑法の犯罪論

Ⅰ◆──概　説

ドイツ刑法理論は，長い歴史を有しており，しかも刑法学の中核部分である[1]。犯罪論の発展は，多くの者によって補足され，相互に批判し，そして相互に構築した体系に関する提案によって特徴づけられている。この歴史を逐一跡づけることは[2]，本書の枠組みを超える。ここでは今日に至るまでの犯罪概念と犯罪論体系の展開を示すことにする。考察の出発点として「帰属」概念に焦点をしぼり，これを基点として犯罪概念の発展史を追うことにする。とくに，犯罪概念にとっての転轍機である不法と責任の分離に言及を進める[3]。

Ⅱ◆──帰属の問題としての犯罪

帰属の問題が刑法理論の中心的論点へと発展したのは Samuel von Pufendorf（サミュエル・フォン・プーフェンドルフ）の功績によるところが大きい[4]。「**帰属**」という概念は彼の理論にさかのぼる[5]。それによれば，行為は，それが自由な意思に由来するとともに道徳世界の基準に基づいて評価可能である場合にのみ人に帰属可能である。道徳世界の根源としての人の行為と物理的世界の根源としてのそれについての Pufendorf による区別に関連して，Immanuel Kant（イマヌエル・カント）は，『人倫の形而上学』の導入部分で，「帰属は，……道徳意味においてひとつの判断であり，それによって各人は，事実としての行為（Tat）を意味しそして法則に従う**行為**の創始者と見なされるのである[6]」と述べている。

Hans Kersen（ハンス・ケルゼン）は，帰属を諸要素のまったく固有の結合であると記述している[7]。Johann Gottlieb Fichte（ヨハン・ゴットリープ－フィヒテ）

は帰属と**負責**を別々に分けてよんでいる。「負責と帰属とは，客観的な法以外には，何ら意味をもたない。ある人は，公共の安全にとって不利益な衝動の実現を阻止するために社会が人為による物理力の適用を必要とする場合に，自ずから責めを負うのであり，そしてその行いについて彼に帰責される」。

すでにこのように短い引用だけで帰属に関して何が問題なのかを明確にしている。Pufendorf と Kant は，帰責する者の側からそして部分的に帰責の客体に照らして論証するのに対して，Kersen はすべての刑法思想が長年取り組んでいる諸問題を提起している。つまり，犯罪とは何なのか？，いかなる要素が犯罪を構成するのか？，それらをどのように結合させるべきなのか？，ということである。

Ⅲ◆──刑法的帰責の対象

帰責の複雑性ゆえにこの概念にはさまざまな意味が隠されている。「帰責」は部分的には行為にのみ関連する[8)]。このことは，**答責帰責**の放棄を意味している。他の論者によれば，帰責の対象を人格性構造に見いだす[9)]。最終的に，帰責は行為に関する答責に関連する[10)]。これによって行為は行為者との関係でのみ考えることができる。

帰責の現代的理論は，何が帰責されるのかということと帰責の基準とを区別している[11)]。第一の点は結果に関する問題である。しかし，これについては，結果を規定している犯罪のみが想定される。未遂犯や危険犯はここに含まれない。このような欠点を埋める可能性は，先に示した犯罪をも包括するように「結果」概念を解釈することである。もちろんこのことは，「結果」という言葉の意味を一端空にしなければならない。したがって再度，何が帰責されるべきなのかという問題が提起されるといわれる。ここでは，帰責されるべき客体，現象，つまり社会的出来事が問題なのである。刑法において，これは犯罪行為そのものである。これが帰責の中心点にある。問題設定を結果に矮小化してしまうと，「犯罪」という問題の普遍性を反映しないであろう。

第二の点は，どのように帰責すべきなのかを判断する基準の問題である。客観的帰責と主観的帰責の区別によって，今日的解釈によれば，犯罪概念によって不法と責任が区別される。このような意味で客観的帰責は不法に対する帰責であり，主観的帰責は責任に対する帰責として示される。

以下では，帰責理論を深くみていくことにする[12)]。上記の短い考察によって，犯罪概念と犯罪論体系の起源を帰責論に求めるべきだということが明らかになったはずである。

Ⅳ◆──犯罪概念と犯罪論体系

◆通説的な体系

①**構成要件該当性**

──客観的側面

──行為（Handlung）

──結果（Erfolg）

──**因果関係**および**帰属可能性**

──主観的側面

──**故意・過失**

──主観的要件（窃盗における**領得の意思**，〔無価値を構成する限りで〕**心情要素**など）

②**違法性**

正当化事由が介在する場合に違法性を阻却する

③**責任**（純粋規範的責任）

──**責任能力**

──故意─責任

──**違法性の意識**

──特定の責任要件（〔責任を構成する限りで〕心情要素）

──**責任阻却事由**の欠如

帰責の対象は犯罪である。実質的犯罪概念は可罰的態度の実体的基準を包括している。この可罰的態度は刑法典よりも前にすでに存在しており，立法者が何を犯罪にすべきかに関する基礎として役立つ[13)]。犯罪論体系は，これに対して，犯罪行為についてその構造を構築する。これは法の意図を操縦する刑事司法的思考プロセスであるが，しかし，それ自体はどの法律においても規定されていない。[14] 犯罪論は，それゆえ犯罪類型の個々の要素を扱うのではなく，すべての犯罪行為に共通する犯罪概念の構成要素を扱う。Karl Engisch（カール・エンギッシュ）は，各々の要素と条件の整った可罰的行為の構成要件概念が犯罪論体系の中心点であるとした。

さらに，個々の犯罪論体系について詳細するまでもなく，すべての可罰的態度は構成要件に該当し，違法でかつ有責であり，その上その他の処罰条件を充足する行為であるということについて一致がある。[15] 異なる諸要素の付加を通じて類概念から態様概念へと発展する区別化の体系，[16] つまり犯罪論は，行為の概念を出発点としつつ，これに関連して異なる諸要素を付け加えることを通じて，構成要件該当性，違法性，有責性を段階的に態様概念として規定される限りでモデルとして役立つのかどうか，または見かけ上必然的な演繹と推論の過程で個別事例における正義を見落とすことに至るので，このような明確に定義され，論理的に結びついた諸概念の古典的な体系が非難されるかどうかに関係なく，上記の犯罪の諸要素は放棄することはできない。争いなく，すべての今日主張されている価値志向的体系は犯罪の諸要素の古典的区別から発展したのであり，Claus Roxin（クラウス・ロクシン）が説明しているように，「理論史的伝統連関」から切り離すことはできない。伝統的な古典的体系の基本的諸カテゴリーは，体系構築の道具として，目的論的で，価値志向的な体系に役立ち，それらは内容的にも変化する。それは，単に伝統的な犯罪カテゴリーを別様に構成するにすぎない。

Hans Welzel（ハンス・ヴェルツェル）は，犯罪を構成要件，違法性，責任の３つの要件に分解することにここ２・３世代の最も重要な理論的進歩があると見ている。立法者は，長い間の議論の中で学問によって発展してきたこの根本的カテゴリー，つまり犯罪論体系の諸段階を刑法典という「客観的な」体系に反映させようと試みている。これに関して，刑15，16，17，20条の行為の概念があげられる。他の規定では，明示的に「構成要件」という用語が用いられている（たとえば，13，16，22条）。刑11条１項５号では，明示的に「違法な行為」が定義されるとともに，違法な態度は常に構成要件の実現を前提にすると表現されている。そして法律は免責事由と正当化事由を区別している。その態度が刑32条および34条の要件を充足する者は「違法には」行為していない。これにより，「違法でない」と「責任がない」とが区別されることになる（たとえば，17，20，35条）。

個々のカテゴリーの関係が互いに争っているとすると，近代刑法理論において上記の4つの要件（構成要件該当性，違法性，責任，そして処罰条件）が存在する場合に可罰的態度が存在するということも争われることになる。この4つの概念は，つまり犯罪概念の柱である。これらの柱が古典的犯罪概念を支えている。

V◆──古典的犯罪概念

1 概 説

古典的犯罪概念は，刑法において今日支配的見地である責任なき客観的不法の立場に賛成しており，不法と責任の分離は「最も重要な発見」とされている[17)]。

古典的犯罪概念は，客観と主観，不法と責任，構成要件，違法性，責任の配列をすることで，学問における方法論の追求に即応する。自然科学志向は，法的連関の認識に関しても自然科学と比肩する進歩をさせたいという願望に起源を有している。Friedrich Nowakowski（フリートリヒ・ノヴァコフスキー）の分析的処理方法において明確にそのことが記述されている。つまり，「実定法からこれを基礎とする犯罪論概念が導き出される。学問的および実務的必要性から，実定法は分析的に個々の要素に分解される。このことは論理的に見て正確にさまざまな態様で行われる。しかし，意味連関と価値連関を明確にすることが重要である[18)]」，と。

犯罪行為は，犯罪論概念を構築するために，異なる個々の要素に分解される。これについて，個々の要件である，構成要件，違法性，責任は厳格に区別されており，それらが全体の中での土台である以外では，共通性をもっていない。犯罪論はまさに犯罪の成立の有無に関して概観できるがゆえに今日まで影響力を保持しているといえる。

2　Beling による古典的犯罪論概念の概観

◆ Beling の体系

①構成要件該当性

——行為（意思による身体活動）

——結果（外界における変動）

——因果関係（条件説）

②違法性

正当化事由が介在する場合に違法性を阻却する

③責任（心理的責任）

責任の前提条件としての帰責可能性

責任構成要素

——故意（違法性の意識）

——責任阻却事由の欠如（免責的緊急避難など）

Ernst Ludwig Beling（エルンスト・ルートヴィヒ・ベーリンク）は，『犯罪の理論』において[19]，構成要件に該当し，違法で，有責であり，これに適した刑罰威嚇に基づいて措定可能で，かつ処罰条件を充足する行為を犯罪であるとした。第一に，行為を出発点とするだけでなく，犯罪概念の中心に据える犯罪行為概念を発見した。けれども，Beling はこれによって次の定義しか明らかにしなかった。つまり，個々の要件はもちろん理論の目的に即した刑法の体系的記述において厳格に相互に区別されなければならない，ということである。このような区別によって，意思による身体運動によって惹起される不法を措定する客観的な外部領域と，すべての精神的事象ならび状態を包括する主観的な内面領域に分けられることになる。不法と責任は，Beling において厳格に区別されるだけでなく，「責任のための帰属」は行為論をまったく問題にしない。これによると責任は，「主観的領域において意思活動を専門的に扱う」のにすぎない。つまり「行為の心理的瑕疵」のことである。犯罪者による行為が想定されているので，たしかにこれは Beling によれば「行為の特性」である。しかし，犯罪行為という概念にとって何ら得るものはない。

(1)　行　　為

Beling は，行為を犯罪であると示すと共に，犯罪者の行為として想定しようとした。ここでBelingは，上位概念である「行為」をこれと区別しようとする。「論理的純粋性の法則は，行為概念は犯罪の特徴を条件付けるすべての混成物から解放されていることを要求する」。これにより，行為概念においては「いささかの責任」も内包しないことになる。これに伴って行為も構成要件該当性から区別され，その結果，「裸の構成要件そのものは，行為という要素を内包しない」ということになる。

これによって，人の意思にさかのぼることのできる外界における変更を包括する因果的行為論が生まれたことは説明するまでもない。Belingのそのような行為論を「血の通わないないし脚色のないもの」だとすると，彼は，どれほどわずかしかそのような行為論が犯罪行為を包摂することができないかを説明することになる。犯罪論の基礎としてそのような概念は役立つものではない。

(2) 体系的カテゴリーとしての構成要件の展開

構成要件は，Belingによれば犯罪類型の外郭であり，いかなる犯罪を類型的に取り扱うのかを明確にする諸要素の総体である。構成要件は，犯罪類型として単に行為の内容記述にすぎない。このことにより，Belingは構成要件を客観的かつ価値とは無関係なものとして理解することに至る。それゆえBelingによれば，「類型的」とは「それ自体として違法な」行為だと解するのは正しくない。構成要件の実現だけでは，これによって実現する不法の確定とは何ら結びつかない。構成要件を実現したという確定は，それ自体としては何かを担うのではなく，その中に「法的意義は認められない」のである。構成要件は，これによって「純粋にすべての違法要素」から解放されている。Belingは，たしかに，構成要件の充足は違法性の徴表たり得ると述べる。しかし，Belingは，相当多くの事例において構成要件に該当する行為は違法でもあり得るが，しかし構成要件該当性の確定は，違法なものとして行為を評価することを含むないし徴表するとは考えない。これによって構成要件に関する検討は厳格に中立的な土俵で行われる。

Belingの構成要件論は，Max Ernst Meyer（マックス＝エルンスト・マイヤー）による規範的な行為要素の発見によってはげしく震撼を覚えた。Meyerによれば[20]，立法者が構成要件において価値的要素を採用する場合には，もはや単一的で純粋記述的な構成要件を前提とすることはできないからである。それゆえ，Meyer は，「構成要件には価値判断は存在しない」との Beling の見解について疑わしいものであるとした。刑242条の「他人」の要件を例にして Meyer は，規範的構成要件要素は違法性を部分的に先取りした評価を含んでいることを示そうとした。それゆえ，Meyer によれば，一方で法律の構成要件と，他方で違法性を結びつけるかすがいが比較可能であるという事態は二重の特徴をもつ。それらは規範的構成要件と真正な違法要素である。たしかに価値判断は違法性の領域で価値的に確定されるが，このような要素を構成要件の構成要素にした立法者の意思から離れることはできない。

◆ Mezger の体系

①構成要件該当性

　――客観的側面

　　――行為（意思に基づく態度＝作為／不作為）

　　――結果（外界の変動）

　　――因果関係（条件説）

　――主観的側面

　　――故意

　　――主観的要件（窃盗における領得の意思など）

②違法性

　正当化事由が介在する場合に違法性を阻却する

③責任（規範的―心理的責任）

　――責任能力

　――故意（違法性の意識）

　――責任阻却事由の欠如

その後，構成要件要素を規範的に理解することが次第に広まり，構成要件の価値具有性が今日承認されている。価値要素と存在要素が「総合して介在している」ものと認識することが必然となる。しかしこれによって構成要件と違法性を，そして評価客体と評価を厳格に区別することができなくなった。Edmund Mezger（エドムント・メッガー）はこのことを明確に表した。Mezger によれば，構成要件には，立法者による構成要件の創設は直接的に行為が違法であること，つまり特別に類型化された不法として根拠づけることを含んでいる。立法者は構成要件を形成することによって特殊な違法性を創設する。つまり，「行為の構成要件該当性は，したがって単に認識のための根拠ではなく，（特別の）違法性の存在を知らしめるための根拠である。構成要件は行為を違法な行為に変換する。もちろんそれ自体としてではなく，特別の違法性阻却と関連してである」。「構成要件は，これに該当する行為がさらに不法であるということに関する判断である」。このような見解は，最終的にBeling流の価値から解放された構成要件の理解と袂を分かつ。なぜなら，Arthur Kaufmann（アルトゥール・カウフマン）が述べたように，「価値から解放された生活実態と存在から切り離された価値は，純粋な思考上の構築物であり，現実性を有しない。そうでなければ，私たちは，存在もしくは価値の中のいずれかに埋没してしまうであろう[21]」。

(3)　まとめ

今日，自然科学に方向づけられ，有意的な人間の身体活動を犯罪の前提とする因果的行為論と古典的犯罪論が結びつけられている。もっとも，そのような解釈に関して，Franz von Liszt（フランツ・フォン・リスト）とその学派は，行為が構成要件該当性，違法そして責任という個別のものを統合する場合に，行為自体をもって犯罪を記述していることを看過してはならない[22]。有意性と行為との連関は何ら行為概念を表すのではなく，行為とよぶことのできる前提条件を示すにすぎない。行為の有意性は，それによれば，検討段階の端緒にすぎず，あらゆる検討問題を経ることで犯罪の存在の有無を決めることができる。このことは，Lisztが犯罪を行為として特徴づけた後に，犯罪の諸要素，つまり行為という特性を詳細に記述し，しかも最初に行為の一般概念を示したことで明らかになる。

Lisztは，このような一般概念を行為に関する最低限の要請とはしていない。行為の一般概念とは，犯罪の最も一般概念，つまり行為なのである。行為は刑法における事案の検討の端緒以上のものではなく，何らの要素も含んでいない。古典的犯罪概念はそれゆえ犯罪としての行為の理論なのである[23]。

分析的犯罪概念は，犯罪行為の概念を理解することなく，これを追求している。なぜなら，概念があらかじめ存在するのではなく，それが分析の最後に位置づけられているからだ。不法判断のための構成要件と違法性の存在と責任との連関から初めて犯罪行為が明らかになる。ここでは各要素は並列ないし重なり合っている[24]。これらは体系における基礎にすぎない。その上，構成要件，違法性，有責性は，行為の諸特性であると誤解してはならない。なぜなら，最初にBelingによれば，犯罪行為を意味しない行為があるからだ。（構成要件，違法性，有責性などの）個々の特性が存在することによって最終的に犯罪とされ，犯罪者による行為方法論であるがゆえに内容はないままである。不法と責任の区別をもって行為と行為者をカテゴリー上区別し，消極的に評価された結果としての不法とこれに対する答責性を有する主体を特徴づけるものとしての責任との連関は，いわゆる「帰責」を通じて初めて行われる。これによって刑罰をもって人の過去の行為が処罰されるのではなく，単に「他行為可能性」だけが刑罰の動機とされることになる[25]。

3　目的的犯罪概念――Welzelの目的的行為論

(1)　Welzelの実体論理的構造

◆ Welzelの体系

①構成要件該当性

　――客観的側面

　　――行為

　　――結果

　　――因果関係

　――主観的側面

　　――故意

　　――主観的要件（窃盗における領得の意思など）

②違法性

　正当化事由が介在する場合に違法性を阻却する

③責任（純粋規範的責任）

　――責任能力

　――違法性の意識

　――特定の責任要件

　――責任阻却事由の欠如

古典的犯罪論が内容空虚であることを回避するために，Welzel は別の方法を提唱した。Welzel のコンセプトは，そもそも古典的理論の意味での分析的方法によらず，法的思考を事実に即して行うこと（事実拘束性）にある。Welzel は認識の対象，つまり犯罪に目を向けており，存在，世界そして社会における現象形式の文脈に関心を向ける。犯罪と存在の連関を「事物論理構造」を通じて確立し，Welzel はこれを最終的に世界の段階構造の存在論の中にみいだしている[26]。彼の見解によれば，すべての法素材の中に隠され，しかも実定的規則の前に存在する事物論理構造を明らかにすることが認識のために必要である。ここで２つのことが関係する。一方で，評価の客体と客体の評価の間との基本的区別と[27]，他方で恣意的な実証主義の克服である[28]。なぜなら，立法者の決定が規制すべき対象の事物論理構造を考察した場合にのみ，彼の決定は拘束的であるからだとされる。Welzel は，新たに犯罪論体系と**目的的行為論**を構築する[29]。それによれば，因果事象が最下層の段階である。次に，目的的事象という段階が問題になる。これは因果事象全体を人の意思によって支配している。さらに，人的—精神的段階が存在する。ここでは，人間が固有の答責性の範囲内で意思を自由な決定を通じて形成する[30]。Welzel は，自然科学において自明なことを法学の世界に導入しようとした。つまり，存在そして世界に，すなわち記述の対象に目を向ける。「光」の現象を「光」という概念の記述の基礎にしつつ，これを前提にして波または粒子の現象として理解する。法学にとってこのことは，それが方法を介して対象を外から分解するのではなく，対象自体にある相違そのものを受け入れることを意味する。法学はそれゆえ方法論的なものである必要はなく，方法は対象の後から生まれるのである。

⑵　Welzel の犯罪行為論

Welzel は，目的的行為論を基礎づけるために法的論証を事実に即して行うという学問的手法をとる。Welzel は，因果性，目的性，自由な意思決定という人間の態度の三段階を，法規範は人の行為のみに関係するという結論をもって，犯罪行為に応用する。第二段階の目的性と第三段階の自由な価値決定を存在論的に区別することによって不法と責任の区別を導くが，その際，客観的構成要件と並んで主観的構成要件があるべきなので，Welzel は常に目的的な行為不法を問題にしている。「とくに決定的なファクターとしての意思の中に結果が目的的に属すること，つまり各人は現実の行為の価値内容にあわせて一定の性質をもった価値決定を行うことを通じて，責任という存在論的対象は行為から区別される[31]」。

「目的的行為における責任という要件は，より高次の価値に対するより低い価値（無価値）に対応した意思の決定に関係する[32]」。Welzel の見解によれば人の態度の所与の事物論理構造から，故意としての行為操縦は，衝動の操縦としての行為の評価から，つまり行われたことの帰属からは区別される。Welzel は，行為者の意思から導くところに独自性があることをもって犯罪行為体系を表す。けれども Welzel の見解は個々の段階の存在論的証明をすることはできない。それは，段階を構築することが現実そのものを把握しないし，常に現実的とみなされる段階を記述するにすぎない[33]。ここではすなわち段階の現実との連関を欠く。Welzel の目的的行為概念は人間の行為としての犯罪行為をその全体において記述していない。なぜなら，２通りの心理的プロセスとして行為操縦と衝動操縦を把握するからである。行為を主体に帰属させることによって明白となる行為概念の空虚化を伴う。因果要因として身体活動を操縦し，コントロール（行為操縦）する意思に対して，衡量と評価という事象が先行していることがあるかもしれない。意思がいずれの可能性を選択し実行するのかは，意思の具体的にあり得る因果連鎖の目的的な連関を問題にするのではなく，目的的で，あり得る行為態様に対応した意思の情緒的価値決定に依拠するのである。もっとも外部的なものと内部的なもの，行為と帰責，行為と行為者の区別は最終的に不法と責任によって根拠づけられる。たしかに意思の２つの次元は別の内容をもっているが，しかし意思に由来する。このことは，刑法的評価のための存在論的基礎は（現実化した）意思であり，行為操縦だけが衝動操縦の基礎であるわけではないということを意味する。また，存在論的に導かれた不法と責任の連関も問題である。Welzel はこれを無価値の先取りを通じて，意思が賛成か否かを決定するように，行為の価値を決定する行動が先に存在しなければならないということをもって基礎づける。責任の無価値が行為の無価値になおも付け加わる。なぜなら，行為の認識された価値が最初にあるからだ。つまり，単に評価された行為操縦ではない。まさにこのような矛盾は，存在論的認識がわずかしか扱っていない人間の決定プロセスの複雑性を示している。

人間がいかにして決定に至り行為へと繋がっていくのかは単にプロセスの問題だけでなく，部分的には決定されてもいる。決定の前に存在する価値は，教育，社会的影響が価値構造にとって顕著に影響を及ぼすので，すでに個々人の意識に由来する。ここでは，価値から行為操縦への決定プロセスが形成される。

存在の段階構造の理論は，さまざまな学問領域から議論され，存在論的な対象に対する知見を提供してきた。しかし，個々の学問領域そのものは非常に抽象度が高く，法の対象，つまり犯罪行為に転用することができないということが看過されている[34)]。

⑶　まとめ

目的的行為論は，行為者と結びつけたにもかかわらず，なお因果的行為／不法論である。なぜなら，この理論は不法を意思によって惹起された結果と理解し，これによって行為概念を規定しているからである[35)]。古典的犯罪理論は今日でもなお存在する。つまり，事例検討のためのシェーマとして，「有意的な身体活動」または「行為」という最も一般的な要件から，「動機」ないし可罰的行為の有責性に至るまでの人間の行為態様の多様性を濾過する。

目的主義・フィナリスムスの功績は，人間とその行為を犯罪行為概念に関係させたことであり，これは，Arnold Gehlen（アーノルド・ゲーレン）によって次のように述べられている，つまり「人間は行為する存在であり，人間は『確定』されない。すなわち人間はそれ自体として任務なのであり，彼は態度表明をする存在なのである」と。外界に向けての態度表明をわれわれは行為とよぶ。それはまさに人間がそれ自体として任務であり，彼はしかも態度を表明し何かをするのである。人間は，あらかじめ何かを予定している。人間は時空間において将来のこと，つまり現在でないものに依存している。人間は将来のために生きており，現在において生きているのではない。以上のことは，行為する存在の諸事情を抜きに論じることはできない。そして固有の意味における人間にとって何が人間の意識なのかをこのことから理解しなければならない[36)]。

Welzel の理論的手がかりを魅力あるものにしているのは，論証を事実に即して行うことと行為概念を犯罪の惹起者に関連させたことである。けれども欠如しているのは，人間の行為を社会に組み入れること，つまり個々人の社会的文脈で決定されていることについてである。

Ⅵ◆──現代の刑法理論

一方では，Georg Wilhelm Friedrich Hegel（ゲオルク・ヴェルヘルム・フリードリヒ・ヘーゲル）の帰属モデルと，他方で古典的犯罪論から導かれる犯罪に関する理解にGünther Jakobs（ギュンター・ヤコブス）とClaus Roxin（クラウス・ロクシン）は賛意を示している。

1　Roxinの責任と答責性

三段階の犯罪論体系の支持者としてRoxinは責任を不法から区別し，責任について，体系上，「答責性」の中で地位を与える。「答責性」とは，行為者に対して刑法上処罰を可能にすることである[37)]。このような体系では，答責性は行為者の責任と法律によって示される予防の必要性にかかっている[38)]。Roxinは，責任を「規範に応じることができるにもかかわらず不法な行為をすること」であるとする[39)]。責任だけが刑罰を基礎づけるのではない。これは処罰のための必要条件であって十分条件ではない[40)]。責任は，刑法的答責性を決定する一ファクターにすぎない[41)]。予防的な処罰の必要性が付け加わることになる。これによって責任と予防的処罰の必要性が相互に区別されることになる[42)]。Roxinは，犯罪カテゴリーとしての犯罪行為の諸要件を刑事政策的価値決定と関係させる。それゆえ犯罪論体系は目的論的に構築される。責任について，このことは，刑罰目的を志向することを意味する[43)]。刑事政策と刑法が体系上一体であることを犯罪論体系においても実現することができるとされる[44)]。これについてRoxinの予防概念と犯罪概念は将来の犯罪行為の阻止に向けられる。行為責任として責任を理解しておいて，行為者責任として責任を理解しないのは困難だからである。

このようなコンセプトに関して，責任によって何が固有であるのかが問題になる。なぜなら，法律効果たる刑罰の基礎づけが，第一に予防的な処罰の必要性を介して行われるからである。責任は，すなわち刑罰の根拠ではなくその限界なのである。Roxinは，責任を「刑罰の構成的要件」とみなし，責任が刑罰の唯一の根拠であることを否定する[45)]。けれども，概念的区別にもかかわらず，責任は内容的に何ら意義を与えられていない。なぜなら，予防というテーゼがすべての限界づけ要素を吸収し，責任原理からその適用領域を奪っているからである[46]。仮に，責任無能力の事案においては何ら「責任」に依拠する必要はないのである。なぜなら，法治国家的に拘束された刑事政策はすべての法益侵害に際して刑罰を恣意的に要求するのではなく，責任無能力の場合にも行為者は危険惹起者であるが，法侵害者ではないので，刑罰の予防的必要性が否定されるからである。予防的な処罰の必要性を志向する場合にも，刑罰が予防目的の意味においてである場合にのみ刑罰が科せられることは自明であろう。このことを態度操縦にみいだすとすると，このような理由からも責任能力者に対する刑罰のみが述べられるだろう。そういうわけで，刑罰の限界づけ原理として責任は登場しない。一定の態度が処罰を必要とするか否かの問題において，責任という観点と共に予防という観点が常に入り込む。責任は何ら独自の機能を与えられていない。なぜなら，その機能は予防を志向する権力保持者の賢慮から考慮されるからである[47]。答責性の判断は予防的処罰の必要性から明らかになる。予防志向的刑法システムにおいて責任概念はカテゴリカルな意義を失ってしまった[48]。

それにもかかわらずRoxinが，答責性判断の構成的要件としての「責任」概念を放棄しないのは，Roxinが国家権力者と予防テーゼの適用者に不審を抱いていることによるのであろう[49]。それゆえ，責任原理が国家による介入権を限界づけるとされる。このような意味で責任原理は構成要件の明確性を要請し，行為者の不利益となる遡及立法や類推を禁止し，恣意的な司法に対抗し，そして刑罰を限界づけるといわれる[50]。Roxinが要請しているように，予防原理を通じて責任原理が固有の内容として受け入れられしかも加工される場合，責任概念から離反するのは当然であろう。このことはあり得ないということを責任阻却事由が示している。Roxinは，免責的緊急避難において行為者に責任を欠くことを理由に処罰しないとする立法者の決定を誤っていると評価する[51]。むしろ，責任阻却の根拠は「予防的処罰の必要性の欠如」にあるとされる[52]。責任が「規範に応じることができる[53]」という意味または他行為可能性という意味で記述される場合，このことは責任能力に当てはまり，責任ではない[54]。行為を非難可能にするため，つまり不法を基礎づけることができるようにするために，緊急避難行為者には責任能力がなければならないということは，責任に固有の問題ではなく，「行為」としての犯罪行為全体の問題なのである。[55] 犯罪行為者の行為をそのようなものであると示すためには，それは責任能力者によって行われなければならない。さもなくばそれは犯罪行為者によるものではない。緊急避難行為者が規範に応じることができ，他行為可能性があるということだけを理由にするだけでは，彼には責任があるとはされないのである。責任能力という事実だけで非難を根拠づけるのではなく，責任能力は有責的に行動する能力があるという人の特性である。

Roxin の体系においては，責任とは，責任を代替する犯罪カテゴリーである「答責性」のための前提条件にすぎない。結論として，責任が答責性の中では何ら限界づけ機能を提供することができないので，責任は，責任能力，つまり他行為可能性と同置されることになる。[56]

2　Jakobs の刑法の機能的コンセプト

Jakobs の責任論は規範的性質を有している。[57] Jakobs の帰属論の哲学的背景として Hegel をあげることができる。Jakobs は，刑罰によって機能的に行為者の行為に現れた規範違反的意思を否定する。これと並んで，刑罰は何らかの目的をもつのではなく，制裁それ自体として目的達成なのだとされる。[58] 個人の態度への効果の意味において，このことから刑罰によって追求すべき目的の拒絶が導かれる。[59] 積極的一般予防の意味での刑罰目的論の方法は放棄され，[60] そして刑罰の概念は唯一社会の普遍の現実，つまり普遍の規範的現実にのみ関係するとされる。Jakobs は積極的一般予防をあまりにも心理的すぎであり，それゆえ刑罰をコミュニケーティブなものとして理解することができないと非難する。[61] 刑法は個々人の意識の中で作用するのではなく，コミュニケーションの中で作用するとされる。[62] 社会はそれ自体としてコミュニケーション連関の構築物とされる。[63] Jakobs によれば，社会は社会構成員によって構築されている。なぜなら，社会のアイデンティティは（社会の）構築のための諸規則によって規定されるからである。そのゆえ財または状態が問題なのではなく，常に規範が問題なのだとされる。[64] 構築作業の産物としての社会の本質から，Jakobs はさらに，コミュニケーション連関がもうひとつの提唱に対する社会の側の有り様を主張するのであり，別様の構築もあり得るのだということを導く。これによってJakobsは，コミュニケーション連関を阻害する犯罪を規範違反者の世界提唱としてそして現実に規範が妥当しないことの主張であると理解する。すべての行為に対して社会の再構築をしないようにするために刑罰が必要とされる。ここで刑罰は犯罪という主張が基準とならないということを宣言するとされる。

Jakobsはコミュニケーティヴに構成された社会から行為者を取り出すのではなく，行為者をこれに組み入れ，行為者のコミュニケーション連関を重視する。なぜなら，Jakobsは犯罪者を国家刑罰の客体ではなく，平等で自由なコミュニケーション参加者として把握するからである。ここでは犯罪者は刑罰をもって敬意が示される。このことにより社会と環境の区別ないし意味と自然の区別が行われるに至る。行為者は自己の行為によってコミュニケーション上重要な意味を提唱するか，または彼はコミュニケーション上重要なものを見誤る，つまり自然の中に隠されたままでいるのかのいずれかである。犯罪者はこの自然を私的に意味あるものとして理解するかもしれない。つまり第三者はいないのである[65]。Jakobsによれば，責任能力の欠如，違法性の意識の不可避な欠如，他行為可能性の欠如は，コミュニケーション上重要な意味を単に個人的な出来事，偶然の出来事そして自然へと転換させるのである[66]。刑法的意味において責任無能力者は社会的コミュニケーションのための能力がないと考えるとすると，これに同意することができる。なぜなら，刑法は一定の事象に照らして刑法的答責性にしか関心がないからである。このような事象を責任能力が欠如する場合に「自然」と理解することにより，このことから導かれる結論が態度の意味に関して他のコミュニケーションの文脈において用いられる場合には，誤解を招くことになる。この態度がたとえば刑法にとって必然，偶然または意味のないものであるということは，さまざまなコミュニケーションの文脈の中でひとつのある態度を議論することを許容する。これに反して，別の文脈においてこのような態度は，コミュニケーション[67]，つまり不法となる場合がある。刑法にとって常に平等な関係のもとでのコミュニケーションが問題なのであって，（刑法とは）区別すべき機能と任務をもつ民法および行政法において，これと全く同じことを仮定することはできない[68]。コミュニケーションが行われる文脈を確定させる必要がある。そうでなければ，人の実際のコミュニケーション能力が縮小してしまうであろう[69]。犯罪行為をコミュニケーションによる寄与と解するJakobsのテーゼは説得力を失わない。なぜなら，刑法的に見ると，意味表現としての犯罪行為が問題だからである。

社会におけるコミュニケーションする人格としての行為者の地位と世界提唱の維持の見地から，Jakobsは刑法に関連して保障，つまり行為者の意味表現に対して反論が行われるということを導き出す[70]。このことは，法信頼が平等な人格によって期待されるということを意味する。これによってJakobsは，責任の基準を徹底して客観的なものとして記述する。「責任の基準をもって，主体が測定されるのではなく，人格が測定される。もっとも，法を尊重することがその役割である，想定できる最も一般的な人格のことをさす[71]」。

このようなコンセプトによれば，行為者の責任は法を破ったところにある。なぜなら，行為者は法違反ゆえに処罰されるからである。行為者は，当為自体に違反するとともにすべてのコミュニケーション連関を危険にさらすゆえに処罰される。この場においても，刑法の態度操縦的機能を否定することはできないのであり，それは刑罰の要素であるとともに刑罰そのものの目的達成であるということが明らかになる。態度操縦の側面は，将来に行われる犯罪処罰に関係するのではない。むしろ，態度操縦は当為そのものの維持に向けられている。なぜなら，行為者は当為を侵害しているからである。刑罰をもってして「社会の規範的構成」が確証される。将来の犯罪が予防されるのではなく，犯罪がもはや犯罪として理解されなくなってしまうことがないように予防が行われる，つまり現実の規範的な社会の構成を浸食することに対して予防が行われるのである。公的刑罰は公的に妥当する解釈典範の維持のことである。

そのようなコミュニケーティブな社会を理論上理念的に記述することにJakobsは成功しているが，その理論は多くの部分で理論的なままである。なぜなら，実際に息づく社会を包摂することなく，すでに所与のしかもすでに示された対象だけを記述しているにすぎないからである。

3　現代的犯罪行為論における不法と責任の区別に対する批判

Belingの犯罪論体系を概説したが，これをより深化させると，不法と責任の分離は,「客観的」,「主観的」,「外的」,「内的」または「行為」,「行為者」という概念によって反映される。この区別は刑法の議論においては前提とされており，法実務において応用されている。明らかに，古典的犯罪概念の特徴であり，しかも犯罪のさまざまな要素の展開とともに体系的秩序を刑法学にもたらしたこの魅力ある方法論的な措置は，それぞれの要素に分離され続けている根拠である。別の根拠は，非難論と今日主張されている客観的帰属論とが両立可能であるかを検討することなく，客観的帰属と主観的帰属という共通法的区別を受容したところにある。さらに,「客観的／主観的」という概念は，何ら意見の一致がないことによって，法学の議論において少なからず混乱を生じさせた。いずれにせよ，客観的不法が存在しうるか否かという問題設定は，今日まで知られてきた不法と責任の区別の端緒となったはずである。

Ⅶ◆――権力論的犯罪概念の概観[72)]

古典的な不法と責任の区別が再び議論の対象となる[73)]。これに関して，この体系の有用性はその内的ロジックほどには問題にはなっていない。最後に権力論的犯罪概念について概観する。

上記の考察により，現在ドイツにおいて支配的な犯罪概念は矛盾から解放されていないことが明らかになった。「行為」,「構成要件」,「違法性」,「有責性」という概念において犯罪概念は明らかに有用であるが，不法と責任を区別することによって犯罪概念は現実の関連，内的ロジック，そして説得力を失った。規範の安定化に重点を置く犯罪論体系は，このような問題を処理することができない。それゆえ，ここでの考察では個々の事例の解決または法技術的な細かな論点が問題なのではない。内的に整合性が保たれ，しかもその適用が説得力をもつ体系を構築することが課題である。

「権力」(Macht) とは理論上とくに基礎的な帰属および帰属からの解放の規模・範囲としてふさわしい。権力という概念は個人に対する帰属を可能にし，しかも権力の源泉を包摂することを通じて実際に処理可能な規模・範囲での複雑性を単純化させる。権力とは社会学にあらかじめ存在するファクター，つまり諸科学の基本概念のひとつであるから，まさにこのような事実を刑法にも充実化させる必要性がある。社会におけるそして社会にとっての権力の意義に関する一致は従来行われてこなかった。概念としての「権力」は帰属の議論のさまざまな場面で現れるが，それは支配的な体系的方法論，公式化を求めること，規範化そして実質的な基準の構築に対抗するためであった。刑法学は権力論を使わないようになっている。権力概念が行為操縦モデルとして多様な形で前提とされそして仮定されればされるほど，このことは驚きである。「権力」概念が用いられる限りで，その前提条件，すなわち権力の生成は多くの領域で謎のままであり，あまり解明されていないままである。

現代の帰属論は，「自由／自律性」概念や「自己答責性」概念との関連を解き明かそうと試みている[74]。現実的な連関の叢は，その根拠を後づけすることが困難なほど法的に疎んじられている。とくに，「行為者の背後にいる行為者」という帰属形態の場合に明々白々となる[75]。自由というドグマは，現実の権力事情に応ずるには，放棄されなければならない。権力論を刑法的に加工することは法に対する一般的要請である。なぜなら，社会においてすべての権力の源泉が法的に包摂され構築されて初めて，法はその任務を解決したものとみなすことができるからである。生きた法は常に何らかの権力を構築することを前提としている。このことは刑法にとくに当てはまる。人の態度は権力の表明である。人の態度が刑事不法を表明する場合，人が自己の権力を犯罪のために濫用するという理由でのみ不法が実現される。

これに対応して犯罪は，概念上，人の権力の濫用として把握される。権力論的基礎に基づいてすべての犯罪現象を十分に記述することができる。故意の挙行犯の本質は規範侵害権力と行為権力の混合である。規範侵害権力は，現実化された行為権力の帰結に関する権力源泉である「認識」を特徴づける。これに対して，現実化された行為権力の帰結を知ることができたはずの者は過失で行動している。彼の態度は自己の権力領域という組織に関する無権限の表れである。権力の基礎である「認識」という可能性保持は，過失犯に関して行為者の規範侵害権力とよぶことを許容する。なぜなら，自己の行為権力の帰結を予見する可能性は行為者の権力領域に属し，過失によって実現した不法の必要条件であるからである。不作為犯は，個人的な可能性にもかかわらず現実化した行為権力の欠如を通じて特徴づけられる。未遂犯は，実現した行為権力の結果認識によって記述することができる。

犯罪論体系上，人の権力表明は，その都度さまざまな，常に全体として犯罪と権力濫用に関係した問題設定のもとで考察される。権力濫用は構成要件該当性として記述される。正当化事由を承認することで人は権力関係の構築のための一定の権限を与えられる。さらに，個人的権力の基礎は行為の有責性に関係する。なぜなら，人が主体として規範的判断を行うことができる場合に初めて権力表明は濫用となる。とくに，現実の結果の認識や結果の認識の可能性としての「認識」という権力基盤は犯罪諸要素の権力連関のための格好の事例である。「認識」という権力基盤がなければ，最終的に権力濫用としての可罰的未遂も説明できない。これは，規範の否認の表明としての刑事不法の本質をとくにはっきりと反映している。なぜなら，「認識」という権力基盤が「規範侵害権力」として定義されるからである。

このような権力的犯罪概念は有益であり，正犯論の内部ですでにRoxinによって有効であると承認されたということは，刑法にとっての権力概念の意義を強調し，これをさらに展開する勇気を与える。

1） *Fletscher,* George, in: Eser/Burkhardt (Hrsg.), Die deutsche Strafrechtswissenschaft vor der Jahrtausendwende, S. 235.

2） Vgl. *Hübner,* Christoph, Die Entwicklung der objektiven Zurechnung, 2004. Joachim Lampe, Das personale Unrecht, 1967, S. 13 ff.

3） Vgl. *Schild,* Wolfgang, in; Nomos Kommentar StGB, 1995, § 13 Rn. 1.

4） Vgl. *Welzel,* Hans, Naturrechtslehre, S. 84. Christoph Hübner, Die Entwicklung der objektiven Zurechnung, 2004, S. 29.

5） Vgl. *Hruschka,* Joachim, Strukturen der Zurechnung, 1976, S. 2.

6） *Kant,* Immanuel, Metaphysik der Sitten, 1785, S. 334 und 329.

7） *Kelsen,* Hans, Hauptprobleme der Staatsrechtslehre, 1911, S.72.

8） Vgl. *Geach,* Peter, Handlung und Verantwortung bei Hart, in; Georg Meggle. (Hrsg.), Analytische Handlungstheorie, Bd. 1, 1977, S. 239 ff.

9） Vgl. *Cohen,* Rudolf, Systematische Tendenzen bei Persönlichkeitsbeurteilungen, 1969.

10） *Androulakis,* Nikolaos K. “Zurechnung”, Schuldbemessung und personale Identität, ZStW 82, 1970, S.492ff.

11） *Koriath,* Heinz, Grundlagen strafrechtlicher Zurechnung, 1994, S.98.

12） *Sinn,* Arndt, Straffreistellung aufgrund von Drittverhalten —— Zurechung und Freistellung durch Macht, 2007, S. 227 ff.

13） *Roxin,* Claus, Strafrecht AT. Bd 1 2006, § 2 Rn. 1.

14） *Naucke,* Wolfgang, Strafrecht Eine Einführung, 10. Aufl. 2002, § 7 Rn. 1.

15) *Frisch,* Wolfgang, Straftat und Straftatsystem, in：Wolter／Freund(Hrsg.), Straftat, Strafzumessung und Strafprozeß im gesamten Strafrechtssystem, 1996, S.135ff. Roxin, Strafrecht; Bd. 1, § 7 Rn. 10 ff.
16) *Radbruch,* Gustav, Zur Systematik der Verbrechenslehre, in; Frank Festgabe, 1930, S. 158 ff. *Schmidhäuser,* Eberhard, Strafrecht Lehrbuch AT, 2. Aufl. 1975, 6/1 ff.
17) *Frisch,* Wolfgang, Frisch, Gelückte und folgenlose Strafrechtsdogmatik, in: Eser/Burkhardt (Hrsg.), Die deutsche Strafrechtswissenschaft vor der Jahrtausendwende, 2000, S. 165.
18) *Nowakowski,* Friedrich, Das österreichische Strafrecht in seinen Grundzügen, 1955, 39 f.
19) *Beling,* Ernst Ludwig, Die Lehre vom Verbrechen, 1905.
20) *Meyer,* Max Ernst, Strafrecht AT, 1915.
21) *Kaufmann,* Arthur, Analogie und Natur der Sache, 1965, S. 37.
22) *Liszt/Schmidt,* Lehrbuch des Deutschen Strafrechts, 1932.
23) Vgl. *Schild,* Wolfgang, Strafrechtsdogmatik als Handlungslehre ohne Handlungsbegriff, GA 1995, S.102.
24) Vgl. *Schild,* Wolfgang, Die "Merkmale" der Straftat und ihres Begriffs, 1979, S. 50.
25) *Lesch,* Heiko, Unrecht und Schuld im Strafrecht, JA, 2002, S.602ff.
26) *Welzel,* Hans, Naturrecht und materiale Gerechtigkeit, 1951, S.198.
27) Vgl. *Welzel,* Handlungslehre, 1949, S.24.
28) Vgl. *Welzel,* Naturrecht und materiale Gerechtigkeit, S.198.
29) *Welzel,* Hans, Die moderne Strafrechtsdogmatik und die Wertphilosophie, in: Abhandlungen zum Strafrecht und zur Rechtsphilosophie, 1975, S.108.
30) *Welzel,* Hans, Das Deutsche Strafrecht, 11., neubearb. und erweiterte Aufl. 1969, S.34ff.
31) *Welzel,* Hans, Die moderne Strafrechtsdogmatik und die Wertphilosophie, in: Abhandlungen zum Strafrecht und zur Rechtsphilosophie, 1975, S.109.
32) *Welzel,* Hans, Studien zum System des Strafrechts, ZStW 58, 1939, S. 131.
33) *Koriath,* Heinz, Grundlagen strafrechtlicher Zurechnung, 1994, S.300.
34) *Schild,* Wolfgang, Die "Merkmale" der Straftat und ihres Begriffs, 1979, S. 50.
35) Welzel, Das Deutsche Strafrecht, S.9f.
36) *Gehlen,* Arnold, Der Mensch, seine Natur und seine Stellung in der Welt, 16.Aufl. 2014, S.32.
37) *Roxin,* Strafrecht AT. Bd 1 §19/1.
38) *Roxin,* Strafrecht AT. Bd 1 §19/3.
39) *Roxin,* Strafrecht AT. Bd 1 §19/9.
40) *Roxin,* Strafrecht AT. Bd 1 §19/9.
41) *Roxin,* Claus, Kriminalpolitik und Strafrechtssystem, 1973, S.34.
42) *Roxin,* Strafrecht AT. Bd 1 §19/9.
43) *Roxin,* Kriminalpolitik und Strafrechtssystem, 1973, S.33.
44) *Roxin,* Kriminalpolitik und Strafrechtssystem, 1973, S.11.
45) *Roxin,* Strafrecht AT. Bd 1 §19/9.
46) *Schild,* in; Nomos Kommentar StGB, § 20 Rn 45ff.
47) *Schild,* in; Nomos Kommentar StGB, § 20 Rn 48.

48) *Schild,* in; Nomos Kommentar StGB, § 20 Rn 45ff.

49) *Roxin,* Strafrecht AT. Bd 1 §19/49.

50) *Roxin,* Claus, Kritische Überlegungen zur Schuldprinzip, MschrKrim 56, 1973, S.316ff.

51) *Roxin,* Strafrecht AT. Bd 1 §22/4.

52) *Roxin,* Strafrecht AT. Bd 1 §22/5.

53) *Roxin,* Strafrecht AT. Bd 1 §19/9.

54) Vgl. *Schild,* in; Nomos Kommentar StGB, § 20 Rn 51.

55) Vgl. *Schild,* in; Nomos Kommentar StGB, § 20 Rn 51.

56) Vgl. *Schild,* in; Nomos Kommentar StGB, § 20 Rn 45ff.

57) *Jakobs,* Günther, Strafrecht Allgemeiner Teil, 2.Aufl. 1993, 17/1.

58) *Jakobs,* Günther, Norm, Person, Gesellschaft, 2. Aufl. 1999, S.106

59) *Jakobs,* Norm, Person, Gesellschaft, S.106

60) *Jakobs,* Günther, Schuld und Prävention, 1976, S.10.

61) *Jakobs,* Norm, Person, Gesellschaft, S.106.

62) *Jakobs,* Günther, Das Strafrecht zwischen Funktionalismus und “alteuropäischem” Prinzipiendenken, ZStW 107, 1995, S.867.

63) *Jakobs,* Das Strafrecht zwischen Funktionalismus und “alteuropäischem” Prinzipiendenken, S.848.

64) *Jakobs,* Das Strafrecht zwischen Funktionalismus und “alteuropäischem” Prinzipiendenken, S.848.

65) *Jakobs,* Das Strafrecht zwischen Funktionalismus und “alteuropäischem” Prinzipiendenken, S.863f.

66) *Jakobs,* Das Strafrecht zwischen Funktionalismus und “alteuropäischem” Prinzipiendenken, S.865. Günther Jakobs, Schuld und Prävention, 1976, S.17.

67) *Jakobs,* Günther, Akzessorietät- —— Zu den Voraussetzungen gemeinsamer Organisation, GA 1996, S. 253 ff.

68) *Jakobs,* Das Strafrecht zwischen Funktionalismus und “alteuropäischem” Prinzipiendenken, S.867.

69) *Schild,* in: Nomos Kommentar StGB, 1995, § 20, Rn 60.

70) *Jakobs,* Das Strafrecht zwischen Funktionalismus und “alteuropäischem” Prinzipiendenken, S.865.

71) *Jakobs,* Das Strafrecht zwischen Funktionalismus und “alteuropäischem” Prinzipiendenken, S.866.

72) *Sinn,* Straffreistellung aufgrund von Drittverhalten, S. 271 ff.

73) これについて参考になる研究書として，*Walter,* Tonio, Der Kern des Strafrechts, 2006.

74) *Köhler* Michael, AT, S.12 ff., 505 ff. Joachim Renzikowski, Restriktiver Täterbegriff und fahrlässige Beteiligung, 1997. Heribert Schumann, Strafrechtliches Handlungsunrecht und das Prinzip der Selbstverantwortung der Anderen, 1986.

75) *Roxin,* Claus, Täterschaft und Tatherrschaft, 8. Aufl. S. 678 ff.

第3章　刑法の諸原則

I◆──法治国家の原則

ドイツにおけるすべての「立法は，憲法的秩序に拘束され，執行権および司法は，法律および法に拘束される。」（基本法20条3項）および「ラントの憲法的秩序は，この基本法の意味における共和制的，民主的および社会的法治国家に適合しなければならない。」（基本法28条1項）と定められており，これによりドイツが法治国家原則を採用していることが明らかになる。

一方で，法治国家原則は，そもそも人間の尊厳の保障（「人間の尊厳は不可侵である。これを尊重し，および保護することは，すべての国家権力の義務である。」〔基本法1条1項〕）にある。基本法2条1項が，「何人も，他人の権利を侵害せず，かつ憲法的秩序または道徳律に違反しない限り，自らの人格の自由な発展を求める権利を有する。」と規定しているように，一般的な行為の自由，つまり人格の自由な展開の権利の保障に重点を置きつつ，社会的共同生活を維持・安定させるために，国家刑罰権は，国家の介入が必要不可欠な社会侵害的事象にのみ適用が許されると解するべきであろう。

他方，法治国家原則は，法的安定性の保障に資する。刑法の制裁とこれに基づく市民生活への介入の峻厳さに照らして国家権力による刑罰権の恣意的な行使を予防するためにきわめて重要である。「いかなる行為も，行為が行われる前に，法律で処罰できると規定されているのでなければ，処罰することができない。」と定める基本法103条2項は，処罰するための前提たる刑罰規定があらかじめ示されることで国家権力の行使の範囲を明確に限定し，自らの人格の自由な発展を求める権利（基本法2条1項）を保障する。

Ⅱ◆──罪刑法定主義

刑法の原則のひとつとして，**「法律なければ刑罰なし」**の金言で示されるように，罪刑法定主義が保障されている。基本法103条２項は「いかなる行為も，行為が行われる前に，法律で処罰できると規定されているのでなければ，処罰することができない。」と明言している。罪刑法定主義は，市民が自由を享受するためにはあらかじめ何が犯罪なのかを知ることができなければ社会生活の中でさまざまな活動に従事することはできず，常に警察権力監視と恣意に晒されることになる。罪刑法定主義原則は，市民社会における自由の保障，予見可能性，国家権力の抑制の意義をもつといえる。フランス革命の息吹とフランス人権宣言の影響は確実にドイツにも及んだのである。ドイツにおける罪刑法定主義原則導入の先駆けは，Paul Johann Anselm von Feuerbach（ペウル・ヨヘン・アンゼルム・フォン・フォイエルバッハ）によって起草された1813年のバイエルン刑法典にある。Feuerbach は心理強制説の主唱者として有名であるが，その内容は，法律を，つまり刑罰規定を，明確に（明確性の原則），厳格に（類推禁止），行為の前に（遡及禁止），明文（慣習法の禁止）で示すことで潜在的犯罪者を心理的に威嚇し，これによって犯罪をしたことによる快と刑罰を受けることによる不快を彼の内心において計算させ，最終的に犯罪をすることが割に合わないと考えさせることで，犯罪に出ることを控えさせる，というものである。これは威嚇予防ともよばれる。Feuerbach の理解によれば，罪刑法定主義は市民の自由の保障と並んで犯罪予防に強い関心があった。よって，罪刑法定主義の機能として，法律要件としての犯罪と法律効果としての刑罰があらかじめ示されることで市民の予見可能性を保障し，これによって近代市民社会における市民の自由を保障することで，国家権力の発動を抑制する機能が認められる。他面において，上述のように予防機能もある。厳密には，威嚇による一般予防である。

刑103条２項は，「いかなる行為も，行為が行われる前に，法律で処罰できると規定されているのでなければ，処罰することができない。」と規定する。この罪刑法定主義を下位法である刑１条が，「行為は，その遂行前に，それが処罰され得ることが法律に定められていたときに限り罰することができる。」と規定することによって具体化している。罪刑法定主義には，上記の機能と並んで，慣習法の排除，類推解釈の禁止，刑罰法規の明確性，そして遡及処罰の禁止の機能（２条１項「刑とその付随効果は，行為時に効力のある法律によって定められる。」）がある[1)]。

Ⅲ◆──責任主義

責任主義（「責任なければ刑罰なし」）もドイツ刑法の基本原則とされる。これは，連邦憲法裁判所の判例によれば，「すべての刑罰は，──刑事不法に対する刑罰だけでなく，他の不法に対する刑罰類似の制裁も──責任を前提とするとの原則に憲法的地位が与えられる。これは法治国家原理において基礎づけられる[2)]」。責任主義は，法治国家原則（基本法20条３項[3)]）と人間の尊厳の原則の表現として憲法上の地位を有する。責任原則・責任主義とは，国家刑罰は，行為者が自己の行為について個人的に非難されることが可能であることによってのみ正当化されるということを意味する。刑罰は，責任を前提としており，これにより結果責任主義を放棄する。また，刑罰は責任の範囲内にのみ許容されることを含意することから，責任を上回る刑罰は正当化されない。

構成要件に該当し違法な行為は，行為者に対して責任非難できる場合のみ，つまり行為者が具体的に可罰的行為を回避し得た場合にのみ処罰することが許される。

連邦通常裁判所は，「刑罰は，責任を前提とする。責任とは，非難可能性である。責任という無価値判断によって，行為者は，適法に行為しようとすれば行為することができた，つまり適法行為をしようとすればできたのにもかかわらず，適法に行為しなかった，つまり不法をすることを決断したことにつき非難される[4)]」と判示しているが，これは，構成要件に該当する違法な行為をしただけでは行為者に対して刑罰を科することはできないことを意味する。これは刑法が結果責任主義を克服していることをも示す。刑15条は，「法律が，明文で過失行為を処罰の対象としていないときは，故意行為のみが罰せられる。」と規定しているように，故意または過失といった非難可能な行為者の内心的事実，つまり責任を問うことができなければ刑罰を科することはできないのである。このように責任は刑罰の「基礎」である。これは行為者の責任に対応する。

いかなる単位で，罰金刑または自由刑を測定し，これをどのように決定し，どの程度の重い刑罰を科するべきかは，各刑罰規定には定められていない。そのため，自由刑の量定（39条），日数罰金での賦科（40条），量刑の一般原則（46条），短期自由刑の回避（47条）にしたがって，具体的に決定することになる。これと並んで執行猶予（56条）ならびに刑罰と並ぶ他の法律効果（61条以下）がある。

上記の法律効果（61条以下）について，刑法は改善と保安の処分を予定していることから，刑事制裁において刑罰と処分の二元主義を採用している（61条以下）。ここでは，構成要件に該当する違法な行為に対する法律効果として一定の処分を定めており，刑法発動の根拠が，行為者の「責任」ではなく，（構成要件に該当する違法な行為をした）行為者の「**危険性**」に関係する。

刑46条は「行為者の責任は，刑罰の量定の基礎である。」と規定しており，刑法が責任主義を採用していることがわかる。責任は刑罰の「限界」としての意義を有する。刑罰が犯罪に対する相対的応報であるとすると，刑罰はその程度を量的に図ることができなければならない（46条）。したがって，行為者に対する刑罰はその責任の限度で科せられるのである。こうして刑罰の上限について生じる帰結も導きだされる。単に予防目的だけで正当な刑罰の上限を超えることは許されない[5)]。また，刑罰は有責な法益侵害に対する対処である。その根拠は，そうであるときにしか社会保護の目的を正当な方法で達成することができないということにあるとすれば，責任の量と刑罰の大きさは比例していなければならない。それゆえ，責任の量を下回る刑罰も禁止される。

Ⅳ◆──法益保護

刑法における任務は，日本と同様に法益の保護である。しかし，法益の定義は百家争鳴の感がある。たとえば，未遂犯において法益の危殆化に処罰根拠を求めた場合，構成要件に該当する結果発生の危険を通じて法益に対する危殆化の有無を判断する際に危険判断の基準の問題と同時に，法益に対する理解によって未遂犯の成立範囲が異なる。危険犯における危険判断においても法益のとらえ方により犯罪成立の範囲は異なってくる。Roxinは，法益とは，個人の自由な展開，人の基本権の実現，目的観念に基づいて構築された国家システムの機能にとって必要なあらゆる所与ないし目的設定と解する。

一方，科学技術の発達による文明生活の発展と近代化の過程において，生産力の増大によって，その結果の規模も不明な，未知の危険とこれが人に与える脅威の潜在的可能性が，未だかつてなかったようなスケールで顕在化した。また他方で，テロリズムのように国家の独占的なコントロール下にあるとされていた化学兵器が，私人によって入手，使用されるに至り，いわゆる「国家から私人へ」という，いわば「一線」を越えてしまった。その結果，社会問題のキーワードとして，「不安」の増大と「安全性」の確保が挙げられるに至った近年，環境破壊，テロリズム，遺伝子工学の発展に伴う問題を挙げながら，現在と未来の人類の存続のために刑法は何をすべきかを問い，人間関係的法益概念の問題に関連して古典的刑法学からの脱却が課題になっている。ここでGünter Strathenwerth（ギュンター・シュトラーテンヴェルト）は，古典的近代刑法をもってしては，人類が抱えるまた将来において抱えるであろう諸問題の解決に寄与することはできない，と批判する。その背景には，技術の進歩とそれに伴うさまざまな否定的現象の出現により社会事情もめざましく変化しており，刑法における法益として生命，身体，自由，名誉，財産という個人的な中核的利益と国家的法益を取り上げ，これらを保護するために刑罰規定を創設することだけでは足りないという事情がある。また，このような理解に基づいて，上記の法益を十全に保護するだけでは社会の秩序の安定を得ることはできないとの事情もある。Winfried Hasemer（ヴィンフリート・ハッセマー）の言葉を借りれば，「刑法は『倫理的ミニマム』の安定が重要であった自由主義的静観の殻をすて，社会的または国家的な巨大攪乱のためのコントロール道具へと成長しつつある」。個人の中核的利益を保護するため，当該法益の侵害以前の段階を処罰すると同時に，人びとが生活する上での社会生活における，いわゆる「基盤」ないし社会システムの中の個々のサブ「システム」の整備，維持そしてその保護の必要性が指摘されるようになった。たとえば，アメリカにおける「9・11事件」以後の世界的なテロの恐怖が叫ばれる中でのテロ対策では，生命や人的自由の侵害，(諸) 国家の存続と安全そして連邦共和国の憲法諸原則の保護 (89a条以下)，根強く残る人種・民族差別的表現に対する規制では公共の平穏と人間の尊厳の保護 (130条)，ネット社会のグローバル化に伴うコンピュータ利用におけるデータの保護 (202a条以下)，インサイダー取引などにおける「証券市場の公正性に対する信頼」(証券取引法14条)，環境汚染とその保護問題では，きれいな自然環境の保護 (324条以下)，ヒトクローン製造にまつわる生命倫理の問題領域では人間の尊厳の保護 (胚保護法6条)，薬物乱用などでは国民の健康の保護 (麻薬剤法29条以下) が社会的に問題解決が迫られている。つまり，立法者に対して問題解決の方途を示すことが社会的に要請されている。法益論の実践的課題としてわれわれに突きつけられているのは，環境問題とこの種の先端技術に伴う諸問題における法益の位置づけである。これらの問題は，直接的に個人的法益に対する侵害を惹起するものではないが，私たちの社会生活または自然環境の中での生活の基盤とその維持に関連し，ひいては，個人的利益に対する関連をもっていることは間違いない。このような基盤の崩壊が将来的に個人的法益を侵害する危険性を内包している。そのような意味で，これらの法益は，しばしば個人的法益とは直接的には関連を有さない，または関連をもつとしても間接的にすぎないので，超個人的法益とか普遍的法益とよばれる。この普遍的法益は，生命・身体・財産などの個人的な法益とは異なり，実体として，**現実的な基盤**をもっていない。そのような意味でいかなる行為が行われた場合に当該法益が侵害または危殆化されたのかが判然としないという問題点があるが，その代わりに，そのような普遍的法益を保護する立法には，政策的意味においてシンボリックな意義を有しているように思われる。このような個人的法益とはかけ離れた普遍的法益が出現することにより法益について定義をつけたとしても，それは法益とそうでないものを区別する歯止めになっていない。たしかに，第1次刑法改正法において姦通罪の削除，男性同士の性交罪の改正，動物との性交罪の削除に際して法益論の果たした役割は大きい。法益概念を明確にすることで道徳・倫理保護との区別に成功したといえる。しかし，Hasemerが述べるように，近年の刑事立法の特徴として，具体的な被害者のない行為の犯罪化が行われており，その背景には，具体的な人の利益から社会的な制度や価値を具有する機能統一体の保護へと刑法の関心が変化していることがあり，それによって法益概念の液状化（Verflüssigung）が進行している[6]。これに対して，法益概念そもそものもつ観念的性質から法益概念の抽象化は必然の現象であるとの批判もある。たとえば，Bernd Müssig（ベルント・ミューシック）は，ドイツにおける環境刑法を例にして，環境刑法の法益を「社会におけるエコロジカルな環境媒体としての水域の機能」と解するが，このように法益を確定することは，刑法上保障されている行為規範の社会的機能を理論的に再構成したもので，法益とは単なるシンボルにすぎないのであり，その上で，そこでは法益の脱物質化・非実質化傾向が進行しているとして，法益保護思想の破綻と規範保護の正当性を唱える[7]。1970年代における環境汚染の深刻化を受け，環境保護と市民間でのその保護意識の定着のために80年に刑法典に環境保護刑罰規定が導入されたが，環境そのものは，最終的には個々人の生命・身体・財産の中核的個人法益と関連し，その意味で最終的にその破壊はこれらの法益の侵害・危険につながるわけであるが，個別行為による環境汚染行為はあくまで「遠い」危険であり，その蓄積によって最終的に実害が発生する。その意味では，間接的ないし「遠い」危険しか生じさせない行為を規制対象とすることから考えると，ここでは，人間が地球上で生活するための根本的自然的生活基盤である「環境」という普遍的法益が刑罰規定において保護されていると考えることもできる。

謀殺罪（211条）や故殺罪（212条）の法益は人の生命であるが，これは人の生死にかかわる具体的な所為であり，それゆえ，ある行為（ナイフで刺す行為）を通じて生命法益が侵害されたか否かの判断は比較的明確である。これに対して，刑324条以下の環境保護を趣旨とする刑罰諸規定では，環境が社会的法益なのか，それとも個人的利益に還元可能なものなのかが明確でないことから，たとえば，「水域汚染罪」（324条）では，「水域の清潔さ」を法益とした場合には侵害犯，「人の健康」と考えた場合には抽象的危険犯として理解することが可能となり，法益の把握に困難を伴う。また，ヒトクローン製造禁止についても人間の尊厳を保護法益と解されているが，そもそもすべての法律は，人間の尊厳を保護することを暗黙の大前提としているのであり，人間の尊厳から導出される利益を個別化して各法領域において保護していると理解することができる。そうだとすると，人の尊厳に保護法益を求めることは法益の中身について何もいっていないことに等しいともいえる。このような深刻な問題とともに，ヒトクローンの製造行為が法益の侵害なのか危殆化なのかも判然としない。クローン人間がこの世界に登場し，生活した場合に，どのような侵害を社会に与えるのかまったく明らかではない。通常の生殖によって誕生する人とは異なるプロセスを経て誕生する人の存在に対する潜在的危険性ないし不安から，製造させること自体を禁止するのが正直のところともいえる。

テロ対策において，「テロキャンプ立法」とも称される「国家を重大な危険にさらす暴力的行為の予備罪」（89a条）は，保護法益の内容とそれに対する危険の実態に関連して，法益論にきわめて深刻な問題を投げかける。本条では，生命や自由だけでなく，（諸）国家の存続と安全ならびにドイツ連邦共和国の憲法諸原則の保護にも関心が向けられている[8)]。ひとつの刑罰規定が保護する法益が単一化し得ないのである。個人的法益の側面と国家的法益の側面のいずれに重点が置かれているのか判然としない。とりわけ，刑89a条2項では，テロ団体に属さない・属していない個人であるテロリストに焦点をしぼり，テロリスト養成所において（他人を）訓練することと，（他人から）指導してもらうことも処罰対象とされている。これはテロ行為の実行からみると，予備の予備を処罰しているといって過言ではない。ここでも法益侵害の潜在的危険な行為が処罰されている。

法益論は，上記のように，モラル処罰に対してはその意義を発揮した。つまり，法益をみいだすことのできない刑罰規定を廃止するための理論的道具として有益である。しかし，一旦刑罰規定において法益が見いだされると，その罪質が抽象的危険犯，予備，または予備の予備であっても刑法的保護からの排除を根拠づけることはできない。刑89a条のように人の生命や自由という法益が当該刑罰規定からみいだされたとすると，個人的法益の保護が前段階化したとしても，これに対して異議を唱えることが困難とされるのである。刑法で保護すべき法益かそうでないかの限界線は，法益論そのものから導き出されるというよりも他のファクターなどから導き出されるのではないのではなかろうか。つまり，当該利益を刑法で保護すべきか，それが適当であるかは，予防論や，コスト・ベネフィット論などの外在的要因を通じてしか最終的に判断できないのではなかろうか。このように法益論の限界性を指摘することで規範保護に刑法の視点を変えるのにも慎重であるべきだ。義務違反思想を広め，危険な行為の処罰を原則化するのに滑車をかけるおそれがないとは言い難い。また規範違反に侵害または危険という概念が馴染むのかについても疑問が残らざるを得ない。法益論は刑法の切り札ではない。法益論から内在的に刑法で保護すべきでないものを刑法から削除する機能はきわめて限定的であり，これとは逆に新たに法益認定する機能には一定の力があると理解せざるを得ない。しかし，法益論は，すべてを解決する切り札ではないことを自覚しつつも，それでいて法益概念の拡大ないし精神化には歯止めをかけるためのひとつの道具である。

Ⅴ◆──法治国家原則のさらなる展開

基本法102条は「死刑は廃止する。」と規定している。死刑とは，犯罪行為の惹起に対する国家的反作用としての人の殺害である[9]。本規定によってドイツでは刑罰として死刑は予定されない。より厳密には，死刑は禁止されていると理解することができる。したがって，死刑を刑罰として予定する法律は許容されないことになる[10]。本規定は，かつての国家社会主義体制による死刑の乱用への対応であり[11]，同時に人間の生命が特別の価値であることを示す[12]。本規定は，生命に対する制限に対する障壁であり，これは基本法１条の人間の尊厳の保護からして廃止され得ない。

1）「壁の射手事件」(BVerfG Beschl 24.10.1996)。ヨーロッパ人権裁判所判決について，EuGHMR 22. 03. 2001.
2） BVerfGE 20, 323.
3） 基本法20条３項「立法は，憲法的秩序に拘束され，執行権および司法は，法律および法に拘束される。」。
4） BGHSt 2, 194.
5） BGHSt 20, 264.
6） *Hassemer,* Winfried, Strafen, 2000, S.185.
7） *Müssig,* Bernd J. A. Schutz abstrakter Rechtsgüter und abstrakter Rechtsgüterschutz, 1994, S.152.
8） 刑89a 条（国家を重大な危険にさらす暴力的行為の予備）。
「(1) 国家を重大な危険にさらす行為の予備をした者は，６月以上10年以下の自由刑とする。国家を重大な危険にさらす暴力的行為とは，生命に対する刑211条，同212条，個人の自由に対する同239a 条または同239b 条に該当する犯罪行為であって，事情に照らして，国家または国際的組織の存続または安全を毀損，またはドイツ連邦共和国の憲法諸原則を排除，無効または破壊するのに向けられた行為ないしこれに適した行為をさす。

(2) 1項は，行為者が次のことによって国家を重大な危険にさらす予備をした場合にのみ適用することができる。

1．銃器，火器，火設備，放火設備，核燃料物質，放射能物質，または毒を含有するないし毒を発生させることのできる物質，行為の実行に必要な特別な施設の製造または取り扱いについてまたは一項にあげられた犯罪の挙行に資するその他の技能について他人を指導しまたは指導してもらった者

2．1項に挙げられた態様の武器，物質または施設の製造，自己または第三者のための調達，保管，他人に譲渡すること

3．1項に挙げられた態様の武器，物質または施設の製造にとって重要なものまたは物質を調達または保管すること

4．その挙行のために少なからず重要な財産的価値を集めること，受け取ることまたは処分すること

(3) 予備行為が外国において行われた場合にも第1項が適用される。予備行為が，ヨーロッパ連合以外の国家で行われた場合，これが，ドイツ人または生活基盤をドイツに有する外国人によって行われた場合，準備された国家を重大な危険にさらす暴力がドイツ国内またはドイツ人によってまたはドイツ人に対して行われる場合にのみ適用される。」。

9) *Callies*, Rolf-Peter, Die Todesstrafe in der Bundesrepublik Deutschland, NJW 1988, S.849.

10) BVerfGE 18, 112.

11) BVerfGE 39, 1.

12) BVerfGE 18, 112.

第4章　構成要件

Ⅰ◆──概　説

1　重罪と軽罪

刑法では重罪と軽罪の区別がある。刑12条において，**重罪**とは，1年以上の自由刑を刑の下限として処罰の対象とする違法な行為である。[1)] これに対して，**軽罪**は，1年未満の自由刑または罰金刑を刑の上限として処罰の対象とされる違法な行為である。[2)] 両者は，刑罰規定において定められている主刑の重さにしたがって区別される。ここでは，個別的な事案に対して宣告される刑ではなく，刑罰規定において定められたそれぞれの刑自体，つまり法定刑の上下限が基準となる。[3)]

刑23条によれば，重罪の未遂は常に罰せられるのに対して，軽罪の未遂は法律に明文の規定がある場合に限り処罰される。[4)]

刑30条によれば，重罪について関与の未遂が処罰される。

刑45条によれば，重罪を理由として1年以上の自由刑を言い渡された者は，5年間，官職に就くおよび公の選挙から生じる権利を獲得する能力を失う（被選挙権，選挙権の喪失）。

脅迫罪（141条）は重罪を行う旨を告げる場合に成立する。

刑12条3項により，総則の規定または犯状のとくに重い事案もしくはあまり重くない事案について定められている刑の加重または減軽は顧慮されない。

たとえば，総則の規定に関して，不作為による遂行（刑13条2項），禁止の錯誤（刑17条），限定責任能力（刑21条），未遂の処罰（刑23条2項および3項），従犯（刑27条2項），特別な一身上の要素（刑28条1項）において刑の減軽が認められる。

犯状のとくに重い事案もしくはあまり重くない事案に関して，連邦大統領および憲法的機関の構成員に対する強要罪（刑106条３項），恐喝罪（刑253条３項）などにおいて，基本犯と比べて刑の下限が引き上げられているが軽罪のままである。これに対して，犯状の重い傷害（刑226条１項）と同３項，犯状の重い強盗（刑249条１項）と同２項，そして刑306条１項と同２項との関係で，――いずれの後者も「犯状があまり重くない事案」として軽罪であるにもかかわらず――いずれも重罪であることに変わりない。

2　犯罪の態様

刑罰規定の構成要件が結果発生を構成要件要素としているか否かによって結果犯と挙動犯に区別される。挙動犯の例として，虚偽の非宣誓陳述罪（153条），偽証罪（154条），交通における酩酊罪（316条）がある。

刑罰規定が行為客体への攻撃により法益に対する侵害を求めるのか否かによって法益侵害犯と危険犯に区別される。

危険犯は，構成要件において危険の発生を必要とするかなどによって具体的危険犯，抽象的危険犯，潜在的危険犯に分けられる。

具体的危険犯は，構成要件が構成要件要素として危殆化結果，つまり結果の発生を要件としている。その意味で具体的危険犯は結果犯である。遺棄罪（221条），道路交通への危険な介入罪（315b 条），道路交通の危殆化罪（315c 条）等が具体的危険犯である。

抽象的危険犯は，偽証罪のように挙動犯の場合もあれば，犯状の重い放火罪（306a 条）のように結果犯の場合もある。一定の行為が行われると経験則上一定の法益を危険にさらしたとみなされる。抽象的危険犯では結果の発生は不要である。これには偽証罪（154条），悪評の流布罪（186条），犯状の重い放火罪（306a 条），交通における酩酊罪（316条），完全酩酊罪（323a 条）などがある。

潜在的危険犯は，抽象的危険犯の下位類型とみなされる[5]。潜在的危険犯では，行為が具体的行為事情において一般的考察にしたがえば危険を惹起する適性をもつのか否かを判断する[6]。たとえば，民衆扇動罪（130条１項）は「公の平和を乱すのに適した態様で，国籍，民族，宗教，またはその民族性によって特定される集団，住民の一部に対して，または上記に示した集団に属することを理由にもしくは住民の一部に属することを理由に個人に対して憎悪をかき立てもしくはこれに対して暴力的もしくは恣意的な措置を求めた者は，3月以上5年以下の自由刑に処する。」と規定されているように，行為が危険を発生させる「適性」を構成要件要素としている。また，土壌汚染罪（324a条1項），大気汚染罪（325条），危険な廃棄物の無許可取り扱い罪（326条1項4号）も潜在的危険犯とされる。

Ⅱ◆──構成要件

立法者が当罰的でありかつ要罰的であるとみなし，しかも刑罰をもって禁止した態度は，刑法典の各則において犯罪構成要件を示して規定される。このような犯罪構成要件を示している刑罰規定におけるすべての要件を充足した行為は，「構成要件に該当する」といわれる。構成要件該当行為は，法定の構成要件が広範な違法な態度の中から一定の（当罰的かつ要罰的な）態度を選び出しているのであり，それゆえ違法ということができる。それゆえ，構成要件該当性を有する態度は違法性を推定させる。

犯罪とされる可罰的行為を体系的に説明するために，構成要件に該当し，違法でかつ有責な行為という形式の概念が用いられる。犯罪＝構成要件＋違法性＋責任と図式化することができる。犯罪構成要件は，当該犯罪の不法内容を基礎づける諸要素を統合することで，刑法上の犯罪を示す形式的な型である。構成要件は可罰的行為である犯罪とそうでない行為とを外面的に限界づけすると共に，行為の違法性を推定させる。可罰的行為の評価に関して，まず，人の行為が一定の構成要件に該当しなければいけない。そうでなければ，たとえ社会的に有害ないし不快な行為であったとしても刑罰賦科を基礎づける違法性および責任を推定することはできない。

客観的側面から処罰を根拠づける行為の違法性は，行為者が構成要件のすべての要素を満たした場合にのみ推定される。故意犯の場合，構成要件は，客観的構成要件と主観的構成要件に区分される。

刑法の任務が法益保護にあることから，犯罪構成要件の構築の出発点は法益に求めることになる。裏を返すと，法益を侵害・危殆化する行為が構成要件において示される。法益を侵害・危殆化する行為を法規範が刑罰をもって禁止するのであるが，そもそも構成要件は法規範を前提とし，しかも法規範は法益を前提とする。

1　客観的構成要件要素

◆行為結果

結果犯においては各刑罰規定の構成要件に規定された結果を惹起しなければならない。結果とは，構成要件に予め規定された事態である。たとえば，刑218条の妊娠中絶罪では，母体内での胎児の死や生命を維持することができないほどの早産をすることが構成要件的結果である。なお，結果を必要としない挙動犯について，刑316条の交通における酩酊罪では，運転できない状態での乗物の運転行為そのものが構成要件要素となる。

◆行為主体

行為主体は，行為者たる人でなければならない。ここで人とは，自然人のことをさす。したがって，刑法では法人や団体は自然人のような意思を構築することはできず，それゆえ行為能力をもたず，犯罪行為をすることはできない。これに対して，刑14条（「他人のための行為」）は，法人や団体による違法惹起について自然人たる代表が責任を負うことを認めている。法人や団体との関係においてより重要なのは，**秩序違反法**による非刑罰的制裁である[7)]。秩序違反法30条１項によれば，法人の代表権のある機関もしくはそのような機関の構成員として（１号），法的権利能力のない団体の理事会またはそのような理事会の構成員として（２号），法的権利能力を有する人的商事会社の代表権のある社員として（３号），全権受権者としてもしくは指導的地位において支配人としてまたは法人または２号および３号の人的団体の行為全権受権者として（４号），法人または２号および３号の人的集団の事業または企業の指導（事業運営の監督または指導的地位における管理権限の行使を含む）に責任を有する者として（５号），犯罪または秩序違反をした場合は，これによって法人または人的団体に課せられる義務が違反され，または法人または人的団体が不当な利得を得もしくは得たとされる場合，法人または人的団体に対して過料が科せられる。過料は（同条２項），故意犯の場合，100万ユーロ以下（同項１号），過失犯の場合，50万ユーロ以下となっている。秩序違反行為の場合，過料の上限は秩序違反行為に対する過料額の上限にしたがう[8]。秩序違反法における**過料**は，法人に対しても科することができる。過料は制裁であるが，刑罰とは異なり，社会倫理的非難を前提としない。

◆行為客体

行為客体とは，行為者が構成要件を充足するために行為の目標となる対象のことである。これは，——窃盗罪では，行為客体は他人の財物であるが，保護法益は他人の財産——構成要件が保護している法益とは異なる。

◆因果関係

結果が行為者の行為によるものと客観的に認定するためには，具体的な行為と具体的な結果との間に特別の関係が存在しなければならない。ある行為がある結果についてその原因であり，当該行為が結果と因果的であるといえるとき，行為と結果との間に特別の関係があるといえる。

因果関係の判断の端緒として条件公式（「ＡなければＢなし」公式）をあげることができる。条件公式においては，結果が具体的な形態において欠如することがなければ，取り除いて考えることのできないすべての行為は，結果に対して因果的であると理解する。逆にいうと，結果が発生した以上，これとの関係で考慮することのできるすべての行為は結果に対して因果的である。しかし，このように理解するのであれば，結果との関係で因果関係を有する行為は際限なく広がってしまう。その意味で条件説をもって因果関係の判断基準とすることには躊躇せざるを得ない。しかしこのような問題がありつつも，条件説は結果の行為者への客観的帰属の基礎として理解されている。これはいわば結果を客観的に誰の行為に帰属させるかについての最低限の条件といえる。つまり，結果が誰，つまり誰の行為に帰属させるべきかを判断するための必要条件である。しかしその無限定さゆえに十分条件とは言い難い。因果関係を判断するための十分条件として日本では従来から相当因果関係説が通説と考えられてきた。しかし，ドイツでは相当説は通説的地位を得ていない。結果発生の予見可能性を欠く場合に行為への結果の帰属を排除する際，因果関係がないことを理由と解するのは妥当ではない。帰属を排除するのは，予見できない因果は刑法上の帰属の基礎とはなり得ないという規範的評価の結果なのである。そこで主張されるに至ったのが**客観的帰属論**である。

19世紀においては自然科学の隆盛を背景にした因果主義的志向が支配的であったが，1960年代頃から帰属論が影響力をもち始めてきた。[9] 客観的帰属論の端緒として従来の因果関係論をみた場合，因果関係論は，一定の規範的基準に基づいて条件関係の範囲を構成要件段階で限定することにその任務があったが，条件説の意味での因果関係の確定だけでは客観的構成要件の不法を明確にするのに十分とは評価できない数々の事例が存在するのである。たとえば，他人の死を何らかの条件を通じて惹起したすべての者が故殺罪の客観的構成要件を充足したわけではない。そこで，惹起した結果が行為者に客観的にみて彼の仕業として帰属されるか否かを問う必要が出てきた。[10]

そのような意味で客観的帰属論は，行為者と構成要件該当結果との間の特別な関係を規範的に基礎づける。特別な関係のための必要条件はとりもなおさず条件公式である。しかしこの条件関係だけでは十分ではない。結果を客観的に行為者に帰属させるための十分条件として，行為者の行為と結果との間にリスク連関が付け加わる。行為者が，自己の行為によって結果を発生させるリスクを支配していたか否かを問うのである。行為者が構成要件に該当する結果を実現する法的に許されない危険を創出した場合に彼によって惹起された結果を帰属することができる。行為者が作り出したのではない別の危険によって結果が惹起した場合には帰属することはできない。

その際，おおざっぱにいうと，惹起した結果が行為者の仕業といえるのか，それとも偶然ないし被害者または第三者の仕業と評価すべきなのかが重要である。行為者によって作り出された危険が結果に実現した場合にのみ行為者に帰属できる。行為者の行為が許された危険を越えて危険を行為客体に対して創出し，そしてこの危険が具体的な結果に実現した，つまり発生した結果について行為者の行為が結果へとリスクを高めたといえるかどうかが問題になる。このことによって行為者の答責範囲が限界づけられる。

①リスク減少による帰属の排除（行為者が，被害者のためにすでに存在する危険を減少させた，すなわち行為客体の状況を改善させるようなやり方で因果経過を修正した場合）

②危険を創出していない場合の帰属の排除（雷に打たれて死ぬことを願って

XがAに森に散歩に行くよう促した場合，Xは法益侵害のリスクを減少させていないが，法的に重要な方法で高めたわけではない場合）
③許された危険の事例における帰属の排除（行為者が法的に重大な危険を創出した場合であっても，許された危険の場合には帰属が排除される）
④危険実現が欠如している場合の帰属の排除（行為者が保護法益に対する危険を創出したが，結果が危険の実現ではなく，偶然的関係において実現した場合には帰属は排除される。たとえば，殺害の意図で被害者にピストルを発射し，命中したが，救急車で搬送中に暴走車が救急車に衝突することで死亡した場合）
⑤許されない危険の実現が欠如した場合の帰属の排除（許されない危険の場合に，結果の帰属可能性は，許されない危険が結果を実現したといえるか否かに係っており，そうでない場合，帰属は排除される。たとえば，筆工場の工場長が，消毒することなく中国産の山羊の毛を加工するために作業員に交付した結果，４人の作業が炭疽菌に感染し，死亡した。その後の調査で，法定の消毒剤はヨーロッパではまだ知られていない病原菌に対して効果がないことがわかった場合。行為者が法定の最高速度を超えて運転していたが，法定速度にすぐに戻ったところ，人がある車の後部から突然飛び出してきたところを轢いてしまった場合，客観的に結果を回避することはできなかった）
⑥注意義務規範の保護目的の範疇外の結果についての帰属の排除（許された危険の逸脱が事象の危険を明確に高めたが，結果が帰属されない場合。２人の自転車運転手が両方ともライトをつけないで一緒に走っていたところ，前行車が照明をつけなかったことが原因で対向車と衝突した場合に，後行車が照明をつけていれば事故は防げていたかもしれなかったとしても，後行車には帰属しない）
⑦合法的代替行為と危険上昇（トレーラー運転手が自転車を追い越そうとして，その際車間距離を守らなかった。追い越しをしている最中，極度に酩酊している自転車運転手がトレーラーの後部タイヤに巻き込まれた場合，合法的代替行為が行われたとしても確実に結果が発生していたであろう場合には，帰属は排除される。なぜなら，許された危険の逸脱は現実の事象経過において実現しなかったからである。これに対して，具体的な運転行為が確実にではないが，もしかすれば自転車運転手の生命を助けていたかもしれなかった，つまり，車間距離を守らなかったことによる許された危険の逸脱は事故による死亡の機会を法的に重要な形で高めた場合には，これを理由に行為者に帰属される[11]）
⑧故意の自己危殆化における関与（AはBに自己摂取のためにヘロインを提供したが，両者ともその危険性を認識していた。Bはこれを注射し，死亡した場合，刑法によれば，自殺への関与，つまり故意の自殺への関与または故意の自己侵害へ

の関与は原則的に不可罰である。それゆえ，故意の自己危殆化への関与は同じく可罰的ではない）

⑨同意による他者危殆化（客が嵐の中で船頭にメーメル川を渡るようせまった。船頭は危険であることをいった。客は自分の希望に固執し，船頭は危険を冒した結果，船は転覆し，客が溺死した場合，単純な危殆化に対する同意は，不法の本質的構成要素が結果ではない場合にのみ帰属を排除する）

⑩他人の責任領域への配属（Aが暗闇の中で後部照明をつけないでトラックを運転していたところ，警察によって停止を命じられた。警察は後行者の安全のために赤の照明灯を道路上に設置した。警察はAに対してガソリンスタンドまで行くように指示し，パトカーも同行するため，発車する前に照明灯を取り外したが，その後，本トラックは別のトラックによって衝突され，後者のトラックの同乗者が死亡した場合，警察も間違いを犯すということを前提にしたとしても，市民はだからといってその行動を監視する必要はない。警察が一旦交通保全を担った後は，後続の出来事は警察の責任領域にあるのであって，Aには帰属されない）

以上のように事例群ごとに区分して，客観的帰属の有無を判断する。

なお，ドイツの判例は故意犯については客観的帰属論を認めてこなかったといわれる。しかし，自己答責的な自傷の場合には客観的帰属論を承認している[12]。

2　主観的構成要件要素

目的的行為論や新古典的犯罪論概念によって，故意が違法性を基礎づける要素として主観的構成要件に含まれることとなった。故意は人格的不法の中核なのである。それゆえ，構成要件において，故意は主観的構成要件要素と位置づけられる。このような理解は通説的地位を納めている。これに対して故意を責任要素として把握する説もある[13]。

なお，共同正犯の場合，関与者各人に構成要件的故意が存在しなければならない。

典型的には，窃盗罪（242条）や強盗罪（249条）における領得意思，文書偽造罪（267条）における法的取引における欺罔目的，また詐欺罪（263条）における利得目的等のように超過的内心傾向は主観的構成要件要素とされる。

かつて主観的構成要件要素を目的犯における**目的**，**表現犯**における故意，傾向犯における内心傾向としての故意，そして未遂犯の故意に分類して限定的に肯定するのが有力であったが，故意を一般的に主観的構成要件要素として認めることで，このような分類の意義は失われる。

◆故意の要素

故意とは，法律上の構成要件に属する客観的要素の認識および意思と定義される。[14)]

行為者が客観的構成要件実現に照らして認識と意思をもって行為した場合に故意が存在するとされる。故意は，その強度に応じて三段階に分けられる。第一直接故意（意図がある場合），第二直接故意（確実な認識がある場合），そして未必の故意（認容的甘受がある場合）。故意は，構成要件該当結果の認識的側面と意思的側面に分けられる。

⑴　認識的側面

故意が認められる前提のひとつとして結果発生の認識がある。

認識の対象は，刑16条（行為事情に対する錯誤）に照らして，各刑罰規定の構成要件に属する事情である（結果とこれに至る因果経過も含む）。この行為事情は，当罰的な不法を特徴づけるのであり，これを認識することが故意成立の前提となる。逆に行為事情に関する認識を欠く場合には故意を欠く。

⑵　意思的側面

意欲的側面は，故意犯と過失犯を区別する機能がある。一般的に，行為者が自己の行為を認識し，それなのに行為をした場合には，彼は結果を意図していたといえる。ここで故意の意欲的側面は構成要件に該当する結果の惹起に関係する。第一直接故意では，構成要件の実現との関係でとくに意欲的な連関を前提とするのに対し，認知的側面は重視されず，発生するかもしれないとみなした場合であっても認知的側面は認められる。結果発生の蓋然性とは関係なく，意欲的に見て構成要件の実現が行為者にとって問題なのである。

第二直接故意では，行為者が当該構成要件の実現について確実な認識をもっているのにもかかわらず行為をした場合が問題である。認識的側面が確実な認識段階に至らない場合には，意思的側面があったのか否かが問題になってくる。このことは未必の故意の問題として扱われる。

1）一般的に犯罪とよぶときにもVerbrechenという単語が用いられるが，Verbrechen（犯罪）とは広義の意味での犯罪であり，Verbrechen（重罪）は狭義と理解される。

2）なお，1975年まではこれに反則行為・違警罪（Übertretung）があったが，刑法施行法によって削除された。

3）BGH 2, 393.

4）軽罪である傷害罪（223条2項），単純窃盗罪（242条），持凶器窃盗等罪（244条），器物損壊罪（303条）の未遂は処罰される。

5）BGHSt 46, 212.

6）BGH NJW 1999, S.2129.

7）秩序違反法は，1952年に制定された。秩序違反行為は，犯罪とは異なる。違反行為に対して過料（Geldbuße）が科せられる。刑罰または罰金の対象となる犯罪でないことから，違反について連邦中央登録簿に掲載されることはなく，したがって，前科として扱われない。なお，ドイツの近年の議論では，企業コンプライアンスに関連して秩序違反法30条の適用可能性が注目を集めている。しばしば，これは，刑事コンプライアンス（Criminal Compliance）といわれる。

8）過料手続では，異議申立てがなされた場合は，裁判所によって審理がなされることを前提としており，過料を科する権限は，裁判所ではなく管轄行政官庁にある。

9）*Roxin,* Claus, Strafrecht AT. Bd 1, §11 Rn.46.

10）客観的帰属論によれば，「客観的因果関係が認められても故意が否定されることで犯罪成立が否定されるという意味で結論的に変わりない」との見解に満足しない。なぜなら，たとえ故意が否定されても構成要件並び違法性を実現していることを否定できないからである。

11）*Roxin,* Claus, Strafrecht AT. Bd 1 §11 Rn.88.

12）BGHSt 32, 262.

13）*Baumann/Weber/Mitsch,* AT §12/9, 16. *Naucke,* Wolfgang, Einführung, §7/123ff.

14）BGH 36, 1.

第5章　違法性

I◆──概　説

最初に違法性と不法の区別を説明する。違法性とは，構成要件に該当する行為の性質，つまり刑法が示す禁止および命令に対して行為が矛盾することを指す。不法とは，構成要件に該当しかつ違法な行為そのものであり，違法性評価の対象である。不法概念には，行為，構成要件該当性および違法性の3つの犯罪カテゴリーが包摂されている。[1)]

故意犯について，行為者が故意で客観的犯罪構成要件を実現した態度が違法と評価されうる。違法性について単に法規範に違反すること，つまり形式的違法だけを問題にするのではなく，法規範によって保護されている観念的な価値・法益に対する侵害・危殆化，つまり実質的違法が問題になる。刑法以外の手段では十分に鎮圧できない社会侵害的な法益侵害が行為において表されている場合に限り実質的に違法とされる。[2)]

その際，今日，違法とは何かを理解する際，行為客体の侵害・危殆化，つまり結果無価値だけでなく，行為遂行の外部的態様ならびに行為者人格に関する事情，つまり行為無価値を総合して判断することが一般的といえる。このような違法性の理解を人的不法論という。人的不法論の一番の特徴は主観的違法要素を認めることである。主観的違法要素は，法益侵害に向けられた行為者の行為意思を明確に特徴づけることで，犯罪構成要件に含まれる外部的な違法要素に対して内心的な無価値を強調する。その際，構成要件要素に主観的違法要素を含めたからといって，違法性はその客観的性格を失うわけではない。違法性判断にとって，行為者が意識して，法規範が人びとに対して向けている一般的要請を無視するということで十分である。また，無意識に，つまり不注意で犯罪結果を回避するために必要な注意義務に違反して結果を発生させた場合も同じである。

人的不法とは，行為者という主体による客観的不法の惹起のことである。これによれば，構成要件段階では，一般人に向けられた法規範の要請に行為者が反することによって構成要件を充足し，つぎに，違法性を規範に違反した法益の侵害・危殆化と理解する。このように理解することで，違法を人の行為による違法（＝人的行為不法）と把握することができる。主観的違法要素の必要性は未遂犯において明確になる[3)]。ただし，このように構成要件に故意を含めることで，責任段階でも故意の有無を判断するという二重の地位を有することになる。構成要件段階では，外部的態度を構築・操縦する内面的事情としての故意と，責任段階では，非難の対象として，行為者の意思形成・決定としての故意という異なる機能を認めることになる。

Ⅱ◆──構成要件と違法性の関係

通説によれば，構成要件該当性を有する態度は違法性を徴表する。その意味で構成要件は違法性の認識根拠である[4)]。それによれば，構成要件該当性は類型的に違法な態度を認識させるにすぎない。態度が違法であるか否かは，正当化事由の存否に基づいて評価される。構成要件に該当する行為が違法性阻却されない場合に可罰的な違法性を有する。

検討の順序としては，**不法構成要件**の後に**許容構成要件**の検討が行われる。たとえば，急迫不正の侵害に対して防衛行為を行った場合，行為は正当防衛（32条）として正当化される[5)]。

正当化事由の類型について，同意（保護すべき利益の欠如），正当防衛，正当化緊急避難，許された危険（優越的利益）等が挙げられる。

Ⅲ◆──同　　意

同意の要件は，法律上規定されていない。「**同意は不法を惹起しない**」との原則は刑法における伝統のひとつである。同意の正当化効果は，法益保持者が自己の法益の保持に価値を置いていないがゆえに，法益を保持する利益が欠如していることに求められる[6]。これは，**自己決定権**の行使であり，その上，基本法2条1項（人格の自由[7]）の個人の自由の行使が阻害されないということが自由主義的法治国家において社会的価値とみなされていることを意味する。**処分権限**とは，ある利益を自由に処分してもよい権限を意味する。第一に，法益が処分可能でなければならない（Verfügbarkeit des geschützten Rechtsguts）。処分可能な利益とは基本的に財産や自由などの個人的利益のことをさす。たとえば，嘱託殺人（要求に基づく殺人罪）（216条）の場合には，個人的利益である生命の放棄に対する同意があるにもかかわらず，同意に基づく行為は可罰的である。第二に，**同意能力**が被害者に存在しなければならない。被害者が，一般的に理性的な決定をすることができ，いかなる範囲で，いかなるリスクのもとで，いかなる利益を放棄するのかを具体的に認識している場合に同意能力がある。第三に，被害者に意思構築およびその決定の自由がなければならない。同意が有効であるためには，それが法益関係的錯誤や強制によるものであってはならない（Freiheit von Willensmängeln）。第四に，同意が表明されていなければならない（Einwilligungserklärung）。第五に，行為者が同意を認識して行為しなければならない（Handeln in Kenntnis und auf Grund der Einwilligung）。

なお，同意に基づく行為が善良な風俗に反する場合には可罰的である（228条）。ここでは人間の尊厳を無視した取扱いは善良な風俗に反する。なお，有効な同意に基づいてなされた行為について構成要件阻却かそれとも違法性阻却かについて争いがある[8]。そもそも同意がない場合を構成要件が予定する犯罪類型として，住居侵入罪（123条），強制結婚罪（237条），自由の剥奪罪（239条），強要罪（240条），乗物の無権限使用罪（248b 条），窃盗罪（242条），強盗罪（249条）等がある。

Ⅳ◆──正当防衛

正当防衛（32条）は，「法は不法に譲歩せず」を基本思想とする[9]。刑32条2項に規定されているように，正当防衛は，現在の違法な攻撃から自己または他人を回避させるのに必要な防衛である[10]。正当防衛は，処罰されないだけでなくまた免責されるだけでなく，優越的利益原則に基づいて正当化される。利益衝突状況において行為が優越する利益を保全するために行われた場合に正当化される。正当防衛は，法は不法に譲歩する必要はないという思想にも裏づけられている（Das Recht braucht dem Unrecht nicht zu weichen）。このことは個人主義的な法益保護の原理と社会倫理的な法秩序の防衛の原理によって説明される。

正当な行為である正当防衛は違法でないから，これに対する正当防衛は認められない。正当防衛では，保護された利益が不正な攻撃者の利益を上回る必要はない。なぜなら，これに加えて，正当防衛の正当化は法秩序の防衛に根拠を有しているからである。不正な攻撃者の法益を侵害することの無価値は，防衛行為者が個人的利益を保全することだけでなく，法秩序の妥当のために行為をしたことによって相殺される。

刑32条（正当防衛）は，①緊急状況，②緊急行為，そして③防衛意思によって構成される。

1　緊急状況

攻撃は違法なものでなければならない。支配的見解によれば，違法な攻撃は，故意・過失によらずとも，客観的に違法であれば足りる。この攻撃が，目前に差し迫っている場合，現に行われた場合または継続している場合に，違法な攻撃・侵害の現在性が認められる。予防防衛の場合には，刑34条（正当化緊急避難）が問題になる。

2　緊急行為（防衛行為）

違法な侵害に対して自己または他人の法益を保護するために反撃が行われる場合，これを防衛行為とよぶ。防衛行為そのものは，一定の例外的事情がない場合には，客観的には何らかの犯罪構成要件に該当する行為である。これは，違法な侵害が自己または他人の法益に向けられている事態において，法益を保全するために必要な場合にのみ正当化される。違法な侵害があったとしても，反撃としての構成要件該当行為をする必要がなければ，当該行為は正当化されない。ここでは，防衛行為について必要性が問題になる。

防衛行為の必要性に関して，狭義の必要性と相当性に区分される。相当性とは，事前的見地から客観的にみて，防衛のための行為が攻撃を撃退し，固有の利益を保全するのに相当な手段であることをさす。狭義の必要性とは，不正な攻撃に対する防衛のために最小限度の手段であることをさす。防衛行為の必要性を超えた場合，刑32条による正当化は排除される。この場合，過剰防衛（33条）が問題になる。

子ども，精神障害者，酩酊者の攻撃に対する防衛権は否定される。これらの攻撃は法秩序の防衛の観点からは問題にならないので防衛権は認められない。また，動物による攻撃に対しては[11]，人のみが法秩序の名宛人であり，それゆえ人に対してのみ法秩序は防衛されるべきであるとすると，ここでも正当防衛は成立しない。この場合，民法上の緊急避難（民228条）を適用すれば足りる。

3 防衛の意思

防衛の意思として，反撃者である行為者が正当化事情を認識し，この認識に基づいて行為をしたことが必要であり，しかも十分である[12]。防衛行為者が防衛状況にあることと，違法な攻撃に対する防衛のために必要な行為によって防衛することを認識すれば足りる。防衛の意思が要件とされるのは，正当防衛が法秩序の防衛のために正当化されることから導かれる。このことは人的不法論からも導かれる。行為者が正当化事情を認識して初めて，行為無価値は排除される。

防衛意思と攻撃意思が併存する場合には防衛の意思の存在が認められる[13]。ただし，身体的に勝る行為者が他人の先行行為を理由に単なる口実として攻撃した場合には防衛の意思は認められない[14]。

4 自招防衛

被攻撃者の側に正当防衛状況が生じたことに責任があるとき，法秩序の防衛と利益保護の重要性が減じる。違法な行為による意図的な挑発があった場合には正当防衛権は喪失する。これは権利濫用である。ここでは挑発した者は不正な攻撃者なのである。自己の不正な先行行為によって法秩序の防衛者とはみなされなくなる。そうすると，たとえ回避できなかったとしても彼の「防衛」行為は違法である。しかし，挑発ではないが，違法かつ有責に正当防衛状況を創出した場合，正当防衛権の制限は，先行行為がその義務違反の相当かつ予見可能な結果として攻撃を招いたかどうかにかかっている。

Ⅴ◆──正当化緊急避難

1 概　説

刑34条の**正当化緊急避難**は，自己の法益の保全（Notstand）と他人のための保全（Notstandshilfe）を含む。正当防衛と同様に，これは優越利益の原則から正当化される。正当化緊急避難は，他の方法では明確により高い利益を保護することができない場合に，より軽微な利益を犠牲にして優越する利益を保全することを認める。A所有の犬がXに噛みかかろうとした際に，XがFの家の木柵を割ってその木片で犬を脅して撃退した場合，木片の利用は，木柵の所有者への攻撃を意味しており（Fの木柵の破損にかかる器物損壊罪〔303条〕），これを攻撃的緊急避難とよぶ。Xに噛みつこうとしているA所有の犬に対して，Xが自分の傘で犬を殴った場合（Aの犬への暴行にかかる器物損壊罪〔303条〕），危険が犬の攻撃を前提としているので防御的緊急避難とよぶ。

正当化緊急避難において義務の衝突が問題になる場合がある。たとえば，2人の救急患者が病院に搬送されてきたが，酸素吸入器が一台しかなく，医師は一人の患者の生命を犠牲にしなければならなかった場合である[15)]。このような場合，正当化義務衝突によって死亡した者の生命法益の侵害は正当化される。

民228条は，「他人の物によって生じた自己または他人に対する急迫の危険を回避するためにその物を害した者は，損害または破壊が危険の回避のために必要であり，かつ損害が危険に比して何ら問題にならない場合には，違法に行為したものではない。損害が行為者の責めによる場合，損害賠償の義務を負う。」と定める。また，民904条は，「他人が現在の危険または急迫の侵害を避けようとして物の所有者に損害を与えた場合，避けようとした損害が所有者の被る損害よりも著しく大きい（unverhältnismäßig groß）限り，所有者は，物に加える他人の作用を禁止する権利をもたない。」と規定している。これら民法上の規定は刑34条の特別事例である。民228条が防御的緊急避難に，同904条が攻撃的緊急避難に当たる。防御的緊急避難（民228条）では，緊急避難行為者は自己または他人を物によって生じた危険に対して防衛することを予定しているが，本規定は，刑32条（正当防衛）が人の攻撃を要件とすることによって生じる間隙を埋める機能がある。

2　緊急事態の有責的な惹起

この場合，ひとつの考えとして，正当化緊急事情は，行為者が結果を違法かつ有責的に惹起した「道具」と考えることができる。

Ⅵ◆──許された危険

1　概　　説

許された危険は，正当化の根拠として優越的利益の原則に基づいている。しかし，許された危険に基づく正当化は明確でない基礎のもとに成り立っている。行為者は，予測される危険を最小限にする努力をした場合にのみ正当化される。ここで許された危険に基づいて行為をする者には検討義務が課せられる。

2　推定的同意

推定的同意の要件が存在し，同意の可能性に照らして一定の考慮が行われる場合には行為者は許された危険として不可罰である。たとえば，緊急に治療する必要のある患者に意識がなく，明示的同意を得ることのできない場合に，すべての事情を考慮して事前的見地から同意を得ることが確実に期待できる場合である[16)]。

その要件とは，①同意の表明が得られない場合，②同意を得ることを期待できること，③被害者に処分権限のあること，④同意能力，⑤正当化事情を認識していること，⑥慣習違反でないこと。

3　刑193条（「正当な利益の擁護」）について

名誉侵害罪（185条〔侮辱罪〕，186条〔悪評の流布罪〕，188条〔政界にいる者に対する悪評の流布および中傷罪〕）に関連して，主張が行為時点では真実であるか否かが明らかでない場合に本条が問題になる。ここでは，主張の真偽にかかわらず，名誉を侵害する事実の摘示は，正当な利益を有する場合には，表現の自由の保障のもとで許容される。本条は，正当な利益の保障が名誉毀損の危険よりも優越するので正当化緊急避難の要素を含んでいると同時に，リスクを冒すことを正当化するとともに，許された危険の場合とされる。

4　危険な救助行為

たとえば，危険を上昇させることと関連した救助行為も，何もしないことの方がより危険であるような場合には，許された危険の場合とされる。この場合，たとえ救助に失敗したとしても，危険を減少させようと努力したことで行為は正当化される。

Ⅶ◆──自救行為

民229条は，「自力救済の目的をもって物を収去，破壊または毀損した者，自力救済の目的をもって逃走のおそれのある義務者を逮捕した者，または甘受することを義務づけられている行為に対する義務者の抵抗を排除した者は，加害行為が適当な時期に官憲の救済を求めることができず，かつ即時にこれをするのでなければ請求権の実現を不能または著しく困難ならしめるおそれのある場合においてはこれを不法としない。」と規定している。民法上の自力救済権は正当防衛と類似の特徴をもっている。ここでは，自己の盗まれた財物を窃盗犯人から奪い返すことや，支払義務を果たさない逃走のおそれのある者を拘束することなどがあげられる。

自救行為では，民法上の請求に対して応じないところに不作為による違法な攻撃をみることができる限りで，民229条は，刑32条に対して優越する。なお，自力救済権は民法上の請求を自力で充足することを許容しているわけではなく，一時的な保全にすぎない。

1）*Roxin*, Strafrecht Allgemeiner Teil; Bd.1, §14 Rn.1.

2) *Roxin*, Strafrecht AT. Bd 1 §14 Rn.4.
3) 刑22条「行為についての自らの表象により，直接，構成要件の実現に着手した者は，犯罪行為の未遂を行ったものである。」。Vgl. BGH 11, 324.
4) *Gropp*, Walter, Strafrecht Allgemeiner Teil, 3.Aufl. 2005, S.182.
5) 正当化事由に関する個々の要件は，消極的構成要件要素（negative Tatbestandsmerkmale）ともいわれることがある。
6) *Geerds*, Friedlich, Einwilligung und Einverständnis des Verletzten im Strafgesetzentwurf, ZStW 72, S.43. BGH 17, 359.
7) 基本法2条1項「何人も，他人の権利を侵害せず，かつ憲法的秩序または道徳律に違反しない限り，自らの人格の自由な発展を求める権利を有する。」。
8) *Köhler*, Michael, Strafrecht AT, 1997, S.245.
9) RG 21, 168.
10) このことは，秩序違反法15条2項ならびに民法227条2項にも規定されている。
11) 民90a条によれば，動物は物ではない。
12) BGHSt 3, 198.
13) BGH GA 1980, S.68.
14) NStE Nr 6 zu § 32 StGB.
15) Vgl. OLG Karlsruhe JZ 1984, S.240.
16) BGH 16, 309.

第6章　責　任

I◆―概　説

行為が構成要件に該当し違法である場合，当該行為が犯罪と評価されるためには，もうひとつの段階を経なければならない。それが**責任**である。責任は，自己の意思による**決定の自由**を大前提としており，法規範によって自己の行動を確定する能力が存在する場合にのみ，行為者は，自己の犯罪的衝動を抑えるのではなく，犯罪行為に出たことについて答責される。ここでは行為は決定されているのではく，**意思の自由**に基づいて自ら決定しているところに非難の契機をみいだすことができる。これは人間の行動の非決定論からの帰結である[1)]。

責任という無価値判断によって，行為者は，法をなすべく決定しようとすればできたにもかかわらず，不法をなすべき決定をしたことについて非難されるといわれるが[2)]，責任においては，いかなる要件の下で人格としての生身の人間が自己の違法な行為について答責されるのかということが問題となる。責任は，行為者の行為が有責であると評価された場合に認められる。その際，第一に，行為者に対してその態度について非難することが可能か，第二に，行為者の処罰のための基準として何が適当なのかが問題になる。

責任とは，構成要件に該当する無価値な事態を違法かつ有責的に惹起した場合にのみ認められる。行為者の責任は，彼によって有責的に実現された不法に関連した非難であり，一般人が行為者の行為事情において経験則にしたがえば行為遂行をしないことができたか否かによって判断されるのであり，その点，責任は量的に区別可能であり，その程度も惹起した不法の程度に関係する[3)]。

行為者に対する責任判断は，最終的に，倫理的要請，公の秩序，人間の情動操縦または刑罰の目的などに基づいて行われる。ここでは一般予防が責任判断に介在している。

Ⅱ◆――責任概念

通説は規範的責任論を支持する。故意および過失を，不法の構成要素であるとともに，行為に対する有責的評価の客体と解する。規範的責任論では，心理的基準ではなく，価値的評価を通じて責任の要素や，個々の要素の欠如の判断基準を確定する。ここでは，責任とは，規範に対する服従を基礎にした上での心理的事実に対する価値判断といえ，それゆえ非難可能性を本質とする。これに対して，免責的緊急避難（35条）の場合，非難可能性を基準にして免責の有無が判断されることになる。自招危難の場合には行為者の側に違法な先行行為などがあった場合には，なお非難可能といえるため，責任は阻却されない。

しかも故意および過失は量刑において責任形式とみなされる。これらと並んで**心情要素**を考慮する必要がある。たとえば，「下劣な理由」（211条2項），「無謀に」（315c条2項），「悪意で」（90a条）などの要件は直接的に行為の有責性に関係する。また，「残酷に」（211条2項）という謀殺罪の要件のように不法と有責性の両方にまたがって関連するものもある。

有責性の要素として次のものが挙げられる。

①責任能力
②故意または過失
③違法性の意識
④責任阻却事由の欠如

なお，Roxinは，責任概念を機能的見地から再構成する。Roxinは**答責性**という原理を提唱する。これは，責任は刑罰の必要条件であるが[4]，十分条件ではないとして，責任に刑罰による予防の必要性を付け加えることで答責性が構成される[5]。ここでは，責任と刑罰による予防の必要性の両方が認められる場合にのみ答責性が認められる。その際，刑罰は常に責任を前提としており，いかに強い予防の必要性があったとしても，責任主義に反する刑事制裁は正当化されない[6]。

刑罰による予防の必要性は，免責的緊急避難，責任無能力（20条〔精神障害を理由とする責任無能力〕)，回避不可能な禁止の錯誤（17条）の場合に欠いており，それゆえ答責性がないとされる。たとえば，免責的緊急避難（35条）の場合，「責任なく行為した」とは，責任があるとしても答責性がないと解釈され，また過剰防衛（33条）における「罰せられない」とは，答責性がないと解される[7)]。したがって，答責性原理からは，責任の欠如の場合または刑罰による予防の必要性の欠如の場合には答責性がないということになる。

Ⅲ◆──責任阻却・軽減事由

行為が有責的であるというためには，**責任阻却事由**がないこと，逆にいうと，**有責的行為は責任能力**があることを前提とする。たとえば，刑17条1文（回避不可能な禁止の錯誤）や刑20条（精神障害を理由とする責任無能力）は責任阻却事由を，刑17条2文（回避可能な禁止の錯誤）や刑21条（限定責任能力）は責任の軽減事由を規定している。これらの事由がある場合には，違法な行為をした行為者に対して非難できないかまたは限定的にしか非難することができない。

1　責任無能力または限定責任能力

原則的に刑法典は行為者に責任能力が行為時に備わっていることを予定する。刑法上の答責性を認めるためには最低限度の自己決定能力を行為者が有していることが前提になる。責任能力は責任判断が依拠する最初の要件である。刑事責任年齢に達し，しかも重篤な精神障害を患っていない行為者のみが，刑法的答責性の対象となる自己決定をする能力を有する。

責任能力は，刑20条に「……行為の不法を弁識し，またはその弁識にしたがって行為する能力がない者は，責任なく行為したものである。」と規定しているように，弁識能力と操縦能力から構成される。

2　年齢による責任無能力

行為時に14歳未満の者は責任無能力である（19条）。行為時に14歳以上であるが，18歳未満の者は，少年裁判所法3条に基づいて，行為時に道徳的および精神的発達に基づいて十分成熟している場合にのみ刑法上責任がある（少年裁判所法1条)。行為時に18歳以上であるが21歳未満の者は，成人と同様に有責的に行為する者とされる。もっとも，少年裁判所法105，106条にしたがって少年刑法が適用され，法律効果が軽減される。

3　生物学的および心理学的責任無能力

行為者が精神障害を患っていたことを理由に責任無能力を確定する場合，以下の要因が問題になる。生物学的要因として，病的な精神障害，根深い意識障害，精神薄弱，精神的偏倚がある。心理的要因として，行為の不法に関する弁識能力の欠如，弁識に基づいて行動する操縦能力の欠如がある（20条)。これらの障害の結果，弁識能力を欠くか，または弁識に基づいて行動制御能力を欠くか否かを検証する。

4　限定責任能力

刑20条の生物学的事情を基礎にして弁識能力または操縦能力が著しく減弱していた場合，刑21条によって刑罰を軽減することができる。軽減の根拠規定は刑49条（法律上の特別の減軽事由）である。本条の重点は，アルコールによる酩酊状態時の行為の場合にある。しかし，連邦通常裁判所は，行為者が非難可能な方法で酩酊状態を惹起した場合には刑罰の減軽を否定している[8)]。通説は，行為者が限定的弁識能力しかないにもかかわらず，行為の不法を理解していた場合には刑21条の適用はできないとする。

Ⅳ◆――原因において自由な行為

構成要件を実現するために責任能力のない時点で実行行為が行われたが，それが有責的な行為の実行と評価される場合を原因において自由な行為とよぶ。行為者が行為時に弁識ならびに操縦能力があったと評価される場合に有責的とされる。刑20条は行為遂行時の責任能力の存在を要求している。これは責任主義に合致する。刑20条は，原因において不自由な行為を対象とするのであるが，対照的に，原因において自由であった場合，つまり責任無能力状態となるのに際して行為者自身が原因を作った場合には，本条の適用はないとされる[9)]。その際，行為時の責任無能力の問題を回避するためにいくつかの理論が提唱されている。

間接正犯類似説（行為者が，責任無能力の自分自身を道具として利用することを想定する），拡張モデル説（行為を8条の意味で理解し，構成要件実現に関係する先行行為と行為の予備段階が帰責される），例外モデル説（責任非難を前倒しして，同時存在原則を放棄する），構成要件内での解決説（たとえば，先行行為といえる飲酒行為自体を構成要件該当行為であると評価して解決する）。

なお，刑323条の完全酩酊は，酩酊の結果，行為時に責任無能力であることを当罰性の根拠としている。本規定では，酩酊による行為は客観的処罰条件にすぎない。本罪では，酩酊状態になることと酩酊による行為との間に何ら心理的関係は存在しない。この点で原因において自由な行為とは異なる。

Ⅴ◆――回避不可能な禁止の錯誤

刑17条は，行為をする際に，行為者が不法を行うことの認識を欠いていたことを前提とする。

Ⅵ◆――責任阻却事由

1　免責的緊急避難

行為者に規範的に即した態度を期待できず，それゆえ当罰的でないとみなされる異常な動機状況にあったような場合に刑35条が問題になる。AはFと口論となり，かっとなってFを殺してしまった。Aは，現場を目撃したBを脅して，自分と映画館にいたと供述しないと殺すと脅した結果，Bは法廷で嘘の供述をした（153条〔虚偽の非宣誓供述罪〕）。この場合，Bの生命・身体という個人的法益は司法の機能能力という国家的法益に優越しない。また「陳述についての緊急状態」（157条）の適用もない。これにより免責的緊急避難の適用の可能性が問題になる。免責的緊急避難では，優越的利益が存在しないので行為は違法のままである。しかし，行為者には，違法行為に出るしかないという動機の抑圧があったわけである。その理由から，行為者の行為について責任が阻却されることになる。もっというと，免責は，不法の減少と動機の抑圧を根拠にした責任の減少によって根拠づけられる。なお，免責事由について錯誤のあった場合，これを回避可能であった場合に，刑35条2項が適用され，罰せられる(必要的刑罰減軽事由)。

正当化緊急避難は，およそ一般的に他人のためにする緊急避難が認められるのに対して，免責的緊急避難は，自己のため以外は，親族，自己と密接な関係にある者のためにする場合に限定される。

免責的緊急避難に対して正当防衛は可能である。また，免責的緊急避難への共犯も想定可能である。

2 過剰防衛

過剰防衛は必要的刑罰免除事由である。正当防衛が違法性阻却事由であるのとは異なり，行為者は許容された正当防衛の限界を逸脱したことで，その行為は正当化されない。それゆえ，過剰防衛は責任阻却事由である。もっというと，不正な攻撃に対する防衛という形での不法減少を前提とした上での責任阻却事由である。まず通説では，過剰防衛の場合，不法が減少することを根拠として，これにより客観的に存在する正当防衛状況との関連から生じており，同時に部分的正当化として責任をも減少させることと，そして正当防衛状況においては規範に則した意思形成が困難であることから責任が減少することを過剰防衛における刑罰免除の理由とする。

刑33条は，行為者が防衛行為の必要性を逸脱した場合について規定する(intensiver Notwehrexzess)。通説は，違法な攻撃の現在性を前提しており，これが既に終了した量的過剰の概念を否定している(extensiver Notwehrexzess)[10, 11]。行為者が不法な攻撃の終了を認識していなかった場合には，許容構成要件の錯誤が適用され，錯誤が回避可能な場合には過失犯の成立が問われる。

1) 決定論者としてリストの議論をあげることができる。Vgl. *von Liszt,* Franz, Aufsätze Bd. II S.52.

2) BGH 2, 194.

3) これについては，従来，他行為可能性を判断基準として判断が行われてきた。これについて参考になる研究書として，Vgl. *Freudenthal,* Berthold, Schuld und Vorwurf, 1922.

4) Roxinは，責任とは，規範に応答しうるにもかかわらず，不法な行為をしたことであると理解する（*Roxin,* AT. Bd 1 §19 Rn.36.）。

5） *Roxin,* Strafrecht AT. Bd 1 §19 Rn.3.

6） *Roxin,* Strafrecht AT. Bd 1 §19 Rn.7.

7） *Roxin,* Strafrecht AT. Bd 1 §19 Rn.8.

8） BGH 3 StR 435/02 NStZ 2003, S.480.

9） Vgl. BGH NStZ 2002, S.28.

10） BGHSt 39, 133. *Jescheck/Weigend,* Strafrecht Allgemeiner Teil, 1996, S.493.

11） 詳細には，緊急事態の「前」と「後」に区別することができる。Vgl. *Roxin,* Strafrecht AT. Bd 1 § 22 Rn.85ff.

第7章　未遂犯

I◆──概　説

通常，犯罪の実現段階として，**予備**，**未遂**，**既遂**，終了が挙げられる。実現段階という概念枠組みに一定の生活実態を組み入れる基準は既遂である。客観的構成要件のすべての要素が充足された場合に既遂となるので，このことは各則の犯罪構成要件に対応するからである。法益侵害に関係する行為者の態度が既遂となったことによりすべて終わった場合，行為は終了したとされる。終了は，時効の開始時点となる（78a条）。

行為者が行為についての自己の表象により，直接，構成要件の実現に着手した場合，犯罪行為の未遂を行ったものとされる[1)]（22条）。

II◆──未遂犯の処罰根拠

未遂犯の処罰根拠について，まず，刑22条からすると，保護客体への具体的危殆化に処罰根拠をみいだす客観説はとり得ない。客観説では，未遂における結果とは，保護客体に対する具体的危険の惹起であるが，不能犯の可罰性を説明することができない。それによれば，著しい無分別による実行の場合に刑22条3項によって刑が任意的に減免されることを説明することができない。殺人の故意をもって案山子を人間と間違えてピストルで撃った場合，攻撃客体の危殆化に処罰根拠を求めることはできないけども，法益としての人の生命に対する攻撃に求めることができる。法敵対な心情から，構成要件該当の攻撃客体を直接的に危殆化させるように見える態様で外的に行動する場合に実行の着手が認められる（印象説）。

Ⅲ◆──成立要件

故意既遂犯の場合と同じく，未遂犯の場合にも客観的要素と主観的要素によって基礎づけられる。出発点になるのは行為者の主観的側面である行為の決意である。行為の客観的側面だけでは，どの犯罪構成要件を実行行為が充足したのかを確定することはできない。行為の決意は，故意と，一定の場合，意図した犯罪行為の主観的違法要素から構成される。ここでは，行為者は構成要件に該当する行為の実現を表象することで足りる。いかなる根拠からその表象が実現しなかったのかは問題にされない。そのため，不能未遂は可罰的とされる。なお例外として，ビタミンCを生命・身体に無害な物質とは知らずに紅茶に入れて他人を殺そうとした場合，行為者の著しい無分別から結果発生があり得ないことを誤認していた，つまり他人を殺せると認識していた場合，刑23条３項の適用により，刑の免除または刑の軽減をすることができる。

刑22条によれば，行為者が行為についての自己の表象に基づいて構成要件の客観的要件の実現のために，直接，着手した場合に初めて可罰的な未遂とされる[2,3)]。

実行の着手の判断基準として，主観的客観説が支配的である。行為者の全体計画に基づく行為の表象によれば，事象が何らの妨げもない場合には，直接，構成要件該当結果が実現するほど行為者の態度と構成要件該当の既遂のための行為との密接な連関が認められる場合に，実行の着手がある。密接な連関と直接性を示す徴表があれば，行為者の見地から見た攻撃客体の具体的危殆化がある。ここで行為者の見地とは，行為の遂行時における表象である。いわゆる中止犯との関係では，行為者が行為遂行時に攻撃客体を直接危殆化すると表象した場合にはじめて直接的な着手があるとされる。

Ⅳ◆──関与の未遂

原則的に予備行為は不可罰である。しかし，これには例外がある。行為者がまだ直接的に犯罪構成要件の実現のための実行に着手（22条）していない場合でも処罰される場合がある。可罰的予備行為がこれに当たる。刑30条において関与の未遂が規定されている[4]。これは重罪の場合に限定される（12条）。関与の未遂の処罰根拠は，正犯者が危険な因果経過を設定し，そして彼のさらなる行為がなくても，行為の完遂までに発展することが可能なほどに教唆された事象を手中から離したというところに求められる[5]。

次のような場合に関与の未遂が想定される。①計画した犯罪の潜在的行為者ないし教唆者に対してそのような犯罪の実行の決意を生じさせることに成功しなかった。なぜなら彼らがこのことに規定されなかったから。②計画した犯罪の潜在的行為者ないし教唆者に対して決意を生じさせることができなかった。なぜなら，彼らはその前に犯罪をすることを決意していたから。③潜在的行為者ないし教唆者の決意を呼び起こすことができたけれども，正犯行為が未遂段階に達せず，それゆえ刑26条（共犯）における正犯行為としては除外される場合。

刑30条1項の故意について，被教唆者を重罪へと決定づけ，同時に，正犯行為の実行を惹起しようとすることが必要であり，正犯行為の実行のためにそれ以上の加功を必要としない程度に教唆することが求められる[6]。ここでも教唆者の故意は十分に具体化された行為に関係しなければならない。漠然とした内容だけでは教唆には当たらず，被教唆者が意図するならば犯罪を行うことができるように詳細に伝えることが必要とされる。

以上の故意に基づいて，教唆者が被教唆者に対して行為遂行を可能にするあらゆる要因を説示することが客観的構成要件となる。

刑30条2項に関して，ある者が重罪をする意思または重罪を教唆する用意のある旨の表明，他の者の申出を受け入れること，それを他の者と約束した場合に認められる。申出の受け入れは，他人によって説明された犯罪挙行のための準備を明示的かつ真摯に受け入れた場合に認められる。

本条の約束は，少なくとも2人以上の者が，ある犯罪を共同正犯者として行うことまたは共同正犯者となるように彼を教唆する場合に認められる。とりわけ約束は，刑25条2項の共同正犯の前段階である。少なくとも2人以上の者が共同して犯罪をすることまたは教唆することを約束しなければならない。また，2人の推定上の共同正犯者と並んで別の者が話し合いに関与した場合，行為計画によれば狭義の共犯の役割しか与えられていない者は「約束」要件から除外される。約束に関する故意として，行為が本質的部分において具体化されていることで十分とされる。[7)]

1）　なお，刑81条（「連邦に対する内乱罪」）のような企行犯では，未遂と既遂が混合している。刑11条6号によれば，企行とは，行為の未遂と既遂をさすと規定されている。

2）　BGHSt 48, 34.

3）　BGH MDR 1978, S.985. 本判例では，連邦通常裁判所は，銀行強盗目的で銀行前にまで車で乗り付けた2人の者について，未だ車の中にいたままで，当初計画していた武器をもって覆面をすることを未だしていないとして未遂を否定した。拳銃で殺害しようとする場合，ズボンポケットから拳銃を抜き取るかまたは被害者にめがけたときに実行の着手が認められる（BGH NStZ, 1993, S.133）。5階にいる人を殺害するために，1階のベルをならした時点で逮捕されたときには，未だ故殺の未遂ではない（BGH StV 198, S.420. BGH NStZ-RR 2004, S.361）。

4）　他の犯罪の前段階的行為自体を処罰する規定も存在することを示しておく。たとえば，犯罪団体の結成罪（129条），テロ団体の結成罪（129a 条），保険の乱用罪（265条），爆発犯罪または放射線犯罪の予備罪（310条）である。

5）　BGHSt 44, 99.

6）　Vgl. BGHSt 44, 99.

7）　BGH NStZ 2006, S.697.

第8章　中止犯

I◆──概　説

刑24条では，「任意に，さらなる行為の遂行を放棄しまたは行為が既遂に達するのを妨げた者は，未遂としては罰せられない。中止行為者の行為がなくとも行為が既遂に達し得ない場合，中止行為者が，任意かつ真摯に，行為が既遂に達するのを妨げるよう努力した場合には罰せられない。」として中止犯(Rücktritt) を規定している。中止行為が刑罰を解消させる根拠は，中止行為によって，行為者が犯罪行為を撤回し，法信頼的心情を証明し，規範が妥当していることを確証し，しかも何ら処罰を要しないことを証明していることに求めることができる。ここで刑罰の消滅は，違法性の減少とそれに伴う責任の減少に基づいている。

同条1項では，行為者が行為を放棄または結果を阻止した場合に未遂について必要的に刑罰が消滅する。いわゆる**失敗未遂**は中止犯から除外される[1]。実行未遂の放棄または終了未遂の場合には結果の阻止が中止犯の対象となる。本規定によれば放棄の動機は問わない。したがって，他のより重大な犯罪行為をするために放棄した場合も中止犯が成立する[2]。結果の阻止について，行為者が結果惹起を阻止，つまり結果の欠如が偶然でないとみなされる行動をした場合に認められる。刑22条にしたがえば，実行の終了または未終了かの判断基準は行為者の観念による。

刑24条の「中止行為者の行為がなくとも」とは，不能未遂などの場合を指す。

非終了未遂は，行為者が結果惹起のために必要であることすべてをまだしていないと思った場合に認められる。終了未遂は，行為者が構成要件に該当する結果の惹起に必要なことすべてをしたと認識している場合である。危険な暴力行為や行為者によって知覚された重大な侵害行為の場合において，その生活経験に基づいて結果が発生しそうである事態に関する認識があれば十分とされる。ドイツの判例は，結果発生について無関心の場合に，行為者は結果発生の可能性について考慮しているとみなす[3)]。

刑24条1項では，要件として，①「さらなる行為の遂行の放棄」が規定されている。ここでいう行為とは，実現した実体法上の犯罪構成要件の意味における個別の故意による違法な行為のことである。行為事象全体のことではない。

中止行為は自由意思によらなければならない。自律的動機から行為をすることをやめた場合にそういえる。ここでは，行為者が中止することを強いられていないと評価されることが重要である。犯行が発見される危険が高いと思って行為の遂行を中止した場合には自由な意思による中止は認められない[4)]。また，精神的ショックや心理的抑圧など，行為者の心理的問題で行為の遂行が不可能になった場合も同様である[5)]。

本条の要件②として「行為が既遂に達するのを阻止した」ことがある。要件②では，行為者は，刑罰を消滅させるために，結果を阻止するための行為をし，意図的に行為が既遂に達するのを阻止しなければならない。ここでは，実行行為の終了後，行為者は結果阻止のためのすべてのことをしなければならないが，それにもかかわらず結果が発生した場合，結果の阻止のための行動をするのでなく，単に受動的であったにすぎない場合，そして結果の不発生が別の理由による場合等は，要件②を満たしたとはいえない。

刑24条2項は，複数の者が関与した場合の中止犯について規定している。中止犯の効果である刑罰の消滅は一身的にのみ生じる（persönliche Strafaufhebungsgründe）（一身的刑罰消滅事由）。他の関与者（共同正犯，教唆，幇助）にはその効果は及ばない[6)]。複数の者による行為は，因果経過を概観することが困難な複雑な固有のダイナミクスを展開するので，中止行為としての単なる放棄だけを前提とはしない。刑24条2項は，中止意思を有する者は複数の者の行為関与の場合に原則的に行為を阻止しなければならないと規定する。これに失敗した場合，本条の適用はない。

同条2項2文では，中止行為者の阻止努力によって結果が阻止されたことを要件としていない。ここでは，自己の行為寄与の完全な排除と，行為の既遂を阻止するための任意かつ真摯な努力が認められれば足りる。しかし，自己の行為を単に撤回しただけでは足りない。たとえば，既遂を阻止しようとする者の中止行為について犯罪関与者たちが合意している場合などに中止が認められる[7)]。

被教唆者である正犯者が，教唆者の任意で真摯な努力によって，行為のさらなる実行を放棄した場合，正犯者だけでなく，教唆者も刑罰が消滅する。

1) BGHSt34, 53. 失敗（Fehlgeschlagen）とは，行為者が事象の直接的経過において結果の惹起が不可能であることを認識している場合の未遂のことである。失敗未遂には，構成要件の充足が客観的に明らかに不可能な場合，行為計画によれば意味のないさらなる行為の遂行の場合，そして法的に不可能な場合を挙げることができる。

2) BGHSt 35, 184.

3) NJW 1960, S.1821.

4) BGH NStZ 1992, S.536.

5) BGH NStZ 1994, S.428.

6) BGH 4, 172.

7) BGH NStZ 1989, S.317.

第9章　共　　犯

I◆──概　　説

刑法は25条から31条において**共犯**を定めている[1]。これらの規定は，故意犯を前提にして，構成要件段階で正犯と共犯を区別している。これを**二元的共犯概念**とよぶ[2]。

共犯においては，誰が構成要件に該当する違法でかつ有責な行為をするのか，そのためにどのようにして役割を分担するのかが問題になる。

可罰的な事態の実現への協働に関する上位概念は「広義の共犯」であり，これは正犯と狭義の共犯という下位概念に区分される。

刑25条１項は，「自ら」という構成要件によって，犯罪行為を自ら行った者が正犯であると定める。正犯概念とは，**単独犯**ならび**同時犯**における正犯のことを指す。また，同条では，「他の者を通じて犯罪を行った者」も正犯として処罰されることを規定している。この構成要件は，**間接正犯**の形式での正犯を規定する。間接正犯では他人を道具として利用することで，**背後者**として自己の犯罪を実現する。

刑25条２項は，「複数の者が共同して犯罪行為を行ったときは，各人が正犯として罰せられる。」として，**共同正犯**を規定する。これは，複数の者が協働してある犯罪を行う場合に認められる。共同正犯では，各人が認識しかつ意図して，ある行為を共同して遂行するために協働することが要件となる。

刑26条（教唆）と27条（従犯）は狭義の共犯を規定する。教唆は，他人の犯罪の決意を故意で惹起することである。従犯は，他人の犯罪行為に際して援助することである。いずれも正犯者の故意によって行われた違法行為があった場合にのみ処罰される。これを正犯に対する共犯の従属性とよぶ。正犯行為は有責である必要はないので，その意味で従属性は完全ではなく，限定，つまり制限されている。

複数の者がひとつの犯罪行為を協働した場合，構成要件に該当する無価値の実現は原則的に2つの方法で帰責される。1つは，協働した全ての者は正犯とし，協働した者が例外的に行為者としては咎責されない場合には，このことを明示的に規定しなければならないとする理解であり，これによれば，正犯が原則であり，可罰的な態度のすべての現象形式に拡張されなければならないとする（**拡張的正犯概念**）。これに対して，協働は，明示的に法律上規定されている関与形式においてのみ帰責可能であるとする理解（**限縮的正犯概念**）である。これによれば，法律によって規定されている関与形式は刑罰拡張事由とされる。

秩序違反法14条1項によれば，「複数の者が秩序違反行為に関与した場合，各人が秩序違反を行ったものとする。」と規定している。これは，統一的正犯概念に依拠した規定形式である[3]。ここでは関与が惹起の意味において理解されており，自己の行為が既遂または未遂の秩序違反の挙行にとって因果的である者の各々が秩序違反行為者である。ここではどの程度結果発生に寄与したのかは不問とされ，区別は過料の量定段階で初めて行われる。

現行刑法は，刑25条から27条に規定しているように，構成要件段階でさまざまな関与形式を想定している。このような立法形式は限縮的正犯概念に依拠しており，すべての共同行為ではなく，刑25条以下において規定された形態のいずれかのみが共犯の責任を負うことになる。つまり，正犯は共犯ではない。正犯でない者だけが共犯となりうる。このような理解から正犯なき共犯はあり得ないことになる。また，構成要件該当性なければ正犯なし，正犯なければ構成要件該当性なしということになる。

Ⅱ◆──正　　犯

正犯とは何かについて，判例は今日でも主観的共犯論を出発点とする。自己の行為寄与を他人の行為を促進するためではなく，自己の犯罪としてしたのか否かによって正犯か否か，端的にいうと，正犯と従犯を区別する[4]。主観的共犯論に対する批判は，自己の犯罪か否かという行為に対する利益を強調することに対して向けられる。それだけでなく，「要求に基づく殺人罪」(216条）のように，本来，自己の利益のためにする行為でないことを構成要件が予定している犯罪類型について正犯性を説明できないという難点を抱える。

これに対して学説では**行為支配論**がきわめて有力である。いわゆる実質的客観説が行為支配論の基礎をなしている。行為支配説は，構成要件要素の実現のために自らの実行行為への関与を基準にして形式的に正犯性と行為支配を論じることをしない。それによれば複数の者の中で犯罪行為全体を支配している者が正犯である。正犯とは，構成要件に該当する事象を故意で掌握していることである[5)]。行為は，行為経過の共同支配という意味において事象を操縦する意思による仕業である。事象を操縦する意思と行為経過の共同支配の担い手が行為者である。判例は，行為利益，行為支配または少なくとも正犯となる手がかりとしての正犯意思を基準にする[6)]。行為支配説では，行為者の行為に対する利益を考慮せず，意思による操縦された客観的な行為の支配が重要である[7)]。行為支配説内部においても共謀共同正犯を肯定するのか否かは諸説ある。

刑25条に対応して，行為支配の体系として，具体的行為の支配（自分自身で行為をする場合），意思の支配（間接正犯の場合，強制や欺罔を用いて他人を道具として犯罪を実現する場合，背後者は認識または意思を支配している），機能的行為支配（共同正犯の場合，他人との分業によって共同して影響を及ぼし，行為の遂行を共同して支配する）を挙げることができる。近年の判例によれば，行為支配は，関与者が構成要件実現を独自に行った場合だけでなく，他の関与者との役割分担において行為の成功のために本質的な機能を有している[8)]。

刑25条１項は直接正犯と間接正犯について規定している。

間接正犯は，構成要件を自ら実現するのではなく，彼が行為支配をしている道具としての人の行為を全体または部分的に利用することで実現する。これについては，その基準として，行為仲介者が背後者に比して下位にあること，背後者が行為支配していること（行為仲介者の錯誤，行為仲介者が脅迫されている場合，組織支配によって行為仲介者を支配できる場合[9)]，行為仲介者が回避できない禁止の錯誤に陥っている場合），背後者が正犯としての要件を満たしていることが挙げられる。

一般的に，人の行為が道具であると評価されるものとして，行為者の態度が答責性を欠く場合がその典型である。それは，道具である人の態度が，構成要件，違法性，責任においてその該当性を欠く場合といえる。

間接正犯の事例としては，構成要件に該当せずに行為する道具（医師が「ガン」だとわざと嘘の診断をして，患者が絶望して自らの生命を絶った），故意なき道具（XがAに自分のものだと偽ってほんとはBの所有物である本を図書館の机から取ってこさせる），故意はあるが犯罪意思のない道具（第6次刑法改正により領得罪に第三者のための領得意思が導入されたことで，財物の占有を不法に確保した者が自己ではなく第三者領得の意思をもって行為したことが問題になる）の場合を考えることができる。

なお，自手犯や身分犯の場合，間接正犯は問題にならない。また，過失行為の場合には意思支配を構築することはできないから，過失によって結果を発生させた場合にも間接正犯は問題にならない。

間接正犯に関連して，「**行為者の背後にいる行為者**」が問題になる。完全に有責的な直接行為者の背後に間接正犯があり得るのかという問題である。ここでは，たとえば，道具である人が回避可能な禁止の錯誤に陥っている場合や，道具である人が強制によって行為をした場合が挙げられる。前者について判例は，背後者が行為者側の回避可能な禁止の錯誤を計画的に利用した場合には間接正犯の成立を認め，教唆犯ではないとする[10)]。ここでは行為者は違法性の意識を欠いている。背後者はこのことを利用しており，それゆえ錯誤に陥っている道具を介して構成要件の実現を支配している。このような意味では，行為者の錯誤が回避可能かそれとも不可能かは重要ではない。また，判例では，間接正犯と教唆の限界は，錯誤と背後者の影響の態様とその射程範囲に関連する[11)]。殺人または殺人未遂の間接正犯について，いずれにせよ，間接正犯者によって呼び起こされた錯誤によって事象を意図的に生じさせかつ操縦し，その結果，錯誤に陥っている者は——有責に行為したとしても——道具であったとみなされる[12)]。

後者に関して，行為者の行為が刑35条の免責的緊急避難に当たるような場合，背後者は行為支配をしていることを理由に教唆者として処罰される。

刑25条2項は共同正犯について規定する。2人以上の者が共同して犯罪を行った場合に共同正犯となる[13)]。ここでは，共通の行為計画に基づいて故意でしかも有意的な協働によりすべての者が行為することを原則とするが，しかしこれに限定されない。共同正犯とは，意識的かつ意図的な相互作用（＝主観的側面）による共同犯行（＝客観的側面）であるが，共同正犯の一般的基準としては，共通の行為の決意・計画，共通の行為支配，固有の寄与，正犯適格の存在を挙げることができる。これらの要件が充足されることを通じて，事象全体が協働行為者の各々に帰責される。行為事象全体について各々の共犯者に帰責されるので，自分自身ではすることができなかった行為について答責される。

不作為犯の場合には行為支配に関する諸原則を適用できず，その上，正犯性は特定の義務に基づく保障人的地位に由来するので，不作為による共同正犯も共同の保障人的地位の存在に依拠することになる。

犯罪をするための意思の一致の時点は必ずしも事前に行われる必要はない。実行行為をしている行為者や行為を終えた行為者と意思の一致が行われ，その後に構成要件実現のために関与することも可能である。これを承継的共同正犯という。承継的共同正犯（sukzessive Mittäterschaft）については，各人が，既に生じた出来事について認識し，これを承認して共同正犯者として参加した場合，その了解は犯罪に関する計画全体に関係し，この了解は，彼に対してひとつの犯罪それ自体を刑法上帰責させる効果をもっている。後から関与する者が，相互的な了解により可罰的な実行段階にある行為者に共同して犯罪を既遂にするために関与する場合，既に行為を終了した行為者と関係をもち，後の構成要件に該当する行為の実行を約束した場合，継続犯の行為者に関与し，その後その状態を維持した場合が承継的共同正犯の事例といえる。

既に完全に終了したことについては，他の共犯者によって創出された事態について認識，承認または利用した場合でも了解することはできない。実質的に犯罪が終了した後は，承継的共同正犯は成立しない。承継的共同正犯では，進行している行為事象に了承によって関与した関与者が既に実現した構成要件の部分について遡及的に帰責されるのかが問題になる。たとえば，窃盗罪（242条以下）や強盗罪（249条以下）に関して，財物の保全に至るまでの終了段階はなお行為の完遂に関係する。

共同正犯の成立要件である共同の行為遂行について，関与者が客観的な行為寄与をすることが要件となる。判例は，関与者が構成要件充足を促進する寄与があれば十分であるとするのに対して，[14] 行為支配説では，「重要な」行為寄与を必要とする。何が重要な寄与なのかについて，通説的には，実行行為段階だけでなく，予備段階における寄与も重要なそれとされる。

Ⅲ◆──狭義の共犯

教唆（26条，他人の行為決意を呼び起こす）や幇助（27条，アドバイスや行為などを通じて支援する）などの共犯は，一定の形式で他人の故意による違法な行為に関与したことを根拠に処罰される。共犯の可罰性は正犯行為に依存するわけであるが，正犯は必ずしも有責的に行為する必要はない。これは制限従属性説からの帰結である。

限縮的正犯概念では，原則的に自ら構成要件に該当する不法を惹起した者だけに対して刑法上帰責すべきであると解することから，教唆や幇助などの狭義の共犯は刑罰拡張事由とされる。共犯の処罰は正犯行為が行われたことに依拠しているので，共犯の処罰は限定的であり，他人による不法の惹起に従属している。これに対して，純粋惹起説の提唱者である Klaus Lüderssen（クラウス・リューダセン）によれば，共犯の処罰根拠は，他人の不法の惹起ではなく，共犯者自身の不法を惹起したことに求められる。そこでは，共犯の処罰根拠は，共犯固有の不法に求められる。たとえば，自殺への関与の不処罰は，自殺が犯罪構成要件において類型化されていないことをもって根拠づけることはできないとされる。自殺者を幇助した者は故殺の正犯であり，自殺者を幇助することで実行される他殺の正犯である。自殺への関与による人の死の惹起は，構成要件に該当せずに行為する道具の助けをもって行われる間接的な他殺であり，すなわち，刑212条に該当するとされる[15]。このような結論を防ぐ方法として，自殺は，刑法上類型化されていない態度だからではなく，刑法上，何もないものであるという理由で不可罰が導かれることになる。なお，Lüderssen は，つぎのことも付け加える。正犯の不法は共犯の不法でもある。共犯の不法は正犯の不法に対応するものでなければならない。共犯の処罰は，固有の，正犯の不法に対応する不法を惹起する点にある。これに対して，通説的な理解によれば，自殺への関与は，存在しない構成要件への関与であるという理由から不可罰とするのではなく，刑212条の限定解釈によって自殺の非類型性がこれへの関与の不可罰性をも包含している[16]。

刑29条（「いずれの関与者も，他の者の責任を考慮することなく，その者の責任に応じて罰せられる。」）により正犯の責任への従属が不要になる。

アジャン・プロヴォカトゥールについて，たとえば，警察官・Ｆが捜査目的から住居侵入窃盗をＹとＺに教唆して，財物を窃取して侵入宅からできたところを警察が逮捕した場合，行為事象がＦの認識していたところと相違ないので，ここでは正犯の行為の既遂に向けられた故意は否定されず，特別の正当化事由がない限り，Ｆは教唆犯として処罰されることになる。しかし，今日の通説的見解はこれにしたがわない。共犯の不法は，法益侵害に対する独自の攻撃を要件としており，教唆者の意思が合法的な介入によって行為の実質的完遂または法益侵害を阻止することに向けられている場合には，共犯の不法は存在しないとされる。Ｆの意思によると行為の完遂には至らずしかも継続的に被害者から財物の占有を離脱させないので，窃盗罪（242条）ならびその教唆犯（26条）は問題にならないとされる[17]。

中立的行為による幇助の可能性について，刑27条は幇助の態様について規定しておらず，未必の故意があれば十分なので幇助の可罰性が問題になる。ある職人が，未必の故意をもってその給付によって客が特定の犯罪を行うことがあり得るとみなした場合に幇助の可罰性を基礎づけることができるのかどうかが問題になってくる。客観的帰属の見地からは，法的に承認された危険を前提とする職業に典型的な行為は排除される。そのために社会的相当性，許された危険などの基準が提示される[18]。正犯の行為がもっぱら可罰的行為をすることを目的としており，このことを援助提供者が未必の故意をもって認識している場合には可罰的幇助といえる。このような場合にはいわゆる日常的行為の性格が失われており，まさに犯罪行為を援助している。援助提供者が自己の行為が犯罪行為の挙行のために利用されることが単にあり得るとみなしたにすぎない場合には，援助提供者が客観的に認識できるほど犯罪傾向をもつ行為者を援助している場合にのみ可罰的幇助が認められる。ここでは犯罪のために適用する目的の蓋然性という具体的手がかりが必要である。

Ⅳ◆──必要的共犯

必要的共犯として，被拘禁者の暴動罪（121条），騒乱罪（125条），集団による危険な傷害罪（224条1項4号）などの集団犯と，被拘禁者解放罪（120条）の被解放者，要求に基づく殺人罪（216条）における依頼者のような対向犯がある。また，保護をゆだねられている者に対する性的虐待罪（174条），未成年者の性行為の援助罪（180条）など性犯罪をも挙げることができる。

1）被拘禁者暴動罪（121条）のように，被拘禁者による集団化を前提して，これらの者たちによる行為を構成要件としている犯罪類型，すなわち**群衆犯**とは区別される。
2）これに対する概念として**統一的正犯概念**がある。これによればすべての関与者は正犯として扱われる。なお，秩序違反法14条1項は，「数人が秩序違反行為に関与した場合，各人が秩序違反的に行為したものとする。」と規定しているところから，統一的正犯概念を採用していると考えることができる。
3）なお，過失犯の場合にも正犯と共犯が区別されないのは統一的正犯概念によって説明可能である。
4）BGHSt 37, 289.
5）*Maurach/Gössel,* AT 2, §47 Rn 89.
6）BGH 1 StR, 35/84.
7）行為者の行為に対する利益と意思による操縦された客観的な行為の支配を同義と理解すべきではない。
8）NStZ 2008, S.273.
9）壁の射手事件について，BGHSt 40, 218.
10）BGHSt 35, 347.
11）Vgl. BGHSt 32, 38.
12）BGHSt 35, 347.
13）なお，身分犯（私的秘密の侵害罪（203条），背任罪（266条），利益収受罪（331条），収賄罪（332条）については，潜在的な共同正犯者を予定せず，そもそも共同正犯の可能性を排除する。
14）Vgl. NStZ-RR 2004, S.40.
15）*Lüderssen,* Klaus, Zum Strafgrund der Teilnahme, 1967. S.168, 214f.
16）*Eser,* Albin, in; Schönke/ Schröder, Strafgesetzch Kommentar, 28. Aufl. 2010, § 211ff Rn. 33. *Gropp,* Walter, Deliktstypen mit Sonderbeteiligung, 1992, S.172ff.
17）NJW 1999, S.2751. しかし，Ｆの住居侵入の教唆は可罰的である。
18）Vgl. BGHSt 46, 107.

第10章　不作為犯

I◆──不作為犯の態様

不作為犯には真正不作為犯と不真正不作為犯がある。前者には，不退去罪（123条1項），計画された犯罪行為の不通報罪（138条），不救助罪（323c条[1]）などがある。これに対して後者は，作為による結果犯を前提とし，結果が作為ではなく不作為によって実現される。1975年の第2次刑法改正法によって制定された刑13条は，「刑法典の構成要件に属する結果を回避するのを怠った者は，結果の不発生について法的義務を負い，かつ，不作為が作為による法定構成要件の実現に相応する場合に限り，この法律によって罰せられる。」として不作為による遂行を規定し，不真正不作為犯の成立要件を示している[2]。また，同条2項では，不作為犯の場合，刑49条1項に基づく刑の任意的減免を認めている[3]。本条制定以前には，不真正不作為犯の概念に対して，積極的作為の概念を不作為による結果惹起へと再構成することが類推解釈ではないか，また実定法主義ならびに明確性の原則にも抵触するのではないかとの批判があった[4]。本条の制定により類推禁止との批判をかわすことはできたが，明確性の原則の問題は未だ残る。刑13条の要件としては，①結果の不発生について法的義務を負っていること，②不作為による結果惹起が作為による場合に相応することの2つである。①について，結果の不発生に対する保障人となるような特別の地位，つまり保障人的地位を有する者が行為主体となる。保障人的地位から結果回避義務，保障人的義務が生じる。②について不作為による構成要件に該当する無価値の惹起は作為によるそれと相応するものでなければならない。それゆえ不真正不作為犯は，身分犯であり，保障人的身分の保持者による犯罪である。

Ⅱ◆――保障人的地位

1　概　　説

ここで**保障人的地位**は，結果を阻止することが可能な者のうち，その任務が結果回避である者を選び出す機能をもっている。これにより行為客体に生じた結果を不作為者に帰責することができる。保障人的地位の概念は何よりも不真正不作為と積極的作為との客観的同置のための基準を設定する。保障人的地位から結果回避のための法的な保障人的義務が導かれる。これは単に慣習上の義務ではない。

保障人的地位の要件として，まず保障人としての地位がいかなる根拠から基礎づけられるのかを明らかにする必要がある。その根拠として，①法律に基づく保障人的地位（親の子供に対する配慮義務〔民1626条，1631条〕），私生児に対する母親の配慮義務（民1705条），被後見人に対する後見人の配慮義務（民1793条，1800条），夫婦における生活協同のための義務づけ（民1353条），②契約に基づく保障人的地位，③先行の義務に違反した行為に基づく保障人的地位，④密接な人的生活関係に基づく保障人的地位に分けられてきた。が，単に保障人的地位というだけでは未だ不分明といわざるを得ない。さらに保護者としての保障人と監督者としての保障人とに区別される。

2　成立要件

保護者としての保障人は，①家族法上の基礎に基づく密接な共同体関係による保護者としての保障人（法的および事実上の生活共同体としての家族の構成員であることに基づく。これは，保護を義務づけられた家族構成員と保護すべき者との間に何ら法的義務づけがない場合にも妥当する），②家族法上の基礎に基づかない密接な共同関係による保護者としての保障人（危険な登山旅行等，相互の信頼・依存関係が典型的に存在する，いわゆる危険共同体の場合，共同体内部で相互に扶助する社会倫理的関係が存在する），③事実上の引き受けに基づく保障人的地位（事実上の引き受けに基づく保障人的地位の承認が契約に基づく保障人的地位の形式的事例群を限定する），④公務員または法人の機関としての保障人的地位（公務員の場合，当該利益の保護が公務員の任務領域に属するかによる。法人の機関の保障人的地位については，株式会社の支配人などに認められる[5]。

保護者としての保障人は外から保護客体を脅かす危険から守るのに対して，監督保障人は，危険源から第三者が危険にさらされまたは侵害されたことに対して責任をもつ。これについて，①先行の違法で危険な行為から生じる保障人的地位（先行行為に基づく保障人的地位は，法規範に対する違反の結果，結果を惹起する危険を上昇させ，その回避が違反した規範の目的であるということから生じる），②危険源に関する支配に基づく保障人的地位（危険源を開き，第三者を危殆化する機会を創出した者は，危険が第三者に侵害となって実現しないように保障することを引き受ける。これは共同作業の場合にも当てはまる。たとえば，危険な動物の所有者の場合，この動物が第三者を侵害しないようにすることについて責任を負っている。ある者が危険なものを使用する場合，たとえば自動車を交通の安全に基づいて監督しなければならないことや，運転の仕方を知らない者が自動車を運転することを阻止しなければならない），③他人の行為を理由とする負責の基礎としての保障人的地位（年少の子どもに対する親，学校における年少の学生に対する教師のように危険を最小限にすることを目的とする監視する地位）がある。

1）　不救助罪においては，救助の期待不可能性を構成要件に組み入れている。これによって，行為者に対して救助行為を期待できない場合には，救助行為に対する法的義務が生じないことになる。
2）　BGH 14, 280.
3）　不真正不作為犯の未遂の場合，刑49条に基づく２つの量刑判断をしなければならない。第一に，刑13条２項に基づく刑の減軽が認められるか，第二に，これが認められた場合，その次に未遂に関する量刑判断が行われる（BGH JR 1982, S.465）。Vgl. BGH NStZ 1984, S.73.
4）　*Welzel,* Das Deutsche Strafrecht, 11., neuarb. und erweiterte Aufl. 1969, S.209f.
5）　NStZ 1997, S.545.

第11章　過　　失

I◆──概　　説

刑15条において**過失犯**について規定している。法律が明文で過失行為を処罰の対象としていないときは，故意行為のみが罰せられる。また，刑16条（行為事情に対する錯誤）において過失処罰の可能性を規定している。

過失とは，故意とは別ものであり，故意の軽減された主観形式でもない[1)]。過失犯は，行為者が不注意によって法秩序の命令に違反していることを本質とする。

ドイツでは第二次世界大戦後，目的的行為論が隆盛を極め，刑法理論に大きな衝撃を与えた。目的的行為論は人的不法論を導いたのであるが，その理論的支柱は，責任よりもまず先に刑法的に重要な不法が客観的構成要件に対する行為者の心理的連関によって示されるところにある。つまり意思行為としての犯罪行為なのである[2)]。こうして行為無価値を構成要件に移行させるのである。目的的行為論は故意を責任から主観的構成要件要素として移し替えたが，これを過失についても行った。今日では一般的に，過失犯の不法も結果の単なる惹起を越えて，過失は責任の問題だけではないという点で一致を見ている。それゆえ，過失は構成要件の問題として扱われることが多い。

過失致死罪（222条）を例に挙げて過失犯の構成要件を説明する場合，法的に重要な作為または不作為，構成要件に該当する結果の惹起，結果に対する態度の有因性を挙げることができる。過失犯では，過失という意図していないというファクターによって故意犯とは区別されるが，このファクターの有無を明らかにすることで構成要件に該当する不法を判断することが可能になる。これを注意義務の違反とよぶ。

過失の本質を注意義務の違反と理解するならば，過失犯とは，注意義務の違反による客観的に予見可能で回避可能な構成要件に該当する事態の故意によらない惹起ということになろう。この定義によると，過失犯は，注意義務の違反，結果惹起の予見可能性，結果の回避可能性の３つの要件を抽出することができる。そうすると，注意義務に違反し，そのことによって一般経験則によれば結果を予見し，結果を回避できたけれども，意図せずに構成要件を充足したことが過失犯ということができる。

ここで意図しないとは，**認識のない場合と認識のある場合**に区別できる。また，**軽率さ**を構成要件要素とする規定（「死亡結果を伴う強盗罪」〔251条〕）もある。

Ⅱ◆──注意義務

注意義務の違反が過失犯成立の根拠として必要となるが，その内容は社会的発展に基づいて常に変化を余儀なくされる。そのため常にその内容は，行為が行われる生活領域，行為事情によって異ならざるを得ない。

①法規範に基づく注意義務（道路交通法５条によれば，追い越しの際には，他の交通参加者，とくに歩行者や自転車との十分な車間距離をとること），②行動領域の規範に基づく注意義務（配慮義務）（作業遂行規則，事故防止規則，交通利用者における交通規則など），③危険な活動の引き受けに際しての検証義務（祈祷師がけが人に対して祈祷することで病気を治癒させようとしたが，その間，医学的治療を受けられなかったことで敗血症により死亡した場合，祈祷師はこのようなけがをした病人に対して祈祷することを引き受けることができ，しかも自己の祈祷によって適切に治療できると思ったところに注意義務の欠損がある），④管理・監督義務，⑤調査義務（患者が「心臓が悪い」とあらかじめいったのに，歯科医師はこれについて調査することなく，全身麻酔をして抜糸した結果，患者が心臓停止し，蘇生措置をしていったんは回復したが，その後死亡した場合に，歯科医師の調査義務侵害がある）。

Ⅲ◆――信頼の原則

第三者の法服従を信頼することが相当である場合，注意義務の違反はない。予見可能性の領域において一般的経験則によれば構成要件に該当する侵害が惹起する状況が問題であるけれども，注意義務が否定される場合がある。すべての者が規則を遵守する場合にのみ当該生活領域が機能することにその根拠がある。ここでは人は他人が規則に従うことをあらかじめ計算して行動する，いわゆる信頼の原則が違法性判断に重要な役割を果たす。

①道路交通，②分業における協働，③他人の故意の犯罪（遡及禁止）（法服従を信頼して，合法的に拳銃などの危険なものを他人に交付する場合，交付者はその流通に必要な注意義務に違反していない）。

Ⅳ◆――結果の客観的予見可能性要件による過失責任の限界

生活領域に参加する者にとって一般経験則によれば結果の惹起が客観的に予見可能な場合にのみ過失があると想定する。ここでは生活領域に参加する標準的参加者を基準として予見可能性の有無を判断する。つまり標準的行為者が必要な注意義務を遵守しなかったということが基準となる。予見可能性は結果に関係し，それと並んで因果経過の重要な流れが予見可能でなければならない。

合義務的態度の場合に結果回避可能性の要件によって過失責任を限界づける。

予見可能な結果にとって条件関係を有する規範違反的態度も結果がとくに注意義務の違反に起因しない場合，すなわち，結果が義務に則した態度，つまり合法的代替行為であった場合にも生じたのであり，しかも回避不可能であった場合には責任は認められない。なぜなら，結果は過失によって惹起されたものでなければならないからである。救助行為の不存在のように条件公式は義務違反連関の場合にも修正される。ここでは義務違反的行為を取り除くだけでなく，合義務的行為を付け加えて構想される。

先の歯科医師の事例では，必要とみなされる照会および調査措置の実施の後に行われる治療の結果，患者の死は回避されていたはずである場合，医師の義務違反連関を肯定することができる。もちろん義務違反連関がないことに関する説明は予測でありかつ仮説的である。なぜなら，合義務的態度をした場合にも結果が発生するまたはしないという一定の蓋然性が常にあるからである。合義務的な態度をした場合にどの程度結果が発生しないのか，とりわけ条件公式が妥当するかが問題になる。

連邦通常裁判所は，自転車運転手が適切な車間距離を取ったとしても酩酊状態にあったトラックに巻き込まれていたであろうとして，トラック運転手が合法的な代替的行為をしていたとしても結果が発生していたと判示した。なぜなら，交通規則に合致した態度をとった場合には結果が発生しなかったということが確実である場合にのみ，侵害的結果の原因として交通違反した態度があったと仮定されるからである[3)]。この問題を行為者が行為客体に対して結果発生の危険を高めたのか否かという見地から検討すると，行為者の態度によって結果惹起の危険が証拠によって明らかに上昇した場合にのみ結果を帰属させることが許される。これを危険上昇論とよぶ。

規範の保護目的の見地から見ると，たとえば，法定速度を超えて自動車を運転した者が，まったく予期せず駐車していた車の後部から突然飛び出してきた子どもを轢いて死亡させてしまった場合，規範の目的は，速度違反による危険を小さくすることであり，速度違反により行為現場に居合わせることを防ぐことではない。

また自己答責的自己危殆化の理論を通じて責任の限定を試みると，ヘロイン注射事例において[4)]，連邦裁判所は，過失致死罪に問われていた被告人を無罪にした。被告人は，一緒にヘロインを注射した友人の自らの故意による自己危殆化に関与しただけで，構成要件に該当する正犯行為を欠いている。被告人の故意の関与が処罰されない場合，過失によって結果を発生させることも処罰されない。被告人の責任は，保護財を保持する者が自己答責的に自らを危殆化または侵害し，そして自己侵害によって意識的に冒したリスクを実現したところで，なくなる。

まず，故意によらない構成要件に該当する無価値の実現が行為者に客観的に帰責され得ない場合に，過失犯の構成要件該当性を欠くことになる。その根拠として，①行為者の態度が法益に対する何ら法的に重要な危険を創出していない，②行為者が自己態度によって危険を減少させた，③行為者が自己の態度によって許された危険の範囲を守った，とくに行為者が被害者の規則に従った態度を信頼することが許されていた，④行為者が故意の自己危殆化に対する寄与だけをしたにすぎなかった，⑤生じた結果が当該規範の保護目的の範囲になかった，⑥生じた結果が予見可能でなかった，⑦生じた結果が，通常の危険な態度によっても回避できなかった，⑧帰責可能が欠如する理由があった，ということが挙げられる。

通説のとっている注意義務の違反を排除する諸要素は，上昇した危険が実現したにもかかわらず客観的帰責されない各要素と一致する。注意義務の違反と上昇した危険の創出は，行為者に対して非故意であるが上昇した危険な行為によって惹起された構成要件の実現について帰責するということの別のやり方による説明にすぎない。注意義務違反との違いでいえば，上昇した危険の創出という基準は，危険の上昇ということに着目することで客観的帰属との関連を構築するところに利点がある。

1） BGH 4, 340.
2） 客観的構成要件に対する行為者の心理的連関が過失犯の場合には原則的に存在しないので，目的的行為論の見地からは過失犯の結果を行為者の意思行為によって包摂することができないという不都合が生じる。
3） BGHSt 11, 1.
4） BGHSt 32, 262.

第12章 錯誤論

I◆──概　説

錯誤とは，現実に対する誤った表象である。刑法上，構成要件における錯誤，正当化要素における錯誤，そして責任要素における錯誤が問題になる。

錯誤に関して，刑16条（行為事情に対する錯誤），17条（禁止の錯誤），35条（免責的緊急避難の錯誤）の条文が刑法典には規定されている。

刑16条１項は錯誤が故意に構成要件に属する事実を認識していなかった，つまり不認識の枠組みで故意の成立を否定する。同条２項は，より軽い法律の構成要件を実現する行為事情に関する誤った仮定の枠組みのもとで故意の成立に影響を及ぼす。

刑17条は，禁止を認識しなかったことが故意の問題ではなく，錯誤が回避不可能な場合には任意的に刑罰を減軽することができるとする。これに対して，禁止の存在を認識しなかったことを回避できなかった場合には行為者の責任を阻却する。

錯誤の検討は犯罪論体系の中で行われる。客観的構成要件要素に関係する事実についての錯誤は故意を阻却する（16条１項）。行為者が瑕疵ある評価の結果，客観的構成要件要素が存在しないと評価した場合，単なる仮定の錯誤と区別される。単なる仮定の錯誤は禁止の錯誤となる。客観的構成要件の要素の不認識は故意の問題として検討される。

正当化事由の事実的要件を誤って仮定したこと，つまり直接的に攻撃されていると誤って考えたことは，正当化事由の事実的要件の存在が否定された後に検討される。また，正当化事由の存在に関する錯誤と正当化事由の限界についての錯誤の区別も問題になる。

責任の領域では，軽率に禁止の錯誤に陥った場合が問題になる。また，刑35条2項については，**免責事由**の客観的存在が否定された後に本条の免責事由に関する事実的要件を誤って仮定したことが検討される。

Ⅱ◆──構成要件該当性に関する錯誤

1　不 認 識

霧の中で，猟師が森で何か動いているもの（彼は鹿と思った）を猟銃で撃ったところ，その動いているものが鹿ではなく，キノコ採取していた人であった。この場合，不認識が過失に基づく場合，刑16条1項が適用される。結論として，不認識が過失よる場合，過失致死罪（222条）が成立する。

2　誤った仮定

霧の中で，猟師が森で何か動いているもの（彼はキノコ採取をしている人と思った）を殺人の故意をもって猟銃で撃ったところ，それが鹿であり人ではなかった。

キノコ採取していた人に関連して，猟師は人を殺す決意があった。この錯誤は重要である。この場合，故殺罪（212条），概念規定（22条），および未遂の処罰（23条）が適用される。これに対して鹿の殺害は過失による器物損壊であり，刑法上重要ではない。

Ⅲ◆──構成要件要素の錯誤

1　不 認 識

Aは無断で値段の安いワインと高い方のワインの値札を取り替えた。Aは，値札は文書ではないと認識していた。ここではAが規範的構成要件要素である「文書」に内在する評価を認識しているのかそれとも誤解しているのかが重要である。

◆妥当な平行評価

彼が評価を認識している場合，彼が法律において適用される概念と規範的構成要件要素を結びつけることは問題にならない。たとえば，Aが文書というものが文字による観念の表示を前提とするということを知っている場合，Aは意味について錯誤はなく，立法者によって適用された「文書」の要件について錯誤したにすぎない。

◆誤った平行評価

これに対して，Aが法律の構成要件において適用される概念の意味を誤解している場合には，刑16条に基づいて重要な錯誤が存在する。ここではAは，値札を文書として認識していない。

2　誤った仮説

Aは他人のカナリアを鳥かごから無断で解放し，「被拘禁者の解放罪」(120条) の要件を充足したと思った場合，ここではAは刑120条の「被拘禁者」概念を誤解している。Aの素人領域における平行評価は刑120条に照らして妥当ではない。

これに対して，行為者が規範的構成要件要素の存在を誤って仮定しつつも妥当に評価した場合，たとえば，(値札を文書と考えていない) Aがワインボトルに貼り付けられている製造者の管理マークをワイン小売店の値札と思い，高いワインを安く買うために管理マークを取り替えた場合，ボトルに貼られている値札が文書ではないと思っていたとしても，Aは妥当に評価しており，文書偽造の行為無価値が存在している。それゆえ，文書偽造罪 (267条)，概念規定 (22条) そして未遂の処罰 (23条) ならびに詐欺罪 (263条) が適用される。

Ⅳ◆──因果経過の錯誤

AはXを殺害の故意のもとピストルで撃ったが，軽傷を負っただけであったが，救急車で病院に搬送中に衝突事故で死亡した。

生じた因果経過に関する行為者の不認識の重要性について。

◆客観的帰属

客観的帰属論からは，因果経過のずれが客観的帰属を排除するか否かが重要である。被害者の死亡が救急車の事故の結果であり，それゆえ行為者に自己の仕業として結果をもはや帰責させることはできない。

◆主観的帰責

生じた因果経過が行為者の抱いていた観念とは本質的にずれる場合には，実際の因果経過の不認識は重要であり，刑16条が適用される。生じた因果経過が一般経験則によれば予見可能の範囲外にある場合がこれに当たる。

V◆──行為客体に関する錯誤

たとえば，Aが殺害の意図でBにピストルを発射したが，銃弾はBの横にいたBの飼い犬に命中した。

1　結果が発生した客体に関する侵害の不認識◆

器物損壊の攻撃客体としての犬に関してAは不認識で行為をした。犬はBとは異なる攻撃客体だけではない。この場合，故殺の未遂罪が成立する（212条，22条，23条）。

2　打撃の錯誤の形態における因果のずれ◆

傷害の故意をもって，意図していた客体Xに対して結果が発生せず，別の客体Yに結果が発生した場合，Aは不認識のもとで行為をしている。この錯誤が刑16条の構成要件の錯誤として重要であるか，AがYに対する侵害故意の否定となるか否かが問題になる。傷害罪（223条）の行為客体は，単に抽象的にその類に基づいて規定されている。Yもその類である人に属する。等価値説によれば[1]，攻撃客体の類に照らして同一性に結びつけてYに対する故意の傷害罪の可罰性を肯定する。これに対して具体化説によれば，Aの故意の具体化はXに向けられており，それゆえYに対する故意は否定される。行為計画は行為者によって選別された行為客体に結びつくのである。

3　攻撃客体に関する錯誤──同一性の錯誤◆

AはBをピストルで撃とうとしたが，実はBに似たCを殺してしまった。この錯誤は重要ではない。Aは彼の前にいる人を刑212条（故殺罪）の意味で殺そうとし，現に殺したからだ。誰が行為者であるかまたは誰に対して故意が向けられたのかに関係なく，故意の殺人の構成要件は抽象的に各人の保護をしている。

Ⅵ◆――正当化事由の事実的要件についての錯誤

1　不認識

いわゆる偶然防衛の事例において，Aは狙撃の時点において正当化事由の事実的要件の存在について認識していないが，主観的正当化要素が不要であるとすれば，正当化事情の認識がない場合にも正当防衛が認められることになる。これに対して，主観的正当化要素が求められる場合には，正当化事情の不認識は重要な錯誤である。この場合にも故意の既遂罪が成立する立場と，故意の未遂犯にとどまるとの立場がある。

2　誤った仮説――許容構成要件の錯誤

AはBを手で殴ったのであるが，それはAがBから攻撃を受けると思って，必要性の範囲内で防衛行為をしたものであった場合，許容構成要件における主要な問題は，行為者が事実について勘違いしていること，このような事実は違法性の段階に置かれているということである。

◆許容構成要件の錯誤と消極的構成要件の理論

消極的構成要件の理論では，正当化事由の事実的要件も構成要件要素であると解する。この理論によれば，構成要件は単に規範違反としての法益を毀損する行為の抽象的評価を含むだけでなく，具体的行為の最終的な無価値評価も含んでいると解する。とくに正当化事由の要件が消極的構成要件要素として認められる。正当化事情の不存在は，Aによって行われた身体傷害の構成要件要素である。正当化事情の不存在，つまりこの消極的構成要件要素を認識しなかったので刑16条が適用されることになる。この理論によれば，正当化事由の事実的要件の誤った仮定ではなく，正当化事由の事実的要件の非存在に関する不認識が問題になる。この理論では，正当化と構成要件阻却との区別をなくすことになり，それゆえ，許容構成要件の錯誤は事実の問題となる。

◆許容構成要件と故意説

故意説によれば，故意は責任要素にすぎず，違法性の意識と結びつく。

許容構成要件の錯誤の場合には違法性の意識を欠く。

許容構成要件の錯誤の領域では行為者が事実について錯誤していることを理由に故意が否定されることになる。故意説は結論において消極的構成要件の理論と一致するが，構成要件の理解においてまったく異なる。

◆許容構成要件の錯誤と厳格責任説・制限責任説

自己の行為が法的に禁止されていることを認識しうる者だけが有責に行為するものであるとすれば[2)]，故意と違法性の意識は分離されるはずであり，違法性の意識は独立の責任要素とされる。

Ⅶ◆──正当化事由の法的限界についての錯誤

２人の９歳の子どもがＡの家の庭に侵入し無断でリンゴを採っていたところ，これをＡが発見して取り戻そうとした際に子どもたちは逃げ出したが，これに対してＡは空気銃で１人を撃ちリンゴを取り戻した事例に関して，Ａは，子どもが幼少であることに照らしてまた窃取された財物の価値の軽微さに照らして，正当防衛権が制限されることを知らなかった。

Ａは事実を認識しているが，上記の場合にも正当防衛権を行使できると思ったことによって誤って評価した。ここでは正当防衛権に関する許容の限界について認識していない。許容限界についての錯誤は刑17条の禁止の錯誤として重要である。Ａの行為は危険な傷害罪（224条）に該当するが，刑17条を適用することで刑が減軽される。また錯誤が回避不可能な場合には刑罰が科せられない。

Ⅷ◆──責任要件に関する錯誤

Ａは，殺人の被告人であるＢが重い刑罰を科せられるのを防ぐために，裁判所で嘘の供述をした。実は，郵便でＢはＡに対して，自分に有利な供述をしなければ殺すとの旨の手紙を送ったが，Ａはその手紙を見ていなかった事例について，客観的には免責的緊急避難（35条）の事実的要件が存在する。しかしAはこのことを知らない。Aは緊急状況について認識しておらず，動機が抑圧されていたわけではないので刑35条の適用は排除される。

Ⅸ◆――免責構成要件の錯誤

Aは，殺人の嫌疑で拘置所にいるBを訪問したが，その際，Bから「自分に有利な供述をしなければ，棺を用意しておけ」といわれた。Aは自分の生命が脅かされていると感じ，法定で嘘の供述をしたが，実はBは，Aが自分に不利な供述をすれば自殺するつもりで棺を用意しろといったのであった。

この場合，状況に関する客観的要件の誤った仮定が回避不可能な禁止の錯誤の場合，刑35条２項により刑罰は科せられない。

Ⅹ◆――禁止の錯誤

ここであらためて禁止の錯誤について説明する。刑17条は，「行為遂行時に，不法を行う認識が行為者に欠けていたとき，行為者がこの錯誤を回避し得なかった場合には，責任なく行為したものである。行為者が錯誤を回避し得たときは，刑は，刑49条１項により，減軽することができる。」と規定している。逆にいうと，行為者が不法をすること・法に反することにつき認識をもっている場合には禁止の錯誤は問題にならない。単に行為が社会にとって有害だとか，不快であるとか，非道徳的であるということだけでは足らない。行為が処罰に値するという認識がなければならない。ここでは行為者が，法的に許されておらず，禁止を認識していることが違法性の認識の存在にとって重要である[3)]。その際，一般的に違法であることや禁止されていることを認識するのではなく，特定の法益の侵害・危殆化に関係していなければならない。刑法の任務が法益保護であることからして，違法性の認識は法益との関連なしに認定することはできない。

「**不知は刑罰の前では保護されない**」との金言がある。例外なしにこれが妥当するとは言い難いが，回避不可能な錯誤の場合が稀であることから原則的には妥当するといってよい。

回避可能性について，判例は，「行為者が，事案の状況，彼の人格，および生活並び職業領域に基づいて彼に**期待される良心の緊張**があるにもかかわらず，自己の行動が不法であることに対する認識を得ることができなかった場合に，禁止の錯誤は回避不可能である[4]」と定義する。ここでは，信頼に値する情報の取得を含めて，違法性に対する認識を獲得するために行為者のすべての個人的能力および認識可能性を投入した場合であっても回避できなかったのか否かが問題になる。

典型的には，行為者が，調査義務を果たすために，弁護士や権限ある専門部署などで情報を入手し，誤った法的情報を得るに至った場合に，回避不可能な禁止の錯誤に陥ったといえる[5]。行為者において，自己の行為が何ら不法ではない，つまり禁止されていないという表象を呼び起こす前提条件の下で錯誤した場合に，その錯誤は重要である。このような場合には行為者は回避不可能な禁止の錯誤に陥っている。

これに対して，法的に誤った評価に基づく免責自由の限界に関する錯誤は無視される。

Ⅺ◆──他の錯誤類型

1　免責構成要件の錯誤

たとえば，行為者が誤って，免責的緊急避難（35条），過剰防衛（33条），または超法規的緊急避難に基づいて免責されると行為事情について認識した場合が問題になる。これについて，刑35条２項は，自己を免責するであろう事情に関する錯誤が回避可能であった場合にのみ処罰を限定する。

2　人的刑罰阻却事由の錯誤

これについて，「議会での意見陳述」（36条），「18歳に達していない卑属および兄弟姉妹の性交」（173条３項），「犯人庇護」（257条３項），「刑の免脱」（258条）などに関係して，人的刑罰阻却事由の錯誤が問題になる。

1）*Puppe,* Ingeborg, Zur Revision der Lehre vom "konkreten" Vorsatz und der Beachtlichkeit der aberratio ictus, GA 1981, S.1ff.
2）BGHSt 2, 194.
3）BGHSt 2, 194.
4）BGH NStZ 2000, S.307.
5）BGHSt 40, 257.

第13章　刑法各論

Ⅰ◆――ドイツ刑法の配列

ドイツ刑法典は，以下のように配列されている。

（総則）

第１章　刑罰法規

　第１節　適用範囲（１～10条）

　第２節　定義（11～12条）

第２章　行為

　第１節　処罰の基礎（13～21条）

　第２節　未遂犯（22～24条）

　第３節　正犯及び共犯（25～31条）

　第４節　正当防衛及び緊急避難（32～35条）

　第５節　議会での意見陳述と報告の不処罰（36～37条）

第３章　行為の法的効果

　第１節　刑（38～45条ｂ）

　第２節　刑の量定（46～51条）

　第３節　法律違反が複数の場合の刑の量定（52～55条）

　第４節　刑の執行猶予（56～58条）

　第５節　刑の留保つき警告，刑の免除（59～60条）

　第６節　改善及び保安の処分（61～72条）

　第７節　利益収奪及び没収（73～76a条）

第４章　告訴，授権，刑の請求（77～77e条）

第５章　時効

第1節　公訴時効（78～78c 条）
第2節　執行の時効（79～79b 条）
（各則）
第1章　平和に対する反逆，内乱及び民主主義的法治国家の危殆化
第1節　平和に対する反逆（80～80a 条）
第2節　内乱（81～83a 条）
第3節　民主主義的法治国家の危殆化（84～91a 条）
第4節　共通規定（92～92b 条）
第2章　反逆及び対外的安全の危殆化（93～101a 条）
第3章　外国に対する犯罪行為（102～104a 条）
第4章　憲法的機関並びに選挙及び評決に対する罪（105～108e 条）
第5章　国防に対する犯罪行為（109～109k 条）
第6章　国家権力に対する抵抗（110～122条）
第7章　公の秩序に対する犯罪行為（123～145d 条）
第8章　通貨偽造及び有価証券偽造（146～152b 条）
第9章　虚偽の非宣誓陳述及び偽証（153～163条）
第10章　虚偽告発（164～165条）
第11章　宗教及び世界観にかかわる犯罪行為（166～168条）
第12章　身分関係，婚姻及び家族に対する犯罪行為（169～173条）
第13章　性的自己決定に対する罪（174～184g 条）
第14章　侮辱（185～200条）
第15章　私的な生活領域及び秘密領域に対する侵害（201～210条）
第16章　生命に対する罪（211～222条）
第17章　身体の完全性に対する罪（223～231条）
第18章　人身の自由に対する犯罪行為（232～241a 条）
第19章　窃盗及び横領（242～248c 条）
第20章　強盗及び恐喝（249～256条）
第21章　犯人庇護及び盗品等隠匿（257～262条）
第22章　詐欺及び背任（263～266b 条）
第23章　文書偽造（267～282条）

第24章　支払不能に関する罪（283～283d 条）
第25章　処罰されるべき私利（284～297条）
第26章　競争に対する罪（298～302条）
第27章　器物損壊（303～305a 条）
第28章　公共危険罪（306～323c 条）
第29章　環境に対する犯罪行為（324～330d 条）
第30章　公職における犯罪行為（331～358条）

Ⅱ◆──ドイツ刑法各則における特徴

ここでは，日本の刑法典では規定されていない，犯罪類型をより個別化しているまたは刑法において特徴的な刑罰規定を示しておくことにする。

（各則）

第１章　平和に対する反逆，内乱及び民主主義的法治国家の危殆化

第１節　平和に対する反逆

刑80条（侵略戦争の予備罪），刑80a 条（侵略戦争の挑発罪）

第２節　内乱

第３節　民主主義的法治国家の危殆化

刑84条（憲法違反を宣言された政党の存続罪），刑85条（結社の禁止に対する違反罪），刑86条（憲法違反組織のプロパガンダの頒布罪），刑86a 条（憲法違反組織の象徴物の使用罪），刑87条（妨害行為目的での諜報活動罪），刑88条（憲法に敵対する妨害行為罪），刑89条（連邦国防軍及び公共の治安機関に対する憲法的敵対的干渉罪），刑90条（連邦大統領に対する誹謗罪），刑90a 条（国家とその象徴物に対する誹謗罪），刑90b 条（憲法上の機関に対する憲法敵対的な誹謗罪）

第４節　共通規定

第２章　反逆及び対外的安全の危殆化

刑94条（反逆罪），刑95条（国家機密の公表罪），刑96条（国家機密漏示のための探知，国家機密の探索罪），刑97条（国家機密の暴露罪），刑97a 条（非合法な秘密の漏示罪），刑97b 条（非合法な秘密と誤認としての漏示罪），刑98条（反逆のための秘密情報員活動罪），刑99条（諜報機関の秘密情報員活動罪），刑100a

条（国家反逆的な偽造罪）

第3章　外国に対する犯罪行為

刑102条（外国の機関及び代表者に対する攻撃罪），刑103条（外国の機関及び代表に対する侮辱罪），

第4章　憲法的機関並びに選挙及び評決に対する罪

刑105条（憲法的機関に対する強要罪），刑106条（連邦大統領及び憲法的機関の構成員に対する強要罪），刑106b 条（立法機関の活動妨害罪），刑107条（選挙妨害罪），刑107a 条（選挙の歪曲罪）

第5章　国防に対する犯罪行為

刑法109d 条（連邦国防軍に対する妨害宣伝罪），刑109e 条（防衛手段に関する妨害罪），刑109f 条（安全を危殆化する諜報機関の罪），刑109g 条（安全を危殆化する模写罪），刑109h 条（外国の兵役のための募集罪）

第6章　国家権力に対する抵抗

刑121条（被拘禁者の暴動罪）

第7章　公の秩序に対する犯罪行為

刑126条（犯行を行う旨の脅迫により公の平和を乱す罪），刑127条（武装集団の結成罪），刑129条（犯罪団体の結成罪），刑129a 条（テロ団体の結成罪），刑130条（民衆扇動罪），刑130a 条（犯罪行為への指揮罪），刑131条（暴力の記述罪），刑132条（公職の詐称罪），刑132a 条（称号，職名及び記章の濫用罪），刑133条（保管の侵害罪），刑134条（公務としての公告の侵害罪），刑138条（計画された犯罪行為の不通報罪），刑140条（犯罪行為への報酬の支払及び是認罪），刑142条（事故現場からの無許可離脱罪），刑143条（危険な犬の無許可取扱い罪），刑145条（緊急通報の濫用並びに事故防止手段及び緊急救助手段の侵害罪）

第8章　通貨偽造及び有価証券偽造

第9章　偽証の非宣誓陳述及び偽証

刑157条（陳述についての緊急状態），刑158条（虚偽陳述の訂正），刑160条（虚偽陳述の教唆），刑163条（過失による虚偽の宣誓，過失による虚偽の宣誓代替保証）

第10章　虚偽告発

第11章　宗教及び世界観にかかわる犯罪行為

刑166条（信条，宗教団体及び世界観を共有する団体に対する冒涜罪）

第12章　身分関係，婚姻及び家族に対する犯罪行為

刑169条（身分関係の歪曲罪），刑170条（扶養義務違反罪），刑171条（保護義務違反または教育義務の違反罪），刑173条（親族との性交罪）

第13章　性的自己決定に対する罪

刑174条（保護をゆだねられている者に対する性的虐待罪），刑174a 条（受刑者，官庁命令による被収容者または施設内の病人及び要援助者の性的虐待罪），刑174b 条（官職の地位に乗じた性的虐待罪），刑174c 条（相談，治療または世話を行う関係に乗じた性的虐待罪），刑176条（こどもに対する性的虐待罪），刑176条（こどもの性的虐待のうち犯情の重い事案），刑176b 条（死亡結果を伴うこどもに対する性的虐待罪），刑183条（露出罪），刑183a 条（公の不快感の惹起罪），刑184a 条（暴行または動物に関するポルノ文書の頒布罪），刑184b 条（児童ポルノ文書の頒布，入手及び所持罪），刑184c 条（放送，メディアまたは遠隔的サービスによるポルノ表現の頒布罪）

第14章　侮　　辱

刑189条（政界にいる者に対する悪評の流布及び中傷罪），刑189条（死者の追想に対する冒涜罪）

第15章　私的な生活領域及び秘密領域に対する侵害

刑201条（言葉の信頼性に対する侵害罪），刑201a 条（録画による高度に私的な生活領域の侵害罪），刑206条（郵便または遠隔通信に関する秘密に関する侵害罪）

第16章　生命に対する罪

刑211条（謀殺罪），刑212条（故殺罪），刑219a 条（妊娠中絶の宣伝罪），刑219b 条（妊娠中絶のための薬剤の流通剤）

第17章　身体の完全性に対する罪

刑225条（保護をゆだねられている者に対する虐待罪），刑228条（傷害に際して承諾のある場合），刑231条（喧嘩闘争への関与罪）

第18章　人身の自由に対する犯罪行為

刑234条（人の強取罪），刑236条（こどもの売買罪），刑241a 条（政治的嫌疑をかける罪）

第19章　窃盗及び横領

刑244条（持凶器窃盗，集団窃盗，住居侵入窃盗罪），刑248b 条（乗物の無権限使用罪）

第20章　強盗及び恐喝

第21章　犯人庇護及び盗品等隠匿

刑258a 条（官職における刑の免脱罪），刑260条（業としての盗品等蔵匿罪，集団形態での盗品等蔵匿罪），刑260a 条（業としての集団形態の盗品等蔵匿罪）

第22章　詐欺及び背任

刑264条（補助金詐欺罪），刑264a 条（投資詐欺罪），刑265条（保険の濫用罪），刑265a 条（給付の不正入手罪），刑265b 条（信用取引詐欺罪），刑266a 条（労働対価の不払い及び着服罪）

第23章　文書偽造

刑276条（虚偽の公の証明書の入手罪），刑277条（健康証明書の偽造罪），刑281条（証明書類の濫用罪）

第24章　支払不能に関する罪

刑283条（破産罪），刑283b 条（記帳義務違反罪），刑283c 条（特定債務者の優遇罪），刑283d 条（債務者の優遇罪）

第25章　処罰されるべき私利

刑289条（質物の取戻し罪），刑291条（暴利罪），刑297条（輸送禁制品による船舶，原動機付き車両及び航空機の危殆化罪）

第26章　競争に対する罪

刑299条（取引交渉における贈収賄罪）

第27章　器物損壊

刑304条（公共侵害的な器物損壊罪），刑305a 条（重要な労働手段の破壊罪）

第28章　公共危険罪

刑306c 条（死亡結果を伴う放火罪），刑306f 条（火災の危険の惹起罪），刑307条（核エネルギーによる爆発の惹起罪），刑308条（爆薬による爆発の惹起罪），刑309条（電離放射線の濫用罪），刑311条（電離放射線の放出罪），刑312条（核技術施設の欠陥ある製造罪），刑315c 条（道路交通の危殆化罪），刑316条（交通における酩酊罪），刑316a 条（運転手に対する強盗実行の攻撃罪），刑316b 条（公共のための事業の妨害罪），刑317条（遠隔距離通信施設の妨害罪），刑319条

（建築の危殆化罪），刑323a 条（完全酩酊罪），刑323b 条（禁絶治療の危殆化罪），刑323c 条（不救助罪）

第29章　環境に対する犯罪行為

刑324条（水域汚染罪），刑324a 条（土壌汚染罪），刑325条（大気汚染罪），刑325a 条（騒音，振動及び非電離放射線の惹起罪），刑326条（危険な廃棄物の無許可取扱い罪），刑328条（放射性物質並びにその他の危険な物質及び物品の無許可取扱い罪），刑329条（要保護区域の危殆化罪），刑330a 条（毒物の放出による重大な危殆化罪）

第30章　公職における犯罪行為

刑337条（仲裁裁判官への報酬罪），刑339条（法の歪曲罪），刑343条（供述の強要罪），刑344条（無実の者の訴追罪），刑345条（無実の者に対する執行罪），刑348条（公務における虚偽記入罪），刑352条（料金の過剰徴収罪），刑353条（公課の過剰徴収，給付の削減罪），刑353a 条（外交上の職務における背信罪），刑353b 条（職務上の秘密及び特別の秘密保持義務の侵害罪），刑353条 d（公判に関する禁じられた報道罪），刑356条（当事者への裏切り罪）

第 II 部

刑事訴訟法

■テキスト

- *Beulke*, Werner, Strafprozessrecht, 12, 2012.
- *Brodag*, Wolf-Dietrich, Strafverfahrensrecht, 13, 2014.
- *Dahs/Rettenmaier*, Handbuch des Strafverteidigers, 8, 2014.
- *Engländer*, Armin, Examens-Repetitorium Strafprozessrecht, 6, 2013.
- *Eser*, Albin, Einführung in das Strafprozeßrecht, 1983.
- *Fezer*, Gerhard, Strafprozeßrecht, 2, 1995.
- *Göbel*, Klaus, Strafprozess, 8, 2013.
- *Haller/Conzen*, Das Strafverfahren, 7, 2014.
- *Hellmann*, Uwe, Strafprozeßrecht, 2, 2006.
- *Henkel*, Heiinrich, Strafverfahrensrecht, 2, 1968.
- *Kindhäuser*, Urs, Strafprozessrech, 3, 2013.
- *Klesczewski*, Diethelm, Strafprozessrecht, 2, 2013.
- *Kramer*, Bernhard, Grundbegriffe des Strafverfahrensrechts, 7, 2009.
- *Krey*, Volker, Strafverfahrensrecht Bd.1 Bd.2, „2006, 2007.
- *Kühne*, Hans-Heiner, Strafprozessrecht, 8, 2010.
- *Lesch*, Heiko Harmut, Strafprozeßrecht, 2, 2001.
- *Murmann*, Uwe, Prüfungswissen Strafprozessrecht, 2, 2010.
- *Peters*, Karl, Strafprozeß, 4, 1985.
- *Putzke/Scheinfeld*, Strafprozessrecht, 5, 2013.
- *Rössner*, Dieter, 30 Probleme aus dem Strafprozessrecht, 2, 2007.
- *Roxin/Schünemann*, Strafverfahrensrecht, 27, 2012.
- *Roxin/Achenbach*, Prüfe dein Wissen Strafprozessrecht, 16, 2006.
- *Rüping*, Heinrich, Das Strafverfahren, 3, 1997.
- *Volk/Engländer*, Grundkurs StPO, 8, 2013.

■コンメンタール

- HK: Heiderberger Kommentar zur StPO 5 Aufl., 2012
- *Joecks*, Wolfgang, StPO-Studienkommentar 3 Aufl., 2011
- KK: Karlsruher Kommentar zur StPO mit GVG, EGGVG, EMRK 7 Aufl., 2013
- KMR: Kommentar zur StPO 8 Aufl., 1991-
- LR: *Löwe/Rosenberg*, Die StPO und das GVG 26 Aufl., 2006-2014
- *Meyer-Goßner*, Lutz, StPO mit GVG und Nebengesetze 57 Aufl. 2014
- *Pfeiffer*, Gerd, StPO 5 Aufl., 2005
- *Radtke/Hohmann*, StPO, 2011
- SK: Systematischer Kommentar zur StPO mit GVG und EMRK 4 Aufl., 2010-

第14章 総　　論

I◆──刑事訴訟法の歴史と現行法の概観

1 歴　　史

ドイツの刑事訴訟法は，1877年に制定（1879年に施行）された「ライヒ刑事訴訟法」がその起源であり，形式的には，現行法は1987年４月７日改正[1]のものである。その歴史をみるうえで，1877年制定までの経過と，制定後の改正動向に分けることが便宜である。

◆ライヒ刑事訴訟法制定以前

ドイツの刑事訴訟法は，歴史的に，ローマ法の継受と，啓蒙主義による改革が，その特徴を形成している。

前者の基礎となったのが，1532年のカロリーナ刑事法典（CCC）である。同法典は，基本的に刑事訴訟法であるが（判決に関する規定にのみ実体法規定が定められていた），その特徴は「**糾問主義訴訟**」であり，非公開の書面主義を採用していた。証拠法は形式的で，**法定証拠主義**を採用しており，有罪判決を下すためには，被告人の自白または２人の明白な証人を必要とした。その後，カロリーナ刑事法典に基づいて「普通ドイツ刑事訴訟法」が制定されたが，その内容は，カロリーナ刑事法典を継受したものであり，**嫌疑刑**や**仮放免**の制度が採用されていた。当時は，有罪判決には君主の承認を要するなど，刑事裁判は，絶対主義国家における主権者の支配下におかれていた。

17世紀後半から高まってきた啓蒙主義運動は，多くの点で国家支配体制に変革をもたらしたが，刑事訴訟はその中心的なものであった。当時，イタリアのCesare Bonesana Beccaria（チェザーレ・ベッカリーア）がその著名な『犯罪と刑罰』（1764年）において，死刑と並んで**拷問**の廃止を強く主張していたが，ドイツでは，拷問に代わる長期の未決勾留とその間の尋問によって，長らく**被疑者・被告人**を苦しめる時代が続いていた。しかし，フランス革命が起こり，1808年に治罪法が制定されると，刑事訴訟において著しい改革の波が押し寄せることになる。同法では，陪審裁判の導入を象徴に，**弾劾主義**に基づく**検察**と**裁判所**との分離，**公開性**，**口頭主義**，**自由心証主義**といった諸原則がとり入れられた。このフランス法は，まずライン地方で導入され，その考え方は，次第にドイツ全土に普及していった。この「改革された刑事訴訟」は，間もなく，ライヒ刑事訴訟法に結実することになる。

◆ライヒ刑事訴訟法制定から現在まで

1871年にドイツ帝国が成立し，そのライヒ憲法において，刑法および刑事訴訟法の制定は帝国の権限に属すると定められた。帝国は，議会および司法委員会の審理を経て，1877年にライヒ刑事訴訟法および裁判所構成法などの関連諸法を制定した。もっとも，その制定に際して保守派と改革派との見解が対立し，一定の妥協が図られた。それは，とくに，**参審裁判所**と**陪審裁判所**との併存という点にみられる。

ライヒ刑事訴訟法は，ドイツ帝国が1918年にワイマール共和政に変わった時点で，平和時の軍事裁判所廃止や少年裁判所法の制定など，一定の改革が行われた。しかし，国家社会主義（ナチス）の台頭により，その姿を大きく変えることになる。とくに，第二次世界大戦のころから，立法だけでなく多くの政令によって手続の大幅な簡略化や緊急措置が図られ，もはや法治国家の名を残さないものとなっていた（たとえば，1942年政令による「強化された尋問」は，とくにゲシュタポによる政治犯罪者に対する拷問の根拠とされた）。

戦後，ドイツは東西に分断されたが，西側では早くも1950年に統一法が定められ，本質的に，刑事手続における**法治国家主義**が回復された。1964年には，勾留制度の改革（比例性の導入），弁護制度の拡充，被疑者・被告人尋問における黙秘権告知の義務化など，根本的な改革が行われた。これは，その徹底的な改革にもかかわらず，後の本質的な法改革を意図して，「小刑事訴訟改正」と表されている。しかし，1970年代に入ると，テロ事犯が国際的に問題となり，ドイツでも多くの重大事件が発生したことから，逆方向への改革が進められた。そこでは，被疑者・被告人の権利（たとえば**接見交通権**）の制限，手続の簡略化，**通信傍**

受の導入・拡張などが行われた。

その後も，捜査技術の発展，犯罪国際化への対応，実体法規定への適合性などを意図して，数多くの改正が重ねられ，現行法に至っている。

2　現行法概観

ドイツの現行刑事訴訟法は，その特徴をまとめると，①**実体的真実主義**の徹底，②**職権探知主義**および**起訴法定主義**，③**連邦憲法裁判所**および**欧州人権裁判所**による控制，といった点が挙げられる。

①および②の点は，ドイツ刑法の「**責任主義**」に基づいて，犯罪者の処罰はその罪責に見合ったものとされるべきことが，消極方向だけでなく，積極方向にも構想されていることによる。もっとも，この点は，2009年に「**判決合意制度**」が導入され，訴訟関係人間での話合いによる手続が行われることから，相対化されたといってよい。また，刑事裁判所による審判は，国内では連邦憲法裁判所から，欧州域内では欧州人権裁判所からそれぞれ是正される可能性がある。とくに近時は，後者による控制が相当程度図られ，ドイツの裁判実務および立法に少なからず影響を与えている。

Ⅱ◆──刑事手続法の法源

1　刑事訴訟法と裁判所構成法

ドイツ刑事手続の主たる法源は，**刑事訴訟法**と**裁判所構成法**である。両法は，いずれも1877年に制定され，他の民事訴訟法や弁護士法などとともにいわゆる「帝国司法法」として1879年10月１日に施行された。両法は，以後，数多くの改正を経験し，現行規定は，刑事訴訟法は1987年４月７日に，裁判所構成法は1975年５月９日にそれぞれ公布された版である。とりわけ前者は，その後も100回以上の改正が重ねられ，現在（2014年８月１日）のところ2014年４月23日の改正[2)]が最終のものである。このように，とくに近時は，刑事手続の実情に応じて立法者が適時に法改正によって対応しているのであるが，それでもなお，判決合意手続や**DNA 型検査**など，一定程度，判例準則による実務形成が行われてきた領域も少なくない。

両法の規定領域は，裁判所構成法が事物管轄，裁判所の構成，検察組織などの（民事・家事手続に関する規定とならび）いわば刑事手続の外形的な側面を規定するものであるのに対して，刑事訴訟法が個別具体的な手続状況について規定するという点で，分配されている。もっとも，裁判所構成法にも，公開主義（裁構169条）など，刑事手続の重要な原則が定められている。刑事訴訟法は，現在，全体が次の８つの編に分けられている。第１編「総則」，第２編「第１審手続」，第３編「上訴」，第４編「再審手続」，第５編「被害者の手続参加」，第６編「特殊な手続」，第７編「執行と手続費用」，第８編 情報登録および使用などに関する諸規定。刑事訴訟法のこのような構成は，民事訴訟法のそれと類似し，場所的**管轄**，裁判官の**除斥・忌避**，期日に関する規定など共通するものもあるが，**証拠法**や**強制処分**の制度など刑事訴訟法に固有の規定も多くみられる。

2　補足的な規定

刑事手続法の法源として，**少年裁判所法**，**裁判所構成法施行法**，**民事訴訟法**も重要である。

少年裁判所法は，未成年者（18歳未満）および青年（18歳以上21歳未満）に対する特殊の刑罰規定に加えて，特別の少年裁判所（少年33条以下）および少年に対する刑事手続の特則を定めるものである（詳細は第22章参照）。裁判所構成法施行法は，職権による手続相互の連絡措置，司法行政行為に対する不服申立て，テロ事犯における接見禁止などの規定を定めている。さらに，送達（37条）や訴訟費用確定手続（464b条）などについて，刑事訴訟法は民事訴訟法を準用している。

その他の補足的な規定としては，次のものが挙げられる。ドイツ裁判官法，連邦弁護士法，裁判費用法，名誉（無給）裁判官への費用償還法，証人および鑑定人への費用保障法，弁護士報酬法，刑事訴追処分に関する保障法，刑事司法共助法，連邦警察局法，連邦中央登録簿および懲戒簿に関する法律，連邦司法徴収規則。

3　周辺的な規定

◆連 邦 法

ドイツの憲法である**基本法**は，１条以下の基本権条項において市民の実体的基本権を規定するが，刑事手続の対象者における権利保護という意味で，重要な法源となる。また，法治国家原理（基本法20条３項）および司法権に関する諸規定（とくに基本法103条・104条）は，手続の公正性および適正な手続保障の意味で，刑事訴訟法の個別の解釈原理となる。

その他の連邦法として，**刑法典**では被害者の告訴に関する規定（刑77条～77d条）および公訴時効に関する規定（刑78条～78c 条），罪数に関する規定（刑52条～55条）が重要である。また，**秩序違反法**は，軽微事犯における過料手続と刑事手続との関係において定められたものである。

◆州　　法

刑事手続は，連邦法の管轄に属する事項であるが，警察法は，州法の管轄である。そのため，具体的な警察活動については，該州の規定も適用されることになる。また，近時の連邦制改革により未決勾留の執行は州の管轄事項となったため，被拘禁者に対する具体的処遇およびその諸権利は，州法によって規律されることになる。

◆行政法令

連邦の行政規則の中では，とくに「**刑事手続および過料手続に関する準則**」が重要である。本規則は，とくに検察官の職務遂行にあたり，その職権裁量を規制し，また刑訴法に規定のない手続の詳細について定めている。

これ以外には，**行刑法**，**刑事事件における報告に関する命令**，**道路交通法**なども，刑事手続の法源となる。

4　国際法，とくに EU 法

刑法の欧州化は，刑事手続の領域にも大きな影響を与えている。

従来は，刑事手続における国際的な問題として，せいぜい犯人移送および司法共助の問題が挙げられるにすぎなかった。ドイツでは，**欧州連合**の権限は国内の刑事司法には及ばず，また，ドイツの憲法および刑事訴訟法などによる市民の権利保障は**欧州人権条約**によるそれよりも広いとの理解から，刑事司法に関する国際法の動向に向けられる関心は大きくなかった。

しかし，欧州連合の権限拡大およびこれに伴う国内司法の**欧州化**の波が次第に高まり，2007年リスボン条約締結によって，そのような欧州化の動きはさらなる発展をみせている。また，欧州人権裁判所が，重要な刑事事件において，ドイツの諸制度が欧州人権条約に違反すると判断したことから，ドイツ政府および立法者は，刑事手続制度の改革を求められることになった。それゆえ，現在では，刑事司法は，国内法固有の問題にとどまらず，欧州連合の法行為（Rechtsakte ＝立法活動）にも目を向けなければならなくなっている。

◆欧州人権条約

欧州人権条約は，刑事手続法の領域でも，とくに重要である。本条約は，欧州連合加盟各国の国民はすべてEU市民でもあり，その市民的権利を明示で保障するとともに，その実効性を担保するため，本条約の機関として欧州人権裁判所を設置し（欧州人権条約19条以下），市民（または国家）からの訴えに基づいて，条約で保障される人権の侵害問題について審査するものと規定している。

欧州人権条約では，刑事手続に関して，罪刑法定原則（欧州人権条約７条１項），死刑廃止（条約付随議定書第６号および第13号），私的領域の保護（欧州人権条約８条）に加えて，とくに第６条で包括的な権利保障を定めている。同条は，まず１項で**公正手続**の保障を定めており，刑事手続の適正さを一般的に保障しつつ，具体的にも，手続の迅速性，公開主義などを定めている。また，２項では，刑事手続の基本原則のひとつである**無罪推定原則**が明示で定められている。さらに３項は，刑事手続における基本的権利（条約加盟国における最低基準）として，次のような権利を保障している。被疑事実などの通知を遅滞なく受ける権利（ａ号），防御準備の期間・機会の保障（ｂ号），弁護人の援助を受ける権利，国選弁護の保障（ｃ号），証人と対面し，質問する権利（ｄ号），無償で通訳を受ける権利（ｅ号）。

◆ＥＵ法

2007年のリスボン条約締結（2009年12月発効）により，欧州連合は，とくに重大犯罪の領域に関して，加盟国における刑事法の調整に向けた命令を発する権限をもつことになった（欧州連合運営条約82条，83条）。この欧州連合の権限は，補完性原則および比例性原則による制限（欧州連合設立条約５条），および，各加盟国が連合の命令を自国刑事法秩序の本質に抵触すると判断した場合に留保できるという制限（欧州連合運営条約83条３項）を伴うものの，今後は，刑事司法の欧州化に向けて発展されることが予想される。

欧州連合の個別の法行為としては，リスボン条約の発効前後から，次のような領域で具体化されている。まず，欧州連合域内の主として財産的利益を保護するために，欧州不正対策局（OLAF）が設置され，詐欺や汚職といった不正行為の撲滅に向けて，各国間での調整が図られている。また，刑事手続の国際共助として，「欧州勾留」および「欧州証拠」の規定が重要である。これらは，各国の刑事司法上の共助を促すものであり，相互の連絡と協力を密にさせるとともに，欧州域内における処罰の間隙を防止することを目的とする。また，シェンゲン協定54条により，従来は基本的に国内的効力のみ認められてきた**一事不再理原則**が，欧州連合域内に統一的に承認されることとされた。同協定は，人および物資の移動の自由を基本的な対象とするが，これには，刑事処分の一事不再理原則の承認が不可欠と判断されている。

また，欧州連合の法行為は，刑事司法にかかわる欧州連合機関の設置にも及んでいる。現在，各国刑事訴追機関への情報提供および調整を図る機関として，「欧州警察機構」（Eupol）と「欧州司法機構」（Eurojust）がある。欧州警察機構は1995年に，欧州司法機構は2002年に，それぞれ設置され，いずれもオランダのデン・ハーグにその本拠をおく。主として，前者が各国刑事訴追機関相互の連絡調整を任務とするのに対し，後者は純粋な情報機関である点で，役割が分担されている。このほか，現在，欧州検察局および欧州刑事裁判所の設置が，議題にあがっている。

Ⅲ◆――刑事裁判所の構成

1　裁判管轄

基本法101条１項２文は，「法定の裁判官」による裁判を受ける権利を保障する[3)]。この規定は，どの裁判官が具体的に裁判権を行使するかが，法律およびこれを補足する規則（裁判所の内部規定を含む）によって，事前に一般的な形で決定されていることを要請する。すなわち，裁判官は，その職務遂行にあたり

「中立であり，法律にのみ拘束される」のであるが（基本法97条１項），裁判体の選択にあたっても，国家が恣意的に選別することを防止し，これによって，裁判の公正性の担保が図られている。

裁判管轄は，大別すると，

①事物管轄
②審級管轄
③土地管轄

に分けられる。このうち①と②は裁判所構成法が，③は刑事訴訟法が規定しているが，参審裁判を特徴とするドイツ司法制度との関連において，非常に複雑な構造となっている。また，捜査手続における証人尋問や強制処分の発令などについて，

④捜査判事の権限

が定められている。

◆事物管轄

事物管轄とは，どの裁判所が一審の裁判を担当するかを対象とするものである。裁判所構成法は，これを，事件の態様および程度に応じて，**区裁判所**，**地方裁判所**，**高等裁判所**にそれぞれ分配している。

⑴　区裁判所

区裁判所（AG）は，次の場合を除いて，一審の管轄を有する（裁構24条１項）。

①陪審裁判所，国家保護事件部，高等裁判所の必要的管轄に該当する事件（１号）
②４年を超える自由刑の科刑が予測される場合（２号）
③被害者証人の要保護性，事件がとくに大規模であるまたは特別の意味があるとして，検察官が地方裁判所に起訴した場合（３号）

区裁判所は，管轄を有する事件について，「**単独裁判官**」または「**参審裁判所**」の形式で裁判を行う。

ａ）単独裁判官は，相対的に軽微な犯罪を担当する。具体的には，起訴された事件が**軽罪**であり，被害者が**私訴**（374条）を提起する事件と，２年を超える自由刑の科刑が予測されない事件である（裁構25条）。後者の場合，当初の予測と

異なり，審理の結果２年を超える自由刑の宣告が必要となったときには，区裁判所の科刑権限である４年を限度に，単独裁判官がそのまま判決を下すことができる（参審裁判所に移送されるわけではない）。

ｂ）参審裁判所は，１人の職業裁判官と２人の参審員（無給の市民）によって構成される（裁構29条１項）。とくに大規模な事件では，職業裁判官が追加される場合もある（裁構29条２項「拡張的参審裁判所」）。参審裁判所は，区裁判所に管轄があり，かつ単独裁判官の管轄以外の事件（つまり，２年を超え４年までの自由刑が予測される軽罪と，４年までの自由刑が予測される重罪）について裁判を担当する（裁構28条）。

ドイツの参審員は，一般市民から一定の任期（通常は５年）を付して選任され，無給で（必要費用は支払われる）裁判に関与する。事実認定および量刑の判断まで職業裁判官と協働する点で，日本の裁判員裁判と共通する。その歴史は，旧陪審制に遡るが，その実効性について疑問も提起されている。

⑵　地方裁判所

地方裁判所（LG）の裁判体は，「**刑事部**」とよばれ，その構成に応じて小刑事部と大刑事部がある。このうち，一審の管轄を有するのは，大刑事部である。

大刑事部は，３人の職業裁判官と２人の参審員とで構成される（裁構76条１項１文）。参審員は，公判廷外の手続には関与しない（裁構76条１項２文）。大刑事部は，さらに，その管轄対象によって，（通常）大刑事部と特別大刑事部に分かれる。

大刑事部は，次の事件について，事物管轄を有する。

①区裁判所および高等裁判所が専属的に管轄を有する以外のすべての重罪（裁構74条１項１文）
②４年の自由刑を超えるすべての事件（裁構74条１項２文前段）
③上記以外で，事件がとくに大規模であるまたは特別の意味があるとして，検察官が地方裁判所に起訴した場合（裁構74条１項２文後段）

ここで，事件の特別の意味とは，事実点または法律点において平均的な刑事事件に比べて重要性が高い場合をいう。具体的には，たとえば違法性の程度，犯罪の社会的影響，被告人の社会的地位，迅速な解明の要請などから判断される。

特別大刑事部には，「陪審裁判所」およびその他の特別な領域を扱う刑事部がある。陪審裁判所は，現在では，構成において刑事部と共通であり（つまり，実質において参審裁判所），謀殺罪，故殺罪，傷害罪，監禁罪，強姦罪，各致死罪などの重大犯罪について事物管轄を有する（裁構74条２項）。その他の特別大刑事部としては，経済事犯，国家保護事犯，少年保護事犯を専門に扱うものがある。

⑶　高等裁判所

高等裁判所（OLG，ベルリンはKG。なお，かつてのバイエルン上級地裁〔BayObLG〕は廃止された）の裁判体は，「**刑事裁判部**」とよばれる。裁判部が一審として裁判する場合，３人または５人の職業裁判官によって構成される（裁構122条２項）。

高等裁判所は，連邦検事総長がその事件の特別な意味から訴追を引き受ける場合で，所定の国家保護犯罪（裁構120条１項）および極右主義者やテロ組織による殺人罪など特定の犯罪（裁構120条２項）について，事物管轄を有する。

⑷　併　　合

関連する事件が，異なる審級の裁判所に係属しているときは，これらを，上級審として管轄をもつ裁判所に併合することができる（21条）。当然ながら，同一審級の異なる裁判所に係属している場合も，いずれかに併合できる。併合に必要な関連性とは，人的関連性（３条前段：1人の人が複数の犯罪を追及される場合）または物的関連性（３条後段：1個の所為について複数の人が正犯および共犯として追及される場合など）のことである。たとえば，ある人が謀殺罪（陪審裁判所の管轄）と単純窃盗罪（区裁単独裁判官の管轄）とで起訴された場合，人的関連性に基づいて後者を前者の手続に併合することができる。

◆審級管轄

各裁判所は，次のとおり，上訴審としての審級を有する。

⑴　地方裁判所

区裁判所の一審判決（単独裁判官および参審裁判所とも）に対して，「**控訴**」が許されている（312条）。この控訴審は，地方裁判所の管轄となる。地方裁判所が控訴審として裁判する場合，「小刑事部」がこれを担当する（裁構74条3項準用76条1項1文）。小刑事部は，1人の職業裁判官と2人の参審員で構成されるが，拡張的参審裁判所の判決に対する控訴については，さらに1人の職業裁判官が加わる（裁構76条3項1文）。

また，区裁判所の決定および同裁判官の処分に対する「**抗告**」については，大刑事部が担当する。抗告審の裁判は公判外で下されるため（309条1項），参審員は関与しない（裁構76条1項2文）。

⑵　高等裁判所

高等裁判所は，地方裁判所刑事部の控訴審判決に対する「**上告**」が提起された場合，上告審として管轄を有する（裁構121条1項1b号）。また，区裁判所の一審判決に対して跳躍上告が提起された場合も同様である（335条2項，裁構74条3項，121条1項1b号）。さらに，地方裁判所大刑事部の一審判決に対して，もっぱら州法違反を理由に上告が提起された場合，例外的に，高等裁判所が上告審の管轄を有する（裁構121条1項1c号）。

また，高等裁判所は，地方裁判所の裁判に対して抗告（304条），即時抗告（311条），その他抗告（310条）が提起された場合，抗告審としての管轄を有する（裁構121条1項2号，3号）。

高等裁判所が上告審または抗告審として審判する場合，3人の職業裁判官からなる裁判部（裁構116条1項）が担当する。

なお，高等裁判所は，過去の他の高等裁判所または連邦通常裁判所の判例と異なる判断をしようとする場合，事件を連邦通常裁判所に回付しなければならない（回付義務）。これにより，判例の統一性が確保されることになっている。

⑶　連邦通常裁判所

連邦通常裁判所（BGH）は，地方裁判所および高等裁判所の一審判決に対して上告が提起された場合，上告審として管轄を有する（裁構135条1項，121条1項1c号）。連邦通常裁判所は，上告審として審判するときは，5人の裁判官で構成する裁判部が担当する。

また，連邦通常裁判所は，一定の抗告についても管轄を有する（裁構135条2項）。この場合，裁判部は，基本的に3人の裁判官で構成される（裁構139条2項）。

さらに，連邦通常裁判所は，とくに重要な法律判断を行う場合（判例変更を予定するなど），連邦通常裁判所長官と各刑事部２人によって構成される**大刑事部**を招集する（裁構132条）。また，刑事事件の裁判において過去の民事判例と異なる判断をする必要がある場合には，連邦通常裁判所長官，大刑事部および大民事部から構成される**統合大裁判部**によって裁判する（裁構132条５項３文）。

◆土地管轄

土地管轄は，いわゆる裁判地を決定する概念である。土地管轄は，刑訴７条以下により，次の基準に基づいて決定される。

(1)　場所に関連する裁判地

場所に関連する基準として，犯行の場所（７条），被告人の住所地または居所（８条），身体拘束された場所（９条）が定められている。複数の裁判地が競合する場合には，検察官が裁量によって裁判地を決定することができる。ただし，検察官は，この権限を恣意的に行使してはならず，合理的な理由に基づいて判断しなければならない[4]。

(2)　場所に関連しない裁判地

関連事件について併合される場合（３条），併合される事件については必ずしもそれ自体が場所的関連性（７条以下）を有するわけではない。

また，たとえば外国で犯罪が実行され，被告人の居所などが判明しない場合など，７条以下の規定によっては裁判地が決まらないときは，連邦通常裁判所が管轄裁判所を指定する（13a条）。さらに，土地管轄を有する裁判所における審理が，疫病などにより困難であるまたはテロ襲撃の危険があるなどの場合，直近の高等裁判所が管轄を指定する（15条）。

◆捜査判事

捜査手続は検察官が主宰するが，裁判官も，**捜査判事**として一定の関与が予定されている。憲法上も，家宅捜索（基本法13条２項），住居内盗聴（基本法３項），身体拘束（基本法104条２項，３項）に際して，裁判官の命令および審査が要求されている。これに加えて，刑事訴訟法では，さまざまな強制処分において，やはり裁判官の命令を条件としている（これを**裁判官留保**という）。また，捜査段階で宣誓尋問などを必要とするときは，検察官の申立てにより，捜査判事がこれを行う（161a条１項３文）。

このような形で捜査判事として関与するのは，原則として管轄地区の区裁判所の裁判官である。これに加えて，テロなどの国家保護事犯では高等裁判所の，または連邦検事総長が扱う事件では連邦通常裁判所の裁判官も，同様の権限を有する（169条1項）。

2　裁判官の除斥・忌避

「法定の裁判官」により裁判を受ける権利の保障（基本法101条1項2文）は，当該裁判官が中立かつ公平な裁判を行う者であることも保障する。したがって，特定の手続において，予断による中立性・公平性に疑いがある裁判官は，手続から排斥されなければならない。この意味で，裁判官（参審員を含む）の除斥・忌避の規定は，憲法上の要請であるとされている。

◆除　　斥

裁判官は，自身が次の類型に該当する場合に，裁判から除斥される。

①犯罪の被害者である場合（22条1号）
②被害者と親族関係にある場合（22条2号，3号）
③被告人と親族関係にある場合（22条2号，3号）
④検察官，弁護人，証人または検察官，前審裁判官などとして，すでに事件に関与していた場合（22条4号，5号，23条）

これらは，類型的に予断の危険が明白であるとして，当該手続における裁判官の具体的行為如何にかかわらず定められたものである。これに違反して除斥されるべき裁判官が関与していた場合，その瑕疵は，絶対的上告理由（338条2号）となる。

除斥の手続は，職権で行われ，忌避と異なり当事者の申立てを要しない。

◆忌　　避

裁判官は，法律上除斥されるべきであるにもかかわらず手続に関与している場合（24条1項前段），または予断が懸念される場合（24条1項後段），検察官，私訴原告，被疑者・被告人の忌避申立てに基づいて（24条3項1文），手続への関与から排斥されうる。

除斥されるべき場合については，これに該当すれば，個別の審査を行うことなく直ちに手続から排除される。

他方，予断の懸念を理由とする忌避について，24条2項は，「裁判官の中立性に対する疑いを根拠づけるべき理由がある場合」とのみ規定するだけで，具体的に何がこれに当たるかは，個別事情を踏まえた解釈運用に委ねられている。従来の例として，裁判官が被告人と一緒にテニスをし，食事まで共にしていた場合[5]，裁判長が被告人に対して「記録状況からして，あなたはぬけぬけと嘘をついている」と述べた場合[6]，参審員がその思想信条を理由に頭に巻いたターバンを取ることを拒否した場合[7]，などに忌避が認められている。

なかでも，裁判所と被告人または弁護人とが公判で対立した場合，または（除斥事由以外で）手続の前の段階で関与していた場合について，見解の対立がある。前者に関して，被告人または弁護人が自身の意に沿わないからとの理由だけで恣意的に裁判官を手続から排斥することは許されないが，たとえば裁判官が被告人の挑発に応じて悪態をつくような場合には，忌避が認められる[8]。後者に関して，たとえば捜査判事として勾留命令を発していた場合[9]や，公判開始決定を下していた場合[10]でも，予断の懸念が否定されている。また，近年は，とくに判決合意手続の導入により，裁判官の事前判断に対する予断懸念の問題が強く提起されている。

忌避申立ては，当該裁判官が属する裁判所に行う（26条1項）。申立人は，忌避該当事由を疎明しなければならず（26条2項），これを受けて，対象裁判官が職務上の陳述をしたうえで（26条3項），当該裁判官を除く裁判体で裁判を行う（27条1項）。ただし，申立てが手続遅延などを目的とした濫用的なものであることが明らかであるときは，当該裁判官もその却下裁判に加わることができる（26a条2項1文）。忌避申立てに関する決定に対しては，即時抗告が認められる（28条2項1文）。なお，裁判官は，除斥または忌避事由に該当すると自ら認めるときは，これを申告すべき義務を負うが（30条），自ら裁判を回避する権利はない。

3　検察官と警察

◆検　察　官

(1)　検察官の任務

検察官は，刑事手続において，捜査手続の主宰者，公訴官，行刑執行機関としての任務を担う。

刑事訴訟では，検察官のみが公訴を提起する権限を有する（152条1項）。それゆえ，検察官は，その判断に向けて，捜査手続ではあらゆる事実を究明する義務を負う（160条1項）。具体的には，検察官自らまたは警察を指揮して（163条），各種の強制処分，被疑者の勾留，証人および鑑定人尋問，被疑者尋問といった手続を行い，また，急を要する場合には裁判官に代わって一定の強制処分を命令する権限も有する。それゆえ，検察官は，「捜査手続の主宰者」（Herrin des Ermittlungsverfahrens）であるといわれる。[11)]

検察官は，捜査の結果を踏まえて，公訴提起を行う。ドイツでは，基本的に**起訴法定主義**がとられているが，現実には，**起訴便宜主義**的な規定（153条以下）が重用されている。検察官は，いったん公訴提起した事件について，公判に出廷し，訴訟の追行に関与する。その際，証拠申請権，質問権，最終弁論権などを駆使して，裁判官の心証形成に寄与すべき立場にある。また，判決に不服があれば，上訴を提起する権限も有する。

さらに，検察官は，行刑機関として刑罰の執行を主宰する（451条）。このほか，検察官は，所定の事件について，手続の開始および終結，結果などを報告し，これを連邦中央登録簿に登録しなければならない（刑訴法第8編等参照）。

(2)　検察官の構成

検察官は，刑事訴追を任務とする国家の官庁であり，司法省に属する検察庁に配属されている。検察は，階層的構造をもつ機関であり（裁構146条），検察官には裁判官のような事物的・人的独立性はなく，各検察長官の代理人として活動する（裁構144条）。検察長官は，常に事件を自らが引き取り，または他の検察官にこれを任せることができる（裁構145条）。

各検察庁は，各裁判所に対応して組織されている。それゆえ，検察官の場所的管轄も，その所属する検察庁が設置されている裁判所の管轄に対応する（裁構143条1項）。

連邦レベルでは，連邦通常裁判所に対応して「連邦検察庁」が設置され，**連邦検事総長**がその長を務める（裁構142条1項1号）。連邦検察庁は，主として連邦通常裁判所に係属する上告審を担当するが（裁構135条，121条1項），高等裁判所に事物管轄がある国家保護事件などには，連邦検察庁が公訴を担当するものもある（裁構120条１項，２項等）。

州のレベルでは，高等裁判所，地方裁判所，区裁判所に対応して，それぞれ高等検察庁，地方検察庁，区検察庁が設置されている（裁構142条１項）。これらに属する検察官は，またそれぞれの裁判所の手続に対応して，検察権限を行使する。

⑶　検察官の法的地位

刑事訴訟において，検察官は，「独立の司法機関」として位置づけられる。すなわち，検察官は，組織的には執行機関に属するが，刑事司法の一翼を担うものとして，司法機関としての地位をも有する（二重の地位，または中間的な地位と理解されている）。

このようにして，ドイツの刑事手続では，検察官は，「当事者」ではなく，真実と正義を義務づけられる者として，裁判官と同様に，被疑者・被告人の有利・不利を問わず，あらゆる事実を探求し，証拠を収集すべき義務を負う。そして，検察官は，法の原則としては，あらゆる可罰的な行為について公訴提起を義務づけられるのであり（152条２項，170条１項），恣意的にこれを行わなかった場合には，自ら職権処罰妨害罪（刑258a条）に問われる。ただし，現在は，起訴便宜主義的な規定（153条以下）が定められ，刑事司法のコストだけでなく，特別予防の観点からも，柔軟な訴追運用が図られている。このような権限も，検察官が独立の司法機関としての地位に基づいて委ねられるべきものとされている。

検察官は，このようにして，自らの判断に基づいて訴追権限を行使すべき地位にあるが，その際，次のような点が問題となる。第一に，検察官は，その処罰判断にあたり，最高裁レベル（連邦通常裁判所および連邦憲法裁判所）の判例に拘束されるか。一部の有力な学説および連邦通常裁判所は，その判例が実務で確立したものとして認知されている場合には，拘束性を認めている[12]。しかし，支配的見解は，「検察官は，その職務遂行において，裁判所から独立である。」との規定（裁構150条）に基づいて，判例への拘束性を否定している。第二に，検察官は，職務外で犯罪を認知したときでも，それに対する訴追義務を負うか。一部の学説は，公務員にも私的生活領域が認められるべきであるとしてこれを否定するが，判例および通説は，個別事例ごとの判断を求めている[13]。具体的には，犯罪認知と私的生活領域との関係，犯罪の程度，社会への影響などが，考慮要素として挙げられている。

⑷　検察官の忌避

刑事訴訟法上，検察官に対する忌避申立ての定めはない。従来，検察官は，中立性を求められるとしても，その活動は，やはり主として被疑者・被告人の罪状立証に向けられるべきものであり，そこでは，裁判官のような予断の懸念がほとんど問題とされてこなかった。

もっとも，検察官の独立の司法機関としての地位を考えると，刑事手続における職務遂行に際して恣意的または濫用的と認められるような振る舞いがあった場合には，やはり手続からの排斥が必要となる。それゆえ，近時は，裁判官の規定の類推，或いは，検察長官の職務引取り権限（裁構145条１項）に基づいて，検察官への忌避申立てを認めようとする見解が有力である。

◆警　　察

警察は，組織としては，州内務省の管轄におかれる（基本法30条，70条以下）。予防的警察領域においては，州法および治安法に基づいて活動する。また，連邦機関として，とくに**連邦警察局**も，警察の任務を負う。連邦警察局は，州際および国際の犯罪に対応し，また，**国際刑事警察機構**のドイツ国内本部でもある。このほか，連邦憲法保障局は，反憲法的行動や組織活動に対処する。さらに，欧州警察機構などによる国際的協力も，活発に行われるようになっている。

警察官のうちで，州法に基づいて，検察の捜査員として特別の捜査権限をもつ者が定められている。検察は，捜査を遂行する組織をもたず，警察官がその手足として実質的に捜査の遂行に携わる。警察は，告発などによって犯罪を認知したときは，その初動において事案の究明のため必要な措置を行う（163条１項）。また，警察は，その捜査の結果について検察に報告する義務を負い（163条２項），個別強制処分などに際しては，検察官の指示に従う。実際は，検察官自身が指揮して具体的捜査を行うことは，世間の注目を集める重大事犯や巨大経済事犯以外ではほとんどない。たいていは，警察が，独自に捜査を行い，すべてが終了した時点で検察に送致し，検察官はただ起訴または不起訴を裁定するだけである。したがって，法の建前と逆転して，警察が強制処分を行うために検察官の命令権限発動を要請するといった形で，実質的には検察官ではなく警察が捜査の主宰者として機能している。

このような現象に対して，従来，司法省と内務省との折衝に基づき，「警察と検察との関係の見直しに関する準則」によって，一方では警察権限の拡張と，他方では検察官による統制権限の強化が図られてきた。捜査手続の警察化は，組織犯罪対策，警察の監視技術の進歩，捜査手続の密行化といった側面から，さらなる拡張傾向にある。このような動向は，とくに連邦警察局の権限拡張および捜査技術研究の結果として理解されよう。

Ⅳ◆──刑事手続の当事者

1　被疑者・被告人

◆被疑者・被告人の呼称

刑事訴訟法上，被疑者・被告人は，手続の段階に応じて，次のような表現に区分されている。

①全手続段階の総称：“Beschuldigter”（136条など）
②公訴提起された者：“Angeschuldigter”（157条前段）
③公判開始決定を受けた者：“Angeklagter”（157条後段）

◆被疑者・被告人の法的地位

被疑者・被告人は，かつて普通法時代までは，糾問の対象であり，もっぱら刑事手続の客体とされてきた。その後，啓蒙主義の時代を経て，被疑者・被告人は，刑事手続における主体的な地位も認められるようになった。彼らは，憲法および刑事訴訟法によって自身にさまざまな手続的権利を保障され，また，弁護人の援助を受けることにより，自身の命運を決定する刑事手続に主体的に関与すべきことが承認されている。被疑者・被告人は，捜査段階においても**尋問**を受けることが予定されているが，これは，「被疑者・被告人は，遅くとも捜査終了までに尋問されなければならない。」（163a 条）と定められているとおり，法律上は，被疑者・被告人が主体的に手続に関与するための権利であるとされている。

刑事訴訟における被疑者・被告人としての地位は，彼に保障されるべき権利如何という点から重要となる。その始期については，明文上の定めはないが，捜査機関が特定の者を対象として捜査手続を開始した時点で，すでにその者には被疑者・被告人としての地位が認められなければならない。被疑者・被告人としての尋問，仮逮捕・勾留といった公然の手続だけでなく，特定の人に対する容疑が十分かつ具体的となった時点で，すなわち，犯罪捜査学的見地からみて対象者が訴追可能な犯罪に関与していたとの可能性が認められる時点で，すでに被疑者・被告人としての地位が認められなければならない。たとえば，ある容疑者に対して，その被疑者・被告人としての地位を留保させるため，捜査機関が恣意的に強制処分などの発動を控えていたという場合には，その容疑者には，すでに被疑者・被告人としての地位が認められる[14]。

このようにして，刑事訴訟法上は，犯罪捜査の開始を基礎づけるだけの「嫌疑の端緒」が認められる場合には（152条2項），その対象者には，すでに被疑者・被告人としての地位も認められることになる。なお，捜査が発展し，被疑者・被告人に対する有罪判決が「蓋然的」であると認められるに至れば，公訴提起が行われる（170条1項）。これとは別に，勾留などの強制処分は，被疑者・被告人が可罰的行為を実行したことの「高度の蓋然性」が要求されている（112条1項など）。

◆被疑者・被告人の手続的権利

(1)　黙秘権

前述のとおり，被疑者・被告人に対する尋問は，法律上は，その弁解を聴取するための手続として予定されている。もっとも，実際には，尋問が自白獲得に向けて行われうるものであることは否定できない。ドイツでは，**黙秘権**は憲法上明示されてはいないが，その一般的人格権（基本法2条1項，1条1項）および法治国家原理（基本法20条3項）から**ネモ・テネテュール原則**（何人も自己の罪状立証への寄与を義務づけられない）が導かれるものと理解され，そこから，黙秘権が保障されている。

刑事訴訟法上も，この保障に向けて，尋問に先立つ供述拒否権の教示義務が定められている（136条1項2文，163a条3項，4項）。かつては，この教示義務は努力規定にすぎないとして，これが怠られた場合でも，当該供述の証拠能力は否定されていなかった。しかし，現在では，少なくともそれによって被疑者・被告人の黙秘権が侵害されたと認められる場合には，**証拠使用禁止**の効力が認められている[15]。また，暴行などの不当な尋問方法が明文で禁止されており（136a条1項，2項），これに反した場合には，明文で証拠禁止の効力が認められている（136a条3項）。

被疑者・被告人には，黙秘権を超えて，嘘をつくこと（具体的には，真実に反する事実を述べること）まで許されるかについては，見解の対立がある。被疑者・被告人は，宣誓供述を行うものではなく，虚偽の供述をしたとしても，それだけで刑法上処罰されるものではない。たしかに，被疑者・被告人は，真実をすべて述べる義務はないが，積極的に嘘をつく「権利」まで認められているかについては，これを否定するのが支配的である。

⑵　弁護人の援助を受ける権利

被疑者・被告人は，あらゆる手続状況において弁護人を求める権利を有する（137条1項1文）。弁護人の援助を受ける権利は，欧州人権条約6条3項cにおいて明示で保障されており，これによって，憲法上の保障であるとも解されている。必要的弁護事件においては，自ら弁護人を選任できないときは，国選弁護人の任命を請求することもできる。

弁護人の援助を受ける権利は，刑事手続のあらゆる場面でその実質的援助を受けることが保障されるが，それは，とくに尋問を受ける場面で重要となる。捜査機関および捜査判事は，尋問に先立ち，黙秘権と併せて弁護人と相談できる権利まで教示しなければならない（136条1項2文）。この義務は，単に弁護人への依頼を妨げてはならないというだけでなく，捜査機関は，そのアクセスに向けて積極的に支援すべきことまで義務づけられる。

⑶　そ の 他

被疑者・被告人は，憲法上，「法的聴聞を受ける権利」を保障されている（基本法103条1項）。この権利は，実質的に理解されており，刑事訴訟法において，具体的には次のような権利として保障されている。

①手続関与権，同席権（230条1項，168c条2項など）
②証拠申請権（244条，245条参照）
③質問権（240条2項，欧州人権条約6条3項d）

④証拠閲覧権（147条）

◆被疑者・被告人の訴訟上の義務

被疑者・被告人は，ネモ・テネテュール原則に基づき，自己の罪状立証，事案解明に積極的に寄与すべきことを義務づけられない。しかし，彼らは，刑事訴訟法上予定される各手続に際して，一定の権利制約を受忍すべきことを義務づけられる。

たとえば，被疑者・被告人は，未決勾留，押収，通信傍受といった強制処分に際して，手続が適法である限り，権利制約を受忍しなければならない。また，被疑者・被告人は，公判への出廷（230条），捜査判事および検察官の尋問呼び出しに応じなければならない。尋問の呼出しを拒否した場合，強制的に引致されることもある（163a 条 3 項 2 文，134条，135条）。もっとも，警察の取調べに対しては，被疑者・被告人はそのための呼出しに応じる義務はない。

2　弁護人

◆弁護人の法的地位

すべての被疑者・被告人は，手続がいずれの段階であるかにかかわらず，いつでも「**弁護人**」の援助を受けることができる（137条 1 項 1 文）。このような被疑者・被告人の弁護人依頼権は，ドイツの憲法に明文の定めがあるわけではないが，今日では，法治国家原則（基本法20条 3 項）や，法的聴聞を受ける権利（基本法103条 1 項）などに基づいて，憲法上の保障を受けるべきものと解されている。また，欧州人権条約 6 条 3 項 c では，自ら弁護するか，または「自身が選任する弁護人」によって弁護を受けるべき権利が保障されている。

弁護人は，このようにして，刑事訴訟において被疑者・被告人を援助すべき立場にあるが，これに加えて，一定の公的な利益（たとえば，刑事訴訟における真実究明）にまで配慮すべきことも義務づけられるか。ドイツでは，古くから，このような具体的義務づけをめぐり，刑事弁護人の法的地位について議論が展開されてきた。

実務および学説上，伝統的かつ支配的見解となっているのが，**司法機関説**である。この見解によると，弁護人は，被疑者・被告人の利益にのみ片面的に配慮すべき訴訟代理人にとどまるものではなく，刑事司法が機能的かつ効率的に運営されることにも配慮すべき義務まで負うとされる。その意味で，弁護人は，裁判所や検察官と同様の，しかし，これらからも独立した司法機関である。連邦弁護士法１条も，「弁護士は，独立の司法機関である」と定めている。

これに対し，従来から司法機関説に対抗する形で主張されてきたのが，**代理人説**である。この見解は，とくに弁護人の司法機関としての地位を否定し，もっぱら被疑者・被告人の利益のために奉仕すべきことを強調する。すなわち，弁護方針を決定するのは被疑者・被告人自身であり，弁護人は，それに意見を述べることはあるとしても，あくまで被疑者・被告人の意思を尊重すべきというわけである。

両説の対立の重点は，従来，とくに弁護人の真実義務を肯定するか否かという点にあった。すなわち，代理人説は，被疑者・被告人自身が刑事訴訟で虚偽を述べても処罰されないことを前提に，その代理人である弁護人も，同じく真実に拘束されないという。これに対し，司法機関説は，弁護人と被疑者・被告人との独立性に基づいて，弁護人は他の司法機関と同様に真実究明に資すべきことを義務づけられるとする。実体的真実の解明を至上の目標とするドイツでは，司法機関説が通説となることは自然な流れであった。

もっとも，現在は，弁護人の真実義務を認める立場からも，被疑者・被告人に不利な事実まで積極的に開示すべきことまで求めるのではなく，ただ，偽証教唆や証拠偽造などによって裁判所における真実究明を妨害してはならないという形で，いわば消極的な真実義務として理解する見解が支配的となっている。たとえば，弁護人は，あくまで被疑者・被告人の援助者としての役割が主たる任務であり，司法機関としての役割はただその核心部分を妨害してはならないというにとどまるとする見解（限定的機関説）が，有力に主張されている。また，代理人説の立場からも，従来のような先鋭的な見解はほとんど見られなくなり，現在は，たとえば，弁護人と被疑者・被告人との契約という側面を重視し，民法規定に基づいて，公序良俗に反するような弁護活動は無効であるとする見解（契約説）が主張されている。

とはいえ，裁判実務では，連邦通常裁判所が一連の裁判例において現在でも訴訟の運営に寄与すべき義務を弁護人に課すという傾向がみられる。それゆえ，弁護人の法的地位如何という問題は，いまなお，刑事訴訟上の重要問題のひとつである。[16)]

◆弁護人の種類

⑴　私選弁護と国選弁護

被疑者・被告人は，自身が選ぶ弁護士により弁護を受けることができる。すなわち，刑事弁護の原則は，私選弁護である。被疑者・被告人は，そのために，被疑者・被告人が弁護士と相談のうえ，その信頼関係に基づいて弁護を委任し，そのようにして選任された弁護士が弁護人として刑事弁護に携わる。この場合，法的制限として，ひとつの事件につき弁護人数が３人を超えてはならない（137条１項２文）。また，１人の弁護士が共犯事件において複数の被疑者・被告人を弁護すること（重複弁護）も，禁止されている（146条）。この場合，利益相反のおそれが類型的に認められるからである。弁護人として選任できるのは，ドイツの裁判所で資格を認められた弁護士およびドイツの大学における法律学の教員に限られている（138条１項）。これ以外の者も，裁判所の特別の許可を受けて弁護人に選任することができるが（138条２項１文），必要的弁護事件では，前記資格者と併せて選任されるのでなければならない。

他方，被疑者・被告人自身が弁護人を選任できない場合に備えて，**国選弁護制度**も用意されている。国選弁護人は，事件が係属している（または，係属予定の）裁判所の裁判長が任命する（141条４項）。その際，被疑者・被告人には，弁護人を選ぶにあたって意見を述べる機会が与えられ（142条１項１文），「重大な理由」がない限りその希望どおりの弁護士が任命される（142条１項２文）。従来は，これに加えて，裁判所の管轄地域内で活動する弁護士が優先されることになっていたが，2009年改正でこれは廃止された。なお，ドイツでは，国選弁護人は，必要的弁護事件に対応し，被疑者・被告人自身が弁護人を選任しないときに限り，任命されることになっている。

⑵　任意的弁護と必要的弁護

刑事手続において，さまざまな場面で弁護人の関与が必要的とされているが（**必要的弁護**），中でも，刑訴140条が重要である。

まず，１項では，必要的弁護に該当する場合が，次のとおり類型化されている。

①一審が高等裁判所または地方裁判所で行われる場合（1号）
②被疑者・被告人に対して重罪が追及されている場合（2号）
③当該手続において職業禁止処分が科される可能性がある場合（3号）
④被疑者・被告人に対して未決勾留または仮拘束の執行がなされている場合（4号）
⑤被疑者・被告人が裁判官の命令または承諾を得て3ヶ月以上施設に拘束され，かつ公判開始の2週間前までに釈放される見込みがない場合（5号）
⑥被疑者・被告人が，精神鑑定のため留置される場合（6号）
⑦保安手続が実施される場合（7号）
⑧従前の弁護人が裁判の関与から除斥された場合（8号）

とくに④は，従来は現行5号の規定しかなかったものを，長年の議論の末に，2009年に導入（2010年1月1日より施行）されたものである。

1項の類型以外に，2項では，事件の重大性，事実状況・法律状況の難易性が認められる場合や，公訴参加被害者に弁護人が付される，難聴であるなどして，被疑者・被告人が自分で防御することが困難であると認められる場合にも，弁護人の関与が必要的であるとされている。

上記，必要的弁護に該当しない場合，弁護人の選任は被疑者・被告人の意思に委ねられる（任意的弁護）。

なお，必要的弁護事件において，私選弁護人が選任されている場合でも，その者が途中で辞任または除斥されたときは，手続の継続が遅延し，困難が生じることになる。そのようなおそれが見込まれる場合，実務上，裁判所が私選弁護人と並んで国選弁護人を任命し，万一私選弁護人が欠けた場合でも手続が継続されるよう配慮している（**保全弁護人**）。しかし，このような保全弁護人が登場する場合は，基本的に，裁判所と弁護側との関係に緊張が生じていることが多く，私選弁護人と保全弁護人との連携が必ずしもスムーズに図られるとは限らない。それゆえ，このような実務の運用に対しては，被疑者・被告人の防御権保障という観点から，批判も多い。

◆弁護人除斥

(1)　除斥要件

弁護人は，一定の事情が認められるとき，手続への関与から除斥される

(138a 条以下)。この弁護人除斥の規定は，1974年に導入されたものであるが，それは，ドイツ赤軍によるテロ事件の多発に起因するものであった。本規定が導入されるまでは，ドイツの判例実務において，弁護人が司法機関としてのその立場を忘れ，被疑者・被告人と通謀して自身の手続的地位および権利を濫用するような場合，裁判所が弁護人を手続から排除することが認められてきた。しかし，連邦憲法裁判所が，有名な「Schily 事件」において，このような裁判実務は法的根拠なく職業遂行の自由（基本法12条）を制限するものであるとの理由で，憲法違反であると断じた。[17] そこで，立法者は，一連のテロ対策立法の中で，テロ組織と結託して手続を妨害するような活動を行う弁護人を排斥すべく，本規定を導入したわけである。

刑事訴訟法上，弁護人が除斥されるべき場合として，次の５つが定められている。

①手続対象の事件につき弁護人と依頼者との共犯関係に関して，切迫しまたは十分な嫌疑がある場合（138a 条１項１号，３号）
②身体拘束されている被疑者・被告人との接見交通権が犯罪目的で濫用されることの，十分な嫌疑がある場合（138a 条１項２号前段）
③同じく，接見交通権が留置施設の治安を害する目的で濫用されることの，十分な嫌疑がある場合（138a 条１項２号後段）
④国家の治安を脅かす犯罪について，当該弁護人の関与がドイツ国の治安を害すると認められる場合（138b 条）
⑤テロ組織犯罪（刑129a 条以下）を対象とする手続において，弁護人にその共犯または処罰妨害罪の疑いがある場合（138a 条２項）

従来の実務では，国選弁護人は，「重大な理由」がある場合には，裁判所は本除斥手続によることなく弁護人を解任できるとされてきた。もっとも，連邦通常裁判所は，国選弁護人の解任も本手続によるべきこととしている。[18]

⑵　除斥手続

除斥に関する裁判は，原則として高等裁判所が行うが，一定の事情（検事総長が捜査を行った事件，または事件が高等裁判所に係属している場合）がある場合には，連邦通常裁判所がこれを行う（138c 条１項）。除斥裁判は，公訴提起後は本案裁判所からの提議により，それ以外の段階では検察官の請求に基づいて開始される（138c条2項1文）。除斥されるべき弁護人が弁護士であるときは，検察官の請求または裁判所の提議について，所属弁護士会に通知され（138c条2項3文），当該弁護士会の長は，意見を述べる機会が与えられる（138c条2項4文）。除斥裁判は，口頭弁論に基づいて審判され（138d条1項），当該弁護人を召喚しなければならない（138d条2項1文）。口頭弁論が終わると，基本的に即日に裁判が下されるが，それができないときでも1週間以内に宣告されなければならない（138d条5項）。弁護人を除斥する決定が下された場合，当該弁護人は，即時抗告できる（138d条6項1文）。他方，除斥の請求を却下する裁判に対しては，検察官または提議裁判所は，不服申立てできない（138d条6項3文）。

◆弁護人の手続権

刑事手続において，弁護人には，効果的な弁護を行い，これによって武器対等性を図るべく，多くの諸権利が与えられている。ここでは，とくに重要なもののみ挙げておく。

(1)　手続関与権

弁護人は，公判手続だけでなく，刑事手続の重要な場面に関与し，手続の進行および心証形成に影響を及ぼす地位が与えられなければならない。そこで，被疑者・被告人に対する裁判官または検察官による尋問に際して，弁護人の立会権が認められている（168c条1項，163a条3項2文）。警察の尋問に際して，刑訴法上は立会権が定められていないが，判例上[19]，被疑者は，黙秘権の行使を通じて，弁護人の立会いを事実上要求できるとされている。また，証人に対する尋問も，裁判官および検察官がこれを行う限りで，弁護人が立ち会うことができる（168c条2項，168d条）。この規定は，共犯者に対する尋問にも類推適用される[20]。また，弁護人は，裁判所検証に際して，公判外であっても立ち会うことができる（168d条1項）。この手続立会権が，弁護人への通知がなされなかったなどの理由で侵害されたとき，その手続で得られた証拠は，弁護側からの異議申立てに基づいて排除されうる[21]。

また，弁護人は，自身が立ち会う手続において，被疑者・被告人のために意見を述べることができる。これは，弁護人選任権に当然に内在する権利であると考えられている。弁護人は，その際，他人の名誉を侵害する内容であっても，それが被疑者・被告人の正当な利益を擁護すべきものであるときは，その意見陳述を許される[22]。また，弁護人が被疑者・被告人の意見を代弁し，被疑者・被告人がこれを自身の発言であると確証した場合，弁護人が行った陳述は被疑者・被告人本人が行ったものと位置づけられる[23]。これは，とくに近時導入された判決合意手続において，その要素である被告人の「自白」の評価にとって重要である。

弁護人は，公判廷において，被告人，証人，鑑定人に質問し（240条2項），証拠を申請することができる（244条3項）。この証拠申請権は，弁護人固有のものとされている[24]。弁護人は，個別の証拠調べについて，適宜意見を述べること（257条2項），および，公判の最後に被告人を代理して最終弁論を行うことができる（258条）。

(2)　記録閲覧権

弁護人は，裁判所に現に存在しまたは公訴提起後に提出されるべき記録を閲覧し，または職務として保管されている証拠を観察することができる（147条）。この弁護人の**記録閲覧権**は，被疑者・被告人本人の法的聴聞を受ける権利（基本法103条1項）に由来する権利であり，欧州人権条約でも本人がその被疑事実について適時に知らされるべき権利（欧州人権条約6条3項a）から導かれるものである。従来，被疑者・被告人は，弁護人を通じて記録および証拠の閲覧・観察をするしかなかったが，2000年改正により，弁護人がいない場合には，一定条件の下で，被疑者・被告人本人もその権利を与えられることになった（147条7項）。とはいえ，法律上の制限や記録および証拠を理解する知識および能力を考えると，弁護人の記録閲覧権が実際上は重要である[25]。

閲覧の物的対象は，「記録」および「証拠」である。その際，とくに裁判所に提出される「べき」であった記録・証拠について，見解が分かれる。これを形式的に理解し，たとえば，警察などが恣意的にその必要はないと判断したものは対象から除外されるとする見解もあるが，通説は，これを実質的に理解し，当該事案との関係で通常は提出されるべきであったものは，これに含まれると解している。とくに，警察が捜査開始直後に作成した「**痕跡資料**」についてこれが記録などに含まれるかが，活発に議論されているが，判例はこれを否定している[26]。記録・証拠は，罪責に関するものに限られず，量刑のみにかかわるものもこれに該当し，また，証明力などに関する補助証拠も含まれる。

時間的観点においては，捜査の終結前後によって区別されている。捜査終了後は，弁護人の記録閲覧権は包括的なものとされるが，捜査終了前の段階では，記録閲覧により調査目的が阻害されるおそれがある場合には，制限される（147条2項1文）。この規定に関連して，欧州人権裁判所は，被疑者・被告人が未決勾留に付されている事件では，捜査段階で弁護人の記録閲覧権を完全に制限することは許されないとした[27)]。この判断を受けて，ドイツの裁判実務では，拘束されている被疑者・被告人にその被疑事実などを実質的に告知し，勾留裁判に際して効果的な弁護の保障に必要な限りで閲覧させるものとされてきた。しかし，欧州人権裁判所は，このようなドイツの実務をも批判し，弁護人は少なくとも勾留裁判官と同程度の情報を与えられなければならないとした[28)]。現在は，ドイツ判例も同様に，武器対等性の保障という観点から，たとえば，検察官が証拠閲覧を拒否した場合，閲覧できなかった証拠に基づいて勾留を審査することは許されないとしている[29)]。その後，規定が改正され，現在は，調査目的が阻害されるおそれが認められる場合でも，被疑者・被告人が拘束されている事件では，弁護人に対し，その身体拘束の適法性を判断するために重要な情報が適切な方法で提供されなければならない（147条2項2文）。

検察官が，147条2項に基づいて記録閲覧を拒否した場合，弁護人は，その判断の是非について，所定の条件に基づいて異議を申し立てることができる（147条5項）。その裁定は，公訴提起前は，区裁判所の捜査判事，その後は，事件担当の裁判所が行う（147条5項2文，162条1項1文，3項1文）。

⑶　接見交通権

被疑者・被告人は，身体拘束されている場合であっても，弁護人との間で，書面および口頭での交通をすることができる（148条）。この接見交通権は，弁護人にとっても，重要な手続権である。本条は，「弁護人」としているが，これは，「弁護人になろうとする者」まで含まれ，たとえば，被疑者が身体拘束後に初めて弁護士と面会し，そこで弁護受任について話し合われる場合にも，同様の保護が及ぶものと解されている。接見交通権のこのような趣旨は，弁護人と被疑者・被告人との間で行われる信書交換または通信の秘密について，特別の保護が認められることにもつながっている。

ドイツでは，留置施設内での弁護人と被疑者・被告人との接見は，原則として制限されてはならず，文書および物の授受も基本的に自由である。したがって，面会に際して遮蔽措置などは設置されない。ただし，テロ事犯（刑129a条）に関してのみ，留置施設内と外部との連絡によって犯罪行為が実行・継続されることを防止するために，文書および物の授受は制限を受け，遮蔽措置が設けられる（148条2項）。ただし，この場合も，文書などの点検は，事件担当者ではなく，部外の裁判官が行い，それには守秘義務が課せられている（148a条）。

なお，1970年代におきたドイツ赤軍の一連のテロに関連した「Schleyer 誘拐事件」において，連邦検事総長および連邦・州の司法長官から，当該テロ行為が継続している間は，留置中の被疑者と弁護人との接見を完全に禁止するという措置が下された。当該措置に対して，連邦通常裁判所はいったんこれを違法とする決定を下したのであるが，直ちに措置法として裁判所構成法施行法に当該措置を認める規定が定められた。これによると，人の身体・生命などに現在の危険が存在する場合で，これがテロ組織に関係し，その危険回避のため必要であるという場合には，接見を禁止する措置が許される。その際でも，連絡係として独立の裁判官が任命されることになっており，被留置者が完全に孤立させられることはない。この規定は，連邦憲法裁判所によって合憲性が確認されている[30]。本規定は，措置法として定められたものであるが，現在でも残されている。ただし，その後に適用された例はない。

◆弁護人の義務

弁護人は，まず，被疑者・被告人の防御においてその正当な利益を保護すべく，刑事手続においてこれを援助すべき義務を負う。刑事手続における弁護人の役割からは，この義務が本質的なものである。それゆえ，弁護人は，自身に与えられた諸権利を有効に駆使し，被疑者・被告人の利益擁護に向けて誠心誠意努力しなければならない。

もっとも，かかる手続権も，これが訴訟外の不当な目的を追求するために濫用されてはならない。加えて，弁護人の一般的義務として，訴訟における真実究明という公的利益にも配慮すべき義務はあるか。この点は，弁護人の法的地位をめぐり，活発に議論されてきた。通説である機関説からは，少なくとも，弁護人は，積極的に真実を歪曲するような行為をしてはならない。その限りで，弁護人には，一定の真実義務が課されている。たとえば，弁護人除斥の制度も，弁護人に一定の配慮義務が課されることが前提となっている。ここで，弁護人が記録閲覧を通じて知った情報を，被疑者・被告人に提供することは許されるか。この点，否定説もあるが，通説は，弁護人の記録閲覧は主として被疑者・被告人の手続権利に派生したものであるとして，勾留など強制処分の実効性を害するような場合は別として，基本的に伝達が許されるとしている。また，連邦通常裁判所によると，弁護人は，訴訟の進行促進に向けて，一定の配慮義務が課される[31)]。

ドイツ刑法では，他者に対する処罰を故意に妨害した者は，処罰妨害罪として刑罰を科される（刑258条以下）。刑事弁護は，被疑者・被告人の利益を擁護する過程で，基本的にその処罰を妨げる性質をもつものであることから，弁護人に対する本規定の適用如何が問題となる。この点，刑事訴訟上正当な弁護活動を処罰してはならないのは，当然である。このことは，法秩序の統一性の観点から要請される帰結でもある。もっとも，何が正当な活動で，何が許されないのかは，刑法規定から一義的に決せられるものではない。学説上，刑事訴訟のレベルで，弁護活動の限界を検討すべきとする見解が支配的となっている。しかし，判例は，事例ごとに衡量のうえ，たとえば，証人が虚偽の供述を行った事案などで，弁護人が虚偽供述がなされることを積極的に知っていた（つまり，確定的故意をもって）にもかかわらず，あえてこれを証人として指名したような場合には，処罰妨害罪によって処罰されるとしている[32)]。これをみると，判例は，いわゆる故意のレベルで解決を図る傾向にある。

近時は，組織犯罪の領域において，資金洗浄罪の処罰も問題とされている。すなわち，刑261条は，資金洗浄罪を処罰しているが，刑事弁護人への報酬支払が除外されていない。そこで，たとえば，犯罪組織の首領が自身の刑事手続において弁護人に依頼し，これに報酬を支払った場合，すでに弁護人は本罪によって処罰されるおそれがある。しかし，そのような処罰は，逆に，当該被疑者・被告人の弁護人の援助を受ける権利を著しく制限することになる。連邦通常裁判所は，職業遂行の自由（基本法12条）との関係で，弁護人が自身の得た報酬が犯罪によって得られたものであることを確定的に認識していた場合に限り，本罪の適用を認めている[33]。連邦憲法裁判所も，限定的ながら，同様に解している[34]。学説上，故意に加えて，当該報酬が通常の（あるいは報酬規程の）範囲内にとどまっているか，報酬支払が成功の如何に条件づけられているか，などの要素も含めて検討されるべき，との見解が主張されている。

◆補 佐 人

弁護人以外に，被疑者・被告人の配偶者または法定代理人は，**補佐人**としてその刑事手続に関与することができる（149条）。裁判所は，補佐人に対して，被疑者・被告人のために代弁することを許し，また意見を述べる機会を与えなければならない。

補佐人の許可は，公判開始後は義務的であるが，起訴前の手続では裁判官の裁量に委ねられる（149条3項）。

Ⅴ◆──刑事手続法の諸原則

刑事手続（刑事訴訟）は，長い伝統の中で形成されてきたものである。ドイツの刑事手続は，従来は基本的に，実体的真実の発見を目的とし，諸原則もそれに向けられたものが中心であった。しかし，現在では，公正手続の要請において，さまざまな価値を体現すべきものと理解されている。

ここでは，ひとまず，ドイツ刑事手続の特徴を理解するために，伝統的な訴訟原則を中心に見ておく。それらの法的根拠は，刑事訴訟法を中心に，基本法および裁判所構成法，さらには欧州人権条約などにも置かれている。

1　手続開始に関する原則

◆弾劾主義

刑事訴訟の開始は，原告である訴追者の訴訟提起に条件づけられる。

すなわち，旧来は，裁判官が自発的に刑事事件に介入し，自身が調査を行った結果に基づいて訴訟を開始し，さらに審判まで行っていた（糾問主義訴訟）。そこでは，訴追者と審判者の人格は同一であり，必然的に，その者が被疑者・被告人の犯罪を追及するという構造になる。しかし，そのような訴訟構造においては，審判者の立場である裁判官は，すでに裁判外で自身の調査を終えているため，まったく予断をもって刑事訴訟に臨むことになる。また，その反面として，被告人の防御も十分に保障されるものではない。

このようなことから，犯罪の訴追と審判という国家の任務が分割され，前者を担当する検察官の制度が登場する。19世紀の改革された刑事訴訟は，啓蒙主義による市民の自由保障の観点から，検察官による訴追を刑事訴訟開始の条件とし（弾劾主義または**公訴主義**），これがライヒ刑事訴訟法，現行刑事訴訟法へと引き継がれていくことになる。

ドイツの現行法上，この弾劾主義は，完全な形で妥当している。たとえば，裁判官の面前で偽証罪が実行された場合，裁判所はこれを検察官に通知しなければならず（裁構183条），その場で自ら審判を開始することはできない。また，裁判所は，すでに自身の下に係属している刑事手続について，これを，まだ起訴されていない共犯者や，起訴された事件以外の余罪にその審判範囲を及ぼすこともできない（155条）。このような場合には，検察官の追起訴（266条）がなされて，はじめて，裁判所は，拡張された事項について審判できる。ただし，起訴された所為と同一性が認められる範囲においては，裁判所は，検察官の起訴状で主張された公訴事実に拘束を受けない。この場合は，当該事件はすでに起訴されているのであり，ただその法的評価や事実の詳細に齟齬が生じたにすぎないからである（265条）。

◆国家訴追主義

公訴提起は，検察官の権限である（152条1項）。つまり，刑事手続の開始および遂行は，検察官の任務であり，犯罪被害者など市民のものではない。これは，刑罰権は国家を主体とするものであり，その実現に向けた活動は国家の任務である，との理解に基づく（**国家訴追主義**）。これにより，現在の刑事訴訟は，民事訴訟とだけでなく，民衆訴追主義をとっていたローマ法時代や，ゲルマン法時代の刑事訴訟とも区別される。

もっとも，ドイツには，私訴制度（374条）も定められている。住居侵入罪や侮辱罪など法定された「私訴対象犯罪」については，被害者自身が原告として犯罪を訴追することができる。この場合，被害者は，事前に検察官に訴追を要求しておく必要はない。この私訴制度は，対象犯罪が軽微であり，公的利益に深くかかわるものではない，との理解に基づく。それゆえ，具体的事案において，公的利益にかかわるべき場合においては，私訴対象犯罪であっても検察官が公訴提起できる（376条）。検察官が起訴した事件で，被害者などがそれに参加する「**公訴参加**」の制度もある。

また，国家訴追主義は，**親告罪**および要授権犯罪（Ermächtigungsdelkt）の場合に，制限を受ける。ドイツでは，親告罪にも２種類ある。第一に，被害者の告訴がなければおよそ起訴できないとされるものである（絶対的親告罪）。たとえば，家族間の窃盗罪（刑247条）や，詐欺罪（刑263条４項準用247条）などがこれにあたる。この類型では，告訴が訴訟条件となり，これがなく公訴提起された場合には，手続が打ち切られる。ただし，この場合でも，検察官は，告訴がまだ提出されていない段階でも，捜査を行うことができ，被疑者の勾留など強制処分も可能であるとされている。告訴の第二の類型は，公訴提起するためには原則として告訴を必要とするが，刑事訴追機関が特別の公的利益の存在ゆえに職権で刑事手続を行うことを必要であると判断したときは，告訴がなくても公訴提起できるとされるものである（相対的親告罪）。たとえば，軽微な傷害罪（刑230条１項）や，被害額少量の窃盗罪または横領罪（刑248a条）などがこれにあたる。公的利益の存否に関する判断は，刑事訴追機関の裁量に委ねられ，これに対する不服申立てはできないとされている（通説）。最後に，要授権犯罪とは，連邦大統領に対する誹謗中傷罪（刑90条）などの犯罪で，一定の政治判断に基づいて刑事訴追を必要とするときで，たとえば，大統領から授権を受けてはじめて公訴提起が可能となる類型である。同様に，外国大使館・大使などに対する犯罪は，当該外国政府の請求が公訴提起の条件とされている（刑104a条）。

◆訴追・起訴法定主義

検察官は，犯罪の嫌疑が存するときは捜査を行わなければならず（152条２項），その結果十分な犯罪嫌疑が認められるときは，公訴を提起しなければならない（170条１項）。すなわち，検察官の訴追・公訴提起権限には，その裏返しとして，権限行使が義務づけられている。この点，ドイツでは，日本のような，訴追・起訴裁量（便宜）主義とは異なる原則が採用されている。

ドイツの訴追・起訴法定主義は，すでにライヒ刑訴法制定のときから定められてきたものであるが，これは，当時それまでの応報刑罰論思想，とくに国家刑罰権の実現が，刑事手続の至上命題とされていたことに基づく。検察官は，執行権を担う一翼として，犯罪者の名声にかかわらず等しくその処罰の実現が任務とされたわけである。

現在では，このような絶対的応報刑思想は後退し，一定程度に特別予防の考え方が普及するに伴い，また，刑事司法の負担削減の要請とも相まって，起訴便宜主義に基づく**手続打切り**も認められている。それでもなお，訴追・起訴法定主義は，法治国家主義（基本法20条3項），平等原則（基本法3条），明確性原則（基本法103条2項）を実現するために必要とされ，また，立法者による処罰判断は，刑事訴追機関に訴追権限の裁量的行使を認めるものではないとする民主主義思想からも，なお，原則として妥当している。

◆法定裁判官の原則

法定裁判官の原則（基本法101条1項2文）は，恣意的な裁判所選別を禁止するため，裁判管轄が法定されることを要求する。この原則に従い，検察官は，公訴提起に際して，裁判所を裁量で選択することはできず，当該事件を管轄する裁判所に，公訴提起しなければならない。

2　手続実施に関する原則

◆職権探知主義

職権探知主義とは，裁判所が自身の主導によって真実を探求し，その際，検察官，被告人，弁護人ら訴訟関係人の申立ておよび陳述に拘束を受けない，という原則である（155条2項，244条2項）。また，これより広く，刑事訴追機関一般の義務として，**審問主義**といわれることもあるが，この場合には，実体的真実を探求すべき義務として理解される。

民事訴訟では，もっぱら私的利益の追求がその目的であることから，いわゆる**弁論主義**が妥当し，裁判所は，当事者の主張立証に拘束され，その範囲内でのみ事実を認定すべきことになる（民訴138条3項，288条など）。これに対して，刑事訴訟は，公的利益である刑罰権の実現が目的とされるため，訴訟関係人による訴訟物の処分は認められず，実体的真実の究明が裁判所の任務となる。すなわち，適切な刑罰権の実現は，事実の完全な解明を前提とするとの理解から，職権探知義務が導かれるのである。

したがって，裁判所は，被告人が訴訟で自白しても，常にその信用性を審査しなければならず，また，民事訴訟のように当事者欠席による自白擬制は認められていない。証拠に関しても，裁判所は，訴訟関係人の申請に拘束されず，必要とあればそれ以外の証拠を裁判に取り込んで，これを取り調べなければならない。

近時，判決合意手続の導入により，被告人の訴訟内の自白がより重要視されることになったが，改正法においても，刑訴法244条２項はそのまま通用することが定められた。これにより，実体的真実を職権で探知すべき義務は，ドイツの刑事訴訟に不可欠の原則であることが，改めて確認されたわけである。

◆法的聴聞の保障

憲法上，何人も，裁判所の面前で「**法的聴聞を受ける権利**」が保障されている（基本法103条１項）。この権利は，刑事訴訟において，被疑者・被告人に対し，自身に向けられた訴追について裁判所に対して意見を述べること，申立てを行うこと，その他の陳述を行うことを保障する。裁判所および刑事訴追機関の側は，その反面，被疑者・被告人にこのような権利を保障すべきことを義務づけられる。

ドイツ刑訴法上，被疑者・被告人のさまざまな手続権が，この法的聴聞の保障に基づいて定められている。この権利保障は，公正手続原則と相まって，被疑者・被告人の防御権を保障するための基盤となっている。

◆迅速性の要請

ドイツ基本法では，本原則について明示されていないが，法治国家原則（基本法20条３項）および一般的自由の保障（基本法２条２項２文）から，刑事手続の迅速性の要請が導かれるものと解されている。刑事訴訟は，およそ被疑者・被告人の権利領域に厳しく介入するものである。また，証拠の価値（とくに証人の記憶）は，時間の経過につれて減少する。それゆえ，刑事手続が迅速に遂行されることの要請は，単に被疑者・被告人の利益のためだけでなく，刑事司法の運営に向けた公的利益にも資するものである。欧州人権条約６条１項でも，刑事手続が「相当の期間内」に終結されるべきことが定められている。

刑事手続が迅速に，つまり相当の期間内に終結されるべきであるとしても，それは，個別具体的事情に応じて相対化される。被疑事実の重さ，罪の性質，手続の規模や証拠状況からする困難さ，捜査手続の情況，被疑者・被告人にとっての負担の大きさといった要素から，総合的に判断される[35]。とくに，被疑者・被告人が未決勾留に付される事例では，そうでない場合に比べて，やはり早期に手続が進行されるべきことが要請される。また，手続の遅延が，裁判所や検察官ではなく，被疑者・被告人の側に原因がある場合には，手続が長期に及んだとしても，法治国家性を侵害するものとはいえない。

手続が長期化し，もはや憲法および人権条約に違反するほどの事態が生じた場合，それはどのような法的効果を生じさせるか。連邦憲法裁判所および連邦通常裁判所は，極端な事案，つまり手続遅延の程度が著しく，それに伴う被疑者・被告人の負担が甚大なものである場合には，もはや法治国家原則からは刑事訴追の正当な利益が存在せず，手続打切りとされるべきことが認められている[36]。しかし，このような形で手続障害が認められることはほとんどなく，たいていの場合，そのことが量刑事情として考慮されるにとどまっていた（量刑的解決）[37]。近時，連邦通常裁判所は，大刑事部の審理を経て，いわゆる「執行的解決」を打ち出した[38]。これによると，量刑的解決の考え方自体に変更はないが，未決勾留の場合に準じて，手続が不当に遅延された部分についてはそれがすでに執行されたものとして，科刑に算入されることになる。

他方，量刑的解決にせよ，執行的解決にせよ，無罪判決で終わる場合には，被疑者・被告人に生じた損害を賠償する手段がない。ドイツ法上，そのような場合の賠償請求権を認める規定はないが，欧州人権裁判所は，金銭による損害賠償請求権を肯定している[39]。

◆無罪推定

被疑者・被告人は，その罪が正しく証明されるまでは，無罪の者であるとして扱われなければならない（欧州人権条約6条2項）。この**無罪推定原則**は，英米系の刑事訴訟で生成された法原則であるが，ドイツでも，昔の「嫌疑刑」や「仮放免」は一般に許されないとされ，法治国家原則に基づいて一般に承認されている。訴訟構造からみても，被告人の罪責に関する挙証責任は検察官にあるとされ，疑わしい場合には被告人の利益の方向で判断すべきという原則（**プロレオ原則**）とも相まって，ドイツ刑事訴訟の本質的原則のひとつとなっている。

本原則によると，判決が下される前に被疑者・被告人に対して明示または黙示でその罪責が存在することを前提とした取扱いが禁止される。たとえば，刑事訴追機関は，被疑者・被告人に対して「犯罪者」などと表現することは禁止される。もっとも，一定の嫌疑が存在することを前提に強制処分を行うことは，無罪推定原則に反するものではない。ただし，その場合でも，たとえば未決勾留の期間には一定の制限が課せられるなど，被疑者・被告人に対し不当に刑罰の前倒しに当たるような不利益を与えることは許されない。

◆公正手続原則

刑事手続は，いかなる場合も「公正」に行われなければならない。この公正手続原則は，欧州人権条約６条１項１文に成文化されており，ドイツでも，法治国家原則に基づく憲法上の要請であると理解されている。法治国家として刑事手続を遂行する以上，手続が公正であるべきことは当然であり，刑事訴訟法のすべてにそれが具体化されているといってもよい。それでもなお，多くの具体的事案において，本原則を直接に援用したうえで，あるべき解決が導かれている。裁判所は，本原則を援用して，たとえば，未決勾留に付された被告人が同室の者と内緒で行った会話を傍受された場合に，その証拠使用禁止が認められる[40)]，量刑審査にあたり，裁判所は，正しく調査されたもので，量刑事実に影響を及ぼすものについてはすべて判断に取り込まなければならない[41)]，弁護人を選任するにあたり，被疑者・被告人自身が信頼を置く弁護士を選任できるのでなければならない[42)]，身分秘匿捜査が行われ，その調査員が証人として公判に出廷した場合，被告人にはできる限り直接に質問する機会が与えられる[43)]，被告人の反対尋問を十分に行わせることができなかった場合，当該証人の証言のみに基づいて有罪判決を下すことは禁止される[44)]，といった結論を導いている。

このような具体例を踏まえると，公正手続原則は，本質的に，訴追側と被告人側との「**武器対等性**」の実現を目標とする。たしかに，現実の刑事訴訟において，検察官と被告人との力関係は不均衡であり，また，ドイツ刑事訴訟は英米のものとは異なり当事者主義をとるものではない。もっとも，被疑者・被告人は，自身に対する手続の結果によっては，その法的効果である刑罰を直接に受ける者であることから，刑事手続に主体的に関与し，裁判所の心証形成に影響を及ぼすべき地位が保障されなければならない。そのためには，被疑者・被告人と訴追側との不均衡は基本的に是正されなければならず，その手段として，被疑者・被告人にはさまざまな手続権が保障されている。たとえば，弁護人による弁護を受ける権利の保障（137条），記録閲覧権（147条）などは，武器対等性を実現し，できる限り被疑者・被告人の主体的な手続関与を保障する役割が期待されている。

公正手続原則に対する違反が認められる場合，ドイツの判例は，基本的に，明文の定めがない限り，証拠禁止や手続打切りといった直接的な救済を認めていない[45]。それは，このような法的効果を安易に認めることにより，元々不明確な内容をもった法原則であることからしても，制定法の拘束力が弛緩し，法適用が不安定なものとなることが危惧されたことの表れである[46]。もっとも，本原則は，武器対等性の要請を本質として，制定法の解釈原理となるだけでなく，その欠缺を補完するものとしても重要であり，欧州人権条約に明文で定められた効果として，欧州人権裁判所への救済を求めることも可能であることから，ドイツの刑事訴訟を支配する重要な法原則と位置づけられている。

◆裁判所の配慮義務

刑事訴訟法上，裁判所は，被疑者・被告人に対して，手続の状況および諸権利の存在について教示または告知をしなければならない（黙秘権告知〔136条1項2文〕，公訴事実に関する法的評価の変更〔265条1項〕など）。さらに，判例上，法定以外にも，一定の状況において被疑者・被告人に教示または支援が行われるべきことが認められている。

この**裁判所の配慮義務**について，多数説からは，これは前述した公正手続原則から要請されるものと理解されている。しかし，公正手続原則は，前述のとおり，被疑者・被告人の自律性を確立するための理念であり，法治国家原理にその基盤が認められるものであるのに対して，配慮義務は，むしろ具体的事案ごとの被疑者・被告人の弱さを前提にして，自律性の欠缺を補うという機能をもち，その基盤は社会国家原理に求められるものである。

ただし，いかなる場合に裁判所の配慮義務が肯定され，具体的にどのような行為が要請されるのかは，まだ十分解明されているわけではない。また，近時の判例によれば，およそ逆の方向性において，裁判所の手続的瑕疵を弁護側が適時に異議申立てしなければ，以後その瑕疵が治癒されるものと解されている

(異議申立解決)[47]。

3　証拠に関する原則

◆直接主義

裁判所は，審理の総体から得られた確信に基づいて判断を行う（261条）。これは，さしあたり，裁判所ができる限り直接的に，他を仲介させるのではなく，事実に対する心証を形成すべきことを要請する。

この直接主義は，形式的には，心証形成を行う公判には，判断者たる裁判官が中断することなく在廷していることを要求する（226条1項）。万一，公判の途中で裁判官が不在の状態が生じたときには，すべての公判手続をやり直さなければならない。そのため，長期間に及ぶことが予想される大規模な事件では，**補充裁判官**が任命されることになっている（裁構192条2項）。

具体的心証形成にあたっては，裁判官は，できる限り事実に近い証拠を使用しなければならない。たとえば，証人尋問に際して，原則として当該事実を直接体験した者を尋問しなければならず，伝聞証人は基本的に排除される。もっとも，直接主義は，本質的には，証拠と裁判官との関係を規律するものであり，伝聞証人も裁判官の面前で供述するという意味では，その採用が直ちに直接主義に違反するものではない。それゆえ，それが要証事実に近い証拠か否かの違いでしかないことから，裁判所は，真実解明義務（244条2項）に違反しない限りで，伝聞証人を証拠として採用することもできる[48]。

また，同じく事実の証明が人の供述によるべきとき，その事実を体験した証人に代えて，その供述を記載した書面を証拠とすることは，基本的に禁止される（250条1項）。当該証人が問題の事実について以前に裁判所で供述していたときでも，その調書を証人尋問に代えることはできない（250条2項）。ただし，ドイツでも，この意味での直接主義に対して，証人が死亡により公判に出廷できないなどの事情がある場合に備えて，例外的に，その供述を録取した書面を朗読する形で証拠採用することが認められている（251条）。また，裁判官の面前で被疑者・被告人が自白したときは，当該調書を，自白に関する証拠調べを目的として朗読することができる（254条1項）。また，検察官または警察の面前で行われた供述を録取した調書は，被告人が公判の尋問で異なる供述をした場合に，これを弾劾する目的で朗読することができる（254条2項）。

◆自由心証主義

直接主義に基づき，裁判官は，審理の総体から形成された確信に基づいて心証を形成するのであるが，その際，証拠の評価については，自身の自由な評価によることができる（261条）。この**自由心証主義**は，歴史的には，法定証拠主義が内在的に拷問を必要とし，それを正当化するものであったことの反省から，19世紀に陪審裁判所とともに導入されたものである。

現行法上，裁判官は，少なくとも自らの主観的確信に基づいて，被告人が有罪であることを示す事実について心証を形成しなければならない[49]。さらに，そのような主観的確信に基づく有罪認定が，具体的証拠状況において合理的に理解されうるものでもなければならない[50]。被告人は，裁判官の不合理な心証形成から保護されなければならず，そのためには，上訴審における是正の可能性が残されていなければならない。それゆえ，裁判官は，判決の宣告にあたり，自身の心証形成が事後的に検証可能となるように，その推論過程を明示しておかなければならない[51]。

また，自由心証主義に対して，法律上，いくつかの例外的な取扱いを求める規定が定められている。第一に，名誉棄損罪被告事件において，表現された事実が犯罪に該当するものであるとき，当該犯罪の有罪判決が確定していた場合には，表現した事実は真実であることが証明されたものとして扱われる（刑190条1文）。第二に，公判の重要部分は公判調書に記載され，上訴審でその瑕疵が争点とされる場合には，その調書の偽造が証明されない限り，調書記載の事実が存在したものとして扱われる（274条）。これらは，例外的に，いわば法定証拠主義を定めた規定である。

◆疑わしきは被告人の利益に

裁判官は，被告人に有罪判決を下す場合，自由な証拠評価に基づく自身の確信を基礎とするのであるが，その際，要証事実について真偽不明の状況が生じる場合がある。この場合，決して被疑者・被告人に不利な方向に判断されてはならない。これを，「**疑わしきは被告人の利益に判断する**」という原則（**プロレオ原則**）という。

このプロレオ原則は，第一に，本当に罪を犯した者だけが処罰されるべきとする責任主義の要請である。また，第二に，被告人の罪責は訴訟規定に則った手続によって証明されなければならないとする，法治国家原則からも要請される。したがって，本原則は，実体法的な性格と，訴訟法的な性格とを合わせもつものである。無罪推定原則と平行して，本原則は，被疑者・被告人に有利な形で片面的に法的効果をもつものである。

その適用範囲として，公訴事実，つまり実体法上の事実が含まれることは当然である。また，量刑事実についても，プロレオ原則が適用されるものと解されている[52]。さらに，訴訟条件の存否についても，たとえば，公訴時効に関する犯行の日時[53]，一事不再理などによる刑罰権消滅の有無[54]などの事実について，本原則の適用が認められている。ただし，その他の手続的瑕疵に関する事実については，本原則は適用されない[55]。

4　手続の形式に関する原則

◆公開原則

事実審の審理は，判決宣告を含めて公開されなければならない（裁構169条1項）。**公開原則**は，刑事訴訟だけでなく，民事訴訟にも適用される原則であり，公判段階にのみかかわるものである。欧州人権条約6条1項1文，2文は，公開裁判を受ける「権利」としてこれを保障している。本原則は，また，社会における刑事司法の抑制という機能も有する。近時，合意手続が導入され，公判外での交渉が法的に認められているが，その交渉過程および結果については公判廷で報告され，また公判調書に記載されるべきこととされている（257c条3項，273条1a項）。これは，公判の実質的な部分が非公開で行われることを防止するためのものである。

ただし，プライバシー保護，国家の治安または公序良俗，証人保護といった理由で，公判を非公開とするさまざまな例外的措置も認められている。完全に公開性を排除する場合は，裁判所の決定が必要である（裁構174条1項）。他方，法廷警察権による退廷命令は，訴訟関係人については裁判所が，傍聴人などその他の人については裁判長が裁判する（裁構177条，178条）。

◆口頭主義

裁判官の判決の基礎は，公判の総体に基づくその確信であるが，これは公判において口頭で述べられたものに限定される。この口頭主義は，検察官および被告人ならびに弁護人といった訴訟関係人だけでなく，傍聴人，さらには参審員にも，公判の内容が理解可能であることを要請する。かつて，普通法時代においては，秘密かつ書面に基づく手続が行われていたが，このような手法はもはや法治国家原則からおよそ許されない。口頭主義は，公開主義と相まって，現在の水準において手続が公正に行われるための制度として確立されている。

たとえば，書面を用いて証明が行われる場合でも，その内容を公判で朗読しなければならない（249条2項）。

1）BGBl. I S. 1074, 1319.
2）BGBl 2014, I S. 410.
3）BVerfGE 40, 356.
4）BGHSt 9, 367.
5）BGH StV 1986, 369.
6）BayObLG NJW 1993, 2948.
7）LG Dortmund NJW 2007, 313.
8）AG Oldenburg StV 1990, 259.
9）BGHSt 9, 233.
10）BVerfGE 30, 149.
11）BGH NJW 2007, 2269.
12）BGHSt 15, 155など。
13）BGHSt 5, 225.
14）BGHSt 10, 8.
15）BGHSt 38, 214.
16）以上について，辻本典央「ドイツにおける刑事弁護人の法的地位論について(1)(2)完」法学論叢154巻1号，2号参照。
17）BVerfGE 34, 293.
18）BGHSt 42, 94. 但し，従来の実務を否定したわけではない。
19）BGHSt 38, 372.
20）OLG Karlsruhe StV 1996, 302.
21）BGH NJW 2003, 3142.
22）BVerfGE NJW 2000, 199.
23）BGH StV 2007, 620.
24）BGH NStZ 2009, 581.
25）ドイツの記録閲覧権について，斎藤司「ドイツにおける被疑者・被告人の証拠開示請求権の展開」九大法学89号。
26）BVerfGE 63, 45; BGHSt 30, 131.
27）EMGR StV 1993, 283.
28）EGMR StV 2001, 201; EGMR NStZ 2009, 164.

29）BVerfG StV 2006, 281.
30）BVerfGE 49, 24.
31）BGHSt 38, 111.
32）BGHSt 29, 99.
33）BGHSt 47, 68.
34）BVerfGE 110, 226.
35）BGH NStZ 2003, 384; 2004, 504.
36）BVerfG NStZ 1984, 128; BGHSt 46, 159.
37）BGHSt 24, 239; 35, 137.
38）BGHSt 52, 124.
39）EGMR StV 2009, 519.
40）BGHSt 53, 294.
41）BVerfG JR 2008, 73.
42）BVerfGE 39, 238.
43）EGMR StV 1997, 617.
44）EGMR NJW 2003, 2893.
45）BGHSt 42, 191.
46）BGHSt 40, 211.
47）BGHSt 38, 214; 39, 349; 50, 272.
48）BGH NStZ 2004, 50.
49）BGHSt 10, 209.
50）BGH NStZ 1988, 236.
51）BGH NStz 1987, 473.
52）BGH StV 2000, 556.
53）BGHSt 47, 138.
54）BGHSt 46, 349.
55）BGHSt 16, 164.

第15章　起訴前手続

I◆──捜査手続総論

1　捜査手続の意義

刑事手続の最初の段階を構成するのは，**捜査手続**である。

ドイツでは，従来，裁判所の予審手続が定められていたが（旧178条～198条），1974年の第1次刑事手続法改正法（1. StVRG）によりこれが廃止された。それ以後は，検察官が捜査手続の主宰者であるとされている（167条）。捜査手続の機能は，公訴提起の判断に向けた検察官の準備手続である（160条1項）。

かつては，公判中心主義により，捜査手続は公判を頂点とする刑事手続の端緒にすぎないとされてきた。しかし，現在では，刑事手続の中心部分であるともいわれる。このことは，捜査手続において被疑者が犯人であることの決定的な証拠が収集されるというだけでなく，制度的にも，その傾向が促進されている。検察官は，理念的には，全事件の起訴を強制されるが，現実には，起訴便宜主義を採用した各種手続打切りにより，刑事手続の進行および結末に決定的な権限を有している。近時は，合意制度の導入により，事案解明はすでに捜査段階に決定的に委ねられることにもつながっている。

それゆえ，捜査段階での法治国家原理を維持すべく，被疑者側の防御権（とくに弁護権）の保障が，喫緊の課題となっている。

2　捜査の開始

◆公務員による犯罪認知

検察官または警察官は，自身が職務上において犯罪を認知した場合，捜査手続の開始を義務づけられる（160条，163条）。認知のきっかけは，公務員自身が犯罪を現認する場合に限らず，裁判記録，新聞などの報道，さらには噂でさえもそれが相応の合理性がある場合には[1]，捜査の端緒となる。

検察官が職務外で犯罪を認知した場合でも，捜査開始を義務づけられるかは，争いがある。学説上，あらゆる犯罪について訴追義務を認める見解もある。しかし，判例は，犯罪の態様および程度から社会および国民の利益に相当程度のかかわりを有する犯罪に限り，捜査開始を義務づけている[2]。刑事訴追機関がその義務に反して捜査を開始しなかった場合，公務上の処罰妨害罪（刑258a条）による処罰も予定されている。

◆告訴・告発

多くの捜査手続は，私人からの**告訴**，または**告発**によって開始される。告訴は，犯罪被害者（またはその法定代理人など）が行う被害申告とその処罰の申立てであり，告発は，被害者以外の者からの訴追申立てである。

被害者は，すべての犯罪について告訴を行うことができるが，親告罪においては，告訴の存在が訴訟条件となる。告訴は，原則として様式などに制限はないが，親告罪の場合は，書面で行うか，または調書にその旨の記載をされなければならない（158条2項）。親告罪の場合も，公訴提起が制限されるのみであり，捜査の開始は可能である（130条など）。ただし，刑事手続および過料手続に関する準則6条によると，実務上は，強制処分の実施は告訴を待って行われる。

告発は，私人に限らず，刑事訴追機関以外の公務員または公務所から行われることもある。公務員の場合，一般的に告発義務があるかについて議論があるが，少なくとも，不自然な死体が発見されたとき（159条）または裁判所内で可罰的行為が行われたとき（裁構183条）には，告発義務が定められている（その他，行政法規などに各種事案に応じて告発義務の定めがある）。私人は，原則として，すでに実行された犯罪については告発義務を負わない。ただし，特定の犯罪についてその計画または準備があることを知った場合には，刑法所定の限りで，届出義務を負う（刑138条，139条）。私人の告発については，書面または口頭により，検察官，警察署もしくは警察官，または区裁判所に届け出ることで足りる（158条）。

3　捜査活動

前述のとおり，検察官は，犯罪を認知したとき，捜査の開始を義務づけられる。ここで犯罪の嫌疑として，単なる推測では足りないが，一定の事実的根拠があれば足りる（152条2項）。ただし，基本権を制限する強制処分については，これに加重して，たとえば勾留命令については，**切迫した嫌疑**が要求されている（112条）。この場合，現在の捜査状況から得られた資料によると後に公判に付されたとき有罪判決が下されることの，高度の蓋然性が要求される。とくに嫌疑の端緒の存在は，対象者をすでに被疑者として扱い，各種教示または告知を行う必要があるかという点で，問題となる。ここでは，捜査機関に一定の裁量が認められるが，合理的にみてすでに被疑者とされるべき程度の事実が存在するときは，対象者は，すでに単なる参考人ではなく被疑者として扱われなければならない。

検察官は，捜査手続の主宰者として，事実を探求し，証拠を収集しなければならない（160条）。その際，中立の立場から，有罪方向のみならず，被疑者・被告人に有利な証拠を収集することにも努めなければならない。検察官は，事実探究のため，あらゆる態様の調査活動を自ら行い，またはその捜査補助官（指定の警察官）に行わせることができる（161条1項）。本条項は，捜査活動の一般的授権規定であり，基本権の制約を伴う強制処分は別として，それ以外の活動の法的根拠となっている。この範囲内では，検察官は，自身の裁量により，その捜査活動の態様を裁量で決定することができる。他方，強制処分の権限は，原則として裁判官にその発令権限があるが（裁判官留保），その命令を待っていたのでは適切な事案解明にとって遅滞する危険が認められる場合（要急事案）では，検察官（さらには，一定の手続では捜査補助官）にも，発令権限が付与されている。

捜査手続では，いつでも被疑者に対する尋問を行うことができる（163a条）。その際，一定の禁止事項（136a条）を遵守し，黙秘権の保障に努めなければならない。また，裁判官および検察官が尋問を行う場合には，弁護人の立会いも認められる。これ以外にも，裁判官による検証や，鑑定人の尋問には，弁護人の立会権が認められている（168c条2項，168d条1項）。しかし，検察官が行うその他の捜査活動は，基本的に密行性が認められており，被疑者または弁護人の立会いは認められていない。

4　捜査の終結

捜査が終結すると，検察官は，起訴すると判断したときには，自身の記録に捜査終結を記載する（169a 条）。この終了記載が，捜査手続と以後の手続との分岐となる。この記載がなされると，たとえば，弁護人の記録閲覧権の制約が解除される（147条２項），必要的弁護事件では弁護人任命が必要的となる（141条３項），などの効果が生じる。

検察官は，捜査の終結において，公訴提起に十分な嫌疑が存在するときは，原則として，公訴を提起しなければならない（170条１項）（起訴法定主義）。もっとも，検察官は，事案の概要を判断して，刑事手続を打ち切ることもできる（153条以下）。刑訴法の建前は，起訴法定主義であるが，現実には，圧倒的多くの事案で公訴提起されず，手続打切りによって終結されている。

Ⅱ◆――強制処分総論

1　強制処分と基本権制約

刑事手続は，犯罪の認定および刑罰執行の保全を目的とするが，その際，市民の基本権を制約する性質を有する。刑事手続と基本権との関係を個別に類型化すると，次のとおりである。

①行動の自由（仮拘束，勾留，精神鑑定のための留置，身体捜索，写真撮影，運転免許証の仮没収）
②身体への不可侵（血液採取，レントゲン撮影）
③財産（押収など，物の証拠保全）
④住居の不可侵（家宅捜索，住居内盗聴）
⑤信書・通信の秘密（通信傍受，信書の押収）
⑥職業の自由（仮職業禁止）
⑦情報自己決定権（網の目的追跡，情報技術的捜査，隠密捜査員の投入，DNA型検査）

市民の基本権保護は，基本的に，**比例性原則**によって図られる。加えて，刑訴法上，これを手続的に担保するために，強制処分の命令，遂行，保全に関して多くの規定が定められている。それは，とくに，犯罪容疑の程度，命令機関の地位，被疑事実の重大性によって区別されている。

組織犯罪やテロ犯罪を念頭に，治安維持の要請が高まっている。刑訴法も，これに対応して，市民の基本権への介入を，質的にも量的にも拡大する傾向にある。その際，特定犯罪の犯人（手続上は被疑者・被告人）に対して，基本的にその人権保障を否定し，社会に対する敵対者と見ることで正当化を試みる見解（Feindstrafrecht）が広まっている。しかし，このような所見に対しては，自由かつ法治国家的な刑事手続という，基本法および刑訴法の基本的理念に反するとして，批判が強い。

2　管　　轄

基本権に介入するためには，法律上の根拠を必要とする（基本法19条1項）。刑訴法上，基本権制約を伴う手続について，その命令および実施の権限が詳細に定められている。

刑事手続において，基本権制限に関する権限は，基本的に裁判官に委ねられている（裁判官留保）。基本法では，身体拘束（基本法104条2項2文）および住居内捜索・監視（基本法13条）についてのみ，裁判官留保が定められているが，刑訴法上は，それよりも広く，捜索押収，通信傍受，運転免許証仮没収などに，裁判官の権限であることが規定されている。それゆえ，各捜査機関は，裁判官（捜査判事）に命令発動を申し立て，これを得て初めて，基本権制限を伴う捜査行為を実施できる。

検察官またはその捜査補助官は，一定の類型につき，遅滞の危険がある場合に限り，基本権制約について権限を有する。たとえば，身体検査，一定類型のDNA 型検査，捜索押収などがこれにあたる。

警察は，前述の検察捜査補助官以外では，仮拘束，写真撮影，指紋採取などについて，実施の権限を有する。

また，仮拘束は，何人でも，つまり一般市民もこれを行うことができる。

なお，対象者の同意がある場合，関係規定がもっぱら対象者個人を保護するものである場合に限り，命令などの手続を経ることなく実施できる。

3　対象者の法的保護

市民は，刑事手続においてその基本権に制約を受けたときは，これを不服として法的救済を求めることができる（基本法19条4項）。もっとも，当該処分を命令した機関に応じて，法的救済に関する規定が錯そうしている。連邦憲法裁判所は，1997年に，当時の法的救済制度が不十分であると指摘し，捜査手続における救済制度をより実効的なものとすることを求めている[3)]。これを受けて，判例上，柔軟な対応が図られ，当該処分が現行している場合だけでなく，間近に迫っている場合や，すでに終了した場合でも，一定の救済が図られてきた。

捜査手続が開始されたこと，またはそれが続行されていること自体については，それが恣意的なものであると認められる場合は別として，それに不服を申し立てることはできない[4)]。ただし，捜査開始の要件である嫌疑の端緒が認められるかという問題は，刑訴法上の救済を必要とさせるものであり，捜索差押に対する不服に準じて（98条2項類推），裁判所の事後審査を認める見解も有力である。また，検察官が捜査状況を記者に公表した場合には，これを司法行政行為として，異議を申し立てることができるとされている[5)]（裁構23条）。

裁判官が強制処分を命令した場合，基本的に，これに対する抗告が認められている（304条以下）。また，検察官または警察による処分実施の形式または態様に対しては，たとえば，差押え，仮拘束の引致，尋問召喚拒否の場合の拘束などに際して，その事後審査の機会が予定されている。また，現在の通説によると，法的救済の機会が明示されていない場合でも，捜索差押えに関する不服申立ての機会（98条2項）を類推適用し，広く救済の機会が認められている。なお，警察の予防的活動に対しては，刑訴法ではなく，行政裁判所法40条以下に，出訴の手段が規定されている。

強制処分がすでに終了した場合，これに法的救済が認められるかについては，争いがあった。刑訴法上，不服申立ては，基本的に，裁判官の命令に対するもの，つまり具体的権利制約を予防するものとして規定されていたため，当初は，事後の出訴は認められてこなかった。しかし，連邦憲法裁判所が，捜索が実施された事例で出訴の機会を認めたことから[6)]，大きく転換した。本決定は，捜索命令につきその執行が終わってしまえば不服申立てできないということであれば，法的救済は著しくその効果を失うものとなるとして，基本法19条

4項はこの場合にも裁判上の救済を保障すべきものであるとした。本決定以後，判例は，強制処分に対する事後的救済を広く認めている。これによると，検察官または警察の執行態様に対しては，98条2項2文（類推）により，捜査判事に対する出訴が，裁判官の命令に対しては，304条による抗告の手段が認められている。ただし，事後的救済を求めるためには，対象者において保護されるべき法的利益が存在していなければならない。たとえば，通信傍受など裁判官の命令によって実施しうる処分につき，当該命令に瑕疵があったような場合に，この事後的な保護利益が肯定されている[7]。

4　捜査手続改革の必要性

近年の捜査技術の進歩に応じて，刑訴法の改正が続けられてきた。しかし，現在の立法が法的統制として十分というわけではなく，重要な問題について，多くは裁判上の統制に委ねられている。しかし，裁判官留保原則には，要急事件に関して多くの例外があり，過大な評価は禁物である。また，勾留命令については，検察官が申立てに際して命令状を起案し，裁判官がそれに署名するのみとする実務の状況も，しばしば問題視されている。

それゆえ，依然として，立法により手続上の法的統制が図られるべき必要性は高い。その際には，弁護人により多くの権限を付与し，捜査段階の初期から，基本権に対する不当な侵害が行われないよう，その監視役を務めさせることが有益である。また，刑事手続の欧州化が進むにつれて，手続面の整備や，被疑者・被告人の防御権保障を見直す必要も生じている。

Ⅲ◆──身体拘束処分

1　勾　　留

◆勾留の目的と意義

勾留は，刑事手続において，被疑者・被告人の出頭確保（112条2項1号，2号），刑事訴追機関による事実解明の担保（112条2項3号），刑罰執行の保全（457条），といった目的で行われる。

勾留は，行動の自由に対する重大な介入であるが，刑事手続が有効に行われるため不可欠な制度である。それゆえ，勾留が不当・過剰なものとならず，必要不可欠なものにとどめられるよう，調整が図られなければならない。刑訴法112条１項および２項には，その一般的要件が定められているが，これによると，被疑者・被告人が罪を犯したことの切実な嫌疑があり，その者が逃亡または罪証隠滅を行うおそれが認められる場合に限られている。

勾留に付される事件は比較的多く，2011年の統計によると約１万1000件で実施され[8)]，このうち約80％が逃走のおそれを理由とするものと報告されている。近年は，電子監視の導入も盛んに議論されており，その導入が実現すれば，未決勾留の実施を著しく削減することができるとも提言されている。

◆勾留の要件

勾留は，捜査段階から判決確定後まで可能である。被告人勾留は，自由刑が確定した後も，直ちに刑罰留置に移行するわけではなく，刑務所（行刑施設）へ移送されるまでは，引続き執行される。

勾留の実質的要件は，刑訴法112条，112a条，113条に規定されている。これによると，まずは，被疑者・被告人が犯罪を犯したことの切実な嫌疑があることが，大前提となる。これに加えて，手続実施を阻害するおそれが必要となる。刑訴法は，この点について，制定当初，逃走または罪証隠滅の危険のみを勾留理由と定めていたが，1935年刑事訴訟政令により，反復の危険性および社会的情動の存在（つまり，犯罪の重大性）もこれに加えられた。この２つの勾留理由は，1945年にいったん削除されたが，1964年改正により再び勾留理由として定められている。

逃走の危険性（112条２項１号，２号）は，たとえば，被疑者・被告人が現に逃亡しまたは身を潜めている場合，或いは，個別事例の状況からこれが想起される場合に認められる。罪証隠滅の危険性（112条２項３号）は，証拠の隠滅・偽造など，証人に対する不当な威迫，その他真実探究を困難にさせる行為が予想される場合に認められる。

犯罪の重大性の要件（112条３項）は，当初は，謀殺罪，故殺罪，民族虐殺罪，生命身体に危険な故意爆発罪に限定されていた。1976年には，これにテロ組織結成罪，同支援罪が，1994年には，重傷害罪と重放火罪が追加された。規定上，この要件に該当する場合，罪証隠滅または逃亡の危険性という要件が存在しない場合でも，勾留に付することができる。しかし，これを形式的に適用するならば，具体的事件において刑事手続の実施に必要性が認められない場合でも，勾留が認められることになってしまう。そこで，連邦憲法裁判所は，本項所定の犯罪について切実な嫌疑があり，かつ，逃走または罪証隠滅のおそれが認められる場合に限り，勾留に付することができるとした[9)]。ただし，そのようなおそれの認定にあたっては，２項による場合に比べてその程度は低いもので足りるとされている。

犯罪反復の危険性（112a条）は，1964年に一定の性犯罪を対象として導入されたが，その後，次第に拡張されている。その趣旨は，被疑者・被告人を早期に拘束することで，反復されやすい犯罪について有効に対処できるというものである。しかし，本要件が現在のように対象犯罪を広く捕捉している点については，もはや手続実施という目的を離れて，犯罪予防の役割をそこに認めるものであり，また，１年以上の自由刑が予測される場合という，まだ訴訟で確定されていない要素に関係づける点についても，強く批判が向けられている。連邦憲法裁判所も，非常に限定された例外的場合に限り，かつ，一般市民のとくに保護されるべき領域に対する重大な犯罪が実行されることの高度の蓋然性が肯定される場合にのみ，本要件を理由とする勾留が認められるべきと判示している[10)]。

なお，私訴対象事件では，勾留は許されないと解されている。刑事訴追の公的利益が存在しないというのが，その理由である。また，同一被疑者・被告人に対して，複数の犯罪の嫌疑が認められるときは，同時に複数の勾留が認められる。このことは，一部の犯罪について罪証隠滅などの危険性が消滅した場合でも，なお他の犯罪を理由として勾留が認められるということを帰結させる。

◆勾留の手続

勾留は，裁判官より，書面による勾留命令が発せられなければならない（114条１項）。勾留命令書には，被疑者・被告人の氏名，被疑事実およびその法的評価，勾留理由，切実な犯罪嫌疑および勾留理由の存在を示す事実が，記載されなければならない（114条２項）。また，これらの記載を裏づける疎明資料も，併せて添付されなければならない。

勾留の執行は，検察官の任務であり（36条２項１文），その捜査担当官または警察をもって執行にあたらせる。身体拘束にあたり，被疑者・被告人に対して，勾留の発令を告知し，その諸権利について教示しなければならない（114a条，114b条）。2009年改正により，外国人でドイツ語に精通しない者に対しては，その権利保護に向けて，外交諸機関との交通権などが保障されることになった（119条4項）。また，同年改正により，すでに勾留執行の段階から（従来は執行開始から3ヶ月経過後）必要的弁護の対象とされた。

身体拘束が行われると，遅滞なく（遅くとも翌日までに）勾留命令を発した管轄裁判所（これが不可能な場合は，直近の区裁判所）の下に，被疑者・被告人を引致しなければならない（115条1項）。そこで，管轄裁判所は，家族など近親者への通知を命じ（114c条2項），被疑者・被告人を尋問し（115条2項），そして留置の継続性を判断しなければならない（115条4項，120条，116条）。

留置施設での執行は，現在，連邦から州の権限に委譲された。それゆえ，その詳細は州法によることになっている。

◆勾留の停止と取消し

勾留は，その目的に反しない限りで，身体拘束に代わる緩やかな措置に代替させることができる（116条）。ここでは，とくに，担保の提供を条件とする**保釈**が重要である（116a条）。身体拘束を受けた被疑者・被告人は，現金もしくは有価証券の寄託などにより，身体拘束からの解放を受けることができる。

勾留要件が消滅したときは，勾留は，職権で取り消されなければならない（120条1項）。事件の軽重から，留置の継続が過剰と判断される場合，公判開始が却下された場合，自由刑が確定した場合なども，同様である。起訴前の段階では，捜査の主宰者である検察官の申立てに応じて，勾留が取り消されなければならない（120条3項）。また，勾留が同一事件について6ヶ月を超える場合，勾留の継続を必要とする事情がない限り，やはり取り消されなければならない（121条2項）。

◆法的救済

被疑者・被告人は，勾留の取消しまたは保釈の請求を求める場合，勾留に対する抗告（304条）または勾留審査の申立て（117条以下）を行うことができる。

抗告が提起された場合，原勾留判事が命令を維持するときは（306条），地方裁判所の刑事部が抗告審を担当する（裁構73条）。地裁決定に対しては，さらに高等裁判所への再抗告が許されている（310条）。勾留に対する抗告は，同一事件について１回に限定されている。

勾留審査は，勾留判事が（必要に応じて）口頭弁論を経て裁判する（118条）。その機会は，申立て受理後２週間以内に開かれなければならない（118条５項）。勾留審査は，勾留に対する抗告との関係では優先される。かつては，職権による勾留審査も規定されていたが（旧117条５項），必要的弁護の拡張に伴い，これは廃止された。

2　仮拘束（逮捕）

勾留命令に基づく拘束に加えて，要急事例では，暫定的に被疑者・被告人の身体を仮拘束（逮捕）することができる（127条）。刑訴法上，逮捕は，①現行犯逮捕（127条１項１文），②身元確認目的での拘束（127条１項２文），③勾留要件が充足される場合で緊急状況にある場合（127条２項），④公判実施のための拘束（127b条）が予定されている。

逮捕権者は，基本的に，検察官または警察官であるが，現行犯逮捕の場合は，何人も（私人でも）これを行うことができる。

いずれの場合も，可罰的行為が行われたことの疑いが条件となっており，処罰に該当しない準備（予備）行為は，刑訴法上の逮捕ではなく，警察法上の犯罪予防措置としてのみ可能である。刑事未成年者（刑19条）が刑罰法令に触れる行為をした場合，これを逮捕することができるかは，争いがある。通説は，逮捕は刑事訴訟上の強制処分であり，刑罰権の適用が前提であるとして，否定している。親告罪については，以後の手続に向けた必要性から，まだ告訴がない段階でも逮捕は可能と解されている。また，私訴犯罪についても，逮捕は可能である。1978年改正により，身元確認を授権する一般規定（163b条，163c条）が定められた。これにより，身元確認目的での拘束も，あらゆる犯罪に一般的に許可されることになっている。その際，身元確認目的で所持品検査を行うこともできる（163b条１項）。

逮捕行為の詳細は，刑訴法に定めがなく，基本的に逮捕者の裁量に委ねられる（警察官の場合，州の警察法によって詳細が規定されている）。ただし，被逮捕者の生命または身体に重大な危険を生じさせるような行為は，比例性原則によって規律される。逮捕のために，他人の住居に立ち入ることはできない。そのためには，家宅捜索命令（105条）が別途必要となる。

逮捕後は，通常の場合，直近の警察署に引致され，そこで尋問が行われる。その際，留置が不要または不当であると判断されたときは，直ちに釈放される。留置が継続される場合，被逮捕者は，諸権利などの所定の教示を受けたうえで（127条4項，127b条1項），遅滞なく（遅くとも翌日までに），逮捕地区を管轄する区裁判所捜査判事の下に引致されなければならない（128条1項）。裁判官は，これを受けて，被逮捕者を尋問し，留置の必要がないと判断したときは釈放を命じ，必要があると判断したときは勾留を許可する（128条3項）。以後は，勾留手続に移行する。

3　引　　致

勾留および逮捕以外に，**引致**により対象者を拘束することができる。引致とは，広義では，逮捕・勾留を含めて，広く対象者を管轄当局の下へ強制的に連行する手続をさすが，狭義では，召喚の執行手続を意味している。

被疑者・被告人については，裁判官または検察官の尋問のため，これを引致することができる（134条，163a条3項）。

引致の手続は，刑訴133条以下で規定されている。これによると，一般的には，まず書面による召喚状が発せられ，引致命令が出されなければならないが，勾留要件が備わっている場合には，即時引致もできる。尋問または公判期日が実施された後は，引致命令は失効する。

証人の尋問の場合も，召喚状に応じないときは，引致命令を出すことができる（51条1項，161a条2項）。

4　追跡的措置

被疑者・被告人の所在を確認し，必要とあれば拘束を行うための措置として，**追跡**が行われる。これは，人的または物的装置を導入して，被疑者・被告人の所在に関する情報を探知する諸活動である。このような追跡的措置につき，従来は，**手配状**の発行（131条）のみ，規定されているだけであった。しかし，被疑者・被告人の所在情報の確認は，その情報自己決定権への介入につながるものであることから，連邦憲法裁判所の国勢調査判決[11]以後に，詳細な規定が定められた。

まず，被疑者逮捕の広告（131条1項），対象者（証人も含む）の所在確認の広告（131a条），犯罪解明および身元確認目的での広告（131b条）に関して，規定がある。逮捕のための広告は，捜査機関に向けて発せられるが（131条1項），重大犯罪につき必要とあれば，公衆に向けて発することもできる（131条3項）。逮捕目的での広告は，勾留要件が具備されていることが条件であり，基礎となる勾留命令が取り消された場合には，広告を終了しなければならない。

また，特定の刑事手続または犯罪予防活動との関係で，一定条件の下で，対象者の個人情報が連邦のデータベースに保存されるが（163d条），この情報を，刑事手続の目的で編集・利用できる（483条以下）。

さらに，違法薬物取引，国家保護犯罪，組織的犯罪などの重罪については，網ら的に個人情報を収集し，これを犯人特定・所在確認の目的で利用することができる。これを，**網の目的追跡**という（98a条以下）。たとえば，ある対象者の電気使用状況を電力会社に照会し，その支払地などから，所在を確認するといったことができる。また，そのような追跡のため，関係機関に強制的に協力を求めることもできる（98b条）。

Ⅳ◆──物的証拠を収集する手続

1　鑑定，身体検査等

◆被疑者・被告人を対象とする処分

被疑者・被告人の身体検査は，衣服の表面に触れるなどその外表的な側面を調査する場合には，捜査の一般規定（161条）によって行うことができる。さらに，被疑者・被告人の身体内部へ侵襲し，刑事手続上重要な事実を確認すること（**身体内部検査**）も，強制処分として実施することができる（81a条）。たとえば，血中アルコール濃度を調査するための採血や，髄液採取のための腰椎穿刺などの身体的介入も，所定の要件の下で行いうる（81a条1項）。ただし，ネモ・テネテュール原則に従い，被疑者・被告人には単に検査の受忍を求めうるだけであり，呼気検査など能動的な行為を要求することまではできない。これに関連して，胃の内容物を取り出すために嘔吐剤を服用させる行為も，許されないと解されている[12]。身体への侵襲を伴う検査は，原則として裁判官の命令が必要であるが，要急事案では，検察官またはその捜査補助官が命じることもできる（81a条2項）。命令により，その身体に重大な影響がない限り，被疑者・被告人の同意は不要であるが，比例原則の遵守が求められる。身体への侵襲は，医師の手によらなければならない（81a条1項2文）。

指紋採取や写真撮影など，いわゆる**鑑識上の措置**は，被疑者・被告人の意思に反しても行うことができる（81b条）。この場合，裁判官の命令は不要である。女子の身体検査を行う場合には，医師または他の女子の立会いが必要である（81d条）。たとえば，犯人特定を目的に証人と対面させることも，本規定によってできる[13]。声紋分析による身元確認も，同様である[14]。

精神鑑定の実施およびその準備のため，被疑者・被告人を公立の精神病院に収容することができる（81条）（**鑑定留置**）。この規定によると，身体拘束のみ捕捉し，それ以上の身体内部への介入を必要とするときは，刑訴81a条の手続によらなければならない。鑑定留置は，公判開始決定を行う管轄を有する裁判所の命令が必要である（81条3項）。また，身体拘束を伴う処分であることから，必要的弁護とされている（140条1項6号）。施設への留置は，全体として6週間以内に限定されている（81条5項）。

◆第三者を対象とする処分

被疑者・被告人以外の第三者に対しても，所定の要件の下で，その身体を検査することができる（81c条）。

第三者に対する検査の場合も，比例原則が適用される。加えて，ここでは，証人原則（Zeugengrundsatz）および痕跡原則（Spurengrundsatz）の要件が立てられている。証人原則とは，対象者が当該刑事事件にとって証人（証拠）となりうる限りで，その意思に反してでも検査を実施できるという原則である。対象者が尋問可能である場合には，基本的には，証人尋問が優先されなければならない。痕跡原則とは，対象者の身体などに犯罪に関する特定の痕跡が認められる必要がある，とする原則である。たとえば，傷害罪における外傷，強姦罪における皮膚に付着した体液などが，これにあたる。

対象者が，被疑者・被告人の近親者であるなど，証言拒否権を有する者である場合，この者には検査を拒否する権利も与えられる（81c条3項）。それゆえ，検査への協力を求めるにあたり，事前にそのことの告知が必要となる。また，対象者の同意を得ないで強制的に行うためには，裁判官の，要急事案では検察官またはその捜査補助官の命令が必要である（81c条5項）。なお，死体からの資料採取は，死者は証人ではないとの理由から，捜索押収手続によるべきと解されている。

◆ DNA 型検査

DNA 型識別情報を利用して，たとえば，現場遺留の体液と被疑者・被告人から得られた試料とを比較し，その同一性を確認する手法は，その検査技術の発展に伴い，刑事手続における決定的な証拠を得る機会となっている。

ドイツでは，従来，DNA 型検査に関する明示規定はなく，被疑者・被告人の身体から試料を採取する行為は，刑訴81a条の身体内部検査に基づいて行われてきた。しかし，当該情報が高度の個人情報であることから，その法的整備の必要性が議論され，1997年以降，法整備が進められてきた。

現在の規定によると，一定の刑事手続において，被疑者・被告人のDNA 型を特定するため，その血液，体細胞などを採取することができる（81a条）。そこで採取された試料は，原則として，当該事案の解明のため，具体的には，犯行現場遺留の痕跡試料と被疑者・被告人から得られた試料との同一性および性別の確認を目的としてのみ，DNA 型検査の実施を許される（目的拘束性）（81e条準用81f条1項）。ただし，被疑者・被告人に重大犯罪または性犯罪の嫌疑があり，再犯のおそれが一定の事実から根拠づけられる場合には，将来の刑事手続の実施を目的としてDNA 型検査を行い，これを連邦警察局のDNA 型データベースに登録し，個別の事案で得られた試料をこれと照合することができる（81g条）。また，性的自己決定などを侵害する重罪の刑事手続に際しては，痕跡試料との同一性を確認する目的で，一定範囲で犯人の特徴に一致する識別特徴を有する人的範囲において，**DNA型一斉検査**を行うことができる（81h条）。

DNA 型検査の手続としては，裁判官による命令を原則とし，また，目的拘束性による制約がある。とくにDNA 型一斉検査に際しては，その対象者数に鑑みて，絶対的な裁判官留保が定められていると同時に，被検者の書面による同意を要求している点に特徴がある。このような規定の仕方は，ドイツの刑訴法上も初めてのことである。比例原則が明示で法定されている点も含めて，DNA 型検査の必要性と対象者の人権制約のバランスが図られるよう配慮されている[15]。

2　捜索・押収

◆捜　　索

捜索とは，証拠・没収対象物品，および，被疑者・被告人を探すことである。その対象は，住居またはその他の場所，被疑者・被告人またはその他の人の身体および物品，オンライン上である。それぞれについて，対象者が被疑者・被告人である場合と，それ以外の場合とで，許容要件が異なっている。

被疑者・被告人の自宅または管理する場所などの捜索は，それによって身体を拘束する場合，およびそれにより証拠が発見されることが推測される場合に許される（102条）。この推測は，確証のレベルまでは不要であるが，犯罪捜査上の経験に基づき合理的に推測されることまでは必要とされる。比例原則が考慮されなければならず，押収免除物品を対象として捜索することはできない。

捜索を命令する権限は，原則として裁判官に，要急事案では検察官またはその捜査補助官にもある（104条）。ただし，住居内捜索については，憲法上，裁判官留保が明示されていることから（基本法13条２項），ここでの要急権限については，厳格な要件が立てられている[16]。

捜索の執行は，必要とあれば直接強制を用いて（たとえば，住居管理者を排除して）行うことができる（105条）。捜索に際して，目的物と異なる他の犯罪の証拠を発見したとき（偶然発見物）は，仮押収を行い，検察官に通告してその後の手続に委ねられる（108条１項）。捜索対象場所の所有者は，捜索に立ち会うことができ，その者が不在のときは，可能な限りで，その代理人を立ち会わせなければならない（106条）。捜索の途中で書面および電子媒体が発見されたときは，検察官およびその捜査補助官は，内容を閲覧できる（110条１項，３項）。

被疑者・被告人以外の第三者が管理する場所などの捜索は，要件がより厳格である。そのためには，被逮捕者または証拠物品がそこで発見されることの根拠となる具体的事実が必要である（103条）。ただし，テロ組織に関する犯罪（刑129a条）の疑いが濃厚である被疑者・被告人を捜索する目的では，その建物内に対象者が存在していることを根拠づける具体的事実がある限り，建物内すべてを捜索することができる（103条1項2文）。

被疑者・被告人が逃走している場合には，検問所を設置することができる（111条）。

◆押　　収

押収は，物品に対する支配を獲得する処分である。刑訴法上，証拠を収集するための**差押え**（94条以下）と，没収・追徴または損害賠償を保全するための押収（111b条以下）とに区別される。また，運転免許証の押収は，没収の保全を目的とするが，当該証明書の占有を取得するだけであることから，証拠物差押えの規定による。

証拠物など（運転免許証を含む）の差押えは，その処分により，物品に対する公的機関の占有が設定される。占有取得の手法として，任意提出または所有権が放棄されたものを**領置する**（94条1項），強制的な占有移転（差押え＝94条2項），間接強制による提出命令（95条）がある。占有の手法は，現場の裁量に委ねられており，検察庁で保管する以外に，たとえば，物品所持者にその変更・処分を禁止するという手法でもよい。その際には，比例性原則が考慮されなければならない。

押収命令を発する権限は，原則として裁判官に，要急事案では検察官およびその捜査補助官にもある（98条1項）。押収命令は，対象物品が証拠として重要とされる理由，押収される範囲を明示しなければならない。押収の効力は，対象事件の裁判が確定した時点で終了する。それまでの時点では，押収命令が取り消されなければならない。対象者は，命令または執行に不服がある場合，抗告（304条）または裁判官への異議申立て（98条2項）を提起できる。

押収は，証言拒否権に準じて，その対象から免除される。たとえば，被疑者・被告人とその親族または医師など秘密を扱う業務者との間で交わされた文書は，その相手方がこれを所持している場合に限り，押収を免除される（97条1項，2項）。ただし，対象者も当該犯罪への関与の疑いがある場合や，物品が犯罪対象物件である場合には，この限りではない。この関係で，弁護人と被疑者・被告人との間で交わされた文書については，とくに防御権保障との関係で問題とされてきた。判例は，法文を超えて，被疑者・被告人自身が当該文書を所持している場合でも，押収から免除されるとしている[17]。報道機関が所持する書面や録画媒体なども，その内容が証言拒否権の範囲内にある限りで，差押えを免除される（97条5項1文）。ただし，当該報道機関に犯行への関与の疑いがある場合またはその者が被疑者・被告人本人である場合には，この限りではない。差押え免除に反して収集された証拠は，公判で使用を禁止される可能性がある[18]。

没収・追徴等保全のための押収（111b条以下）は，基本的に，証拠収集目的での押収の規定を準用している。その対象は，没収・追徴の対象とされる物品，および，被害者の請求権を保全するために必要な物品である。ここでは，証拠収集目的の場合と異なり，占有取得後は，必ず公的機関に保管されなければならない。その命令権限は，原則として裁判官に，要急事案では検察官にも，また動産に限りその捜査補助官にもある（111e条1項，2項）。

3　隠密的捜査活動

◆通信傍受

刑訴100a条では，通信傍受を許容する根拠規定が定められている。本規定により，電話会話，SMS通信，インターネット・チャットなどの交信が，刑事訴追目的で傍受の対象とされる。たとえば，E-mailが送信され，まだプロバイダーのメールボックスに残存している場合でも，これは，すでに通信されたものとして，（郵便物の差押え規定ではなく）本条の規定に服する[19]。

通信傍受の要件は，第一に，特定の事実から，ある者が重大犯罪（政治犯または軍事犯，薬物または組織犯罪，難民法違反など）を実行したことの嫌疑が根拠づけられることである。この対象犯罪は次第に拡張されてきたが，連邦憲法裁判所は，その傾向に歯止めをかけ[20]，これに応じて「個別事例においても重大であること」という要件が付加されている。また，比例原則の厳格な適用において，通信傍受は，他の手段では犯罪解明または被疑者・被告人の所在確認が著しく困難である場合に限られる（100a条1項）。

通信傍受の対象は，主として被疑者・被告人の関与する通信であり，彼らが回線所有者である場合が基本である。しかし，その他の者も，情報仲介者として推定される場合，またはその者が所有する回線を被疑者・被告人が使用することが見込まれる場合には，傍受の対象とされる（100a 条３項）。そこには証言拒否権を有する者も含まれうるが，連邦憲法裁判所は，この規定を合憲と認めている。[21] 被疑者・被告人と弁護人との通信は，接見交通権保障に基づいて，通信傍受の対象から排除される。これは，弁護人に処罰妨害罪の嫌疑がある場合や，被疑者・被告人に通信傍受対象として列挙された犯罪の嫌疑がある場合でも，同様である。

通信傍受命令は，原則として裁判官が，要急事案では検察官も発することができる（100b 条１項）。会話の一方当事者が同意している場合も，この命令が必要である。本命令は，書面で発せられ，そこには，対象者の氏名・住所，回線番号，傍受の方法・範囲・期間が明示されなければならない（100b 条２項）。処分の期間は，３ヶ月が限度であるが，事情によって延長も認められる（100b 条１項）。通信傍受によって得られた証拠は，その録音を検証として取り調べるか，または録音内容に関する記録を書証として朗読することができる。[22]

近時は，通信内容の傍受に加えて，通信情報の収集も，その技術的手段の進歩に応じて発展している。たとえば，通信への接続情報（電話番号，クレジットカード番号，パソコンの IP アドレスなど）は，それ自体も情報自己決定権の範囲に含まれるものであるが，重大な犯罪についてその解明に必要とされる限りで，収集することが可能である（100g 条）。また，携帯電話による通信について，その機器番号およびクレジットカード番号から，その位置を捕捉し，対象者の所在を確認することもできる（100i 条）。これらの手続は，基本的に，通信傍受の規定が準用される。さらに，インターネット電話の普及に伴い，会話がデジタル化されて送受信されるようにもなっていることから，その会話内容を探知するために，新たな技術が導入されている（**端末傍受**）。これは，捜査機関が対象者の端末機器（パソコンなど）にウィルスソフト（トロイの木馬型）を侵入させるなどして，各端末からデジタル化される前後の音声を収取し，自動的に捜査機関側の端末に送付させるという手法である。この手法は，現在のところ，通信傍受規定によって行われていると報告されているが，[23] 通信傍受を超える基本権への介入があるとして，立法論的に疑問も向けられている。[24]

◆住居内盗聴

住居や事務所などに密かに器具を設置し，そこで行われる会話を盗聴する手法（**大盗聴**）は，長い議論を経て，1998年に基本法および刑訴法を改正して導入された。しかし，そこで定められた規定は，連邦憲法裁判所により，2005年に，私的生活形成の核心領域にまで介入するものであるとして，憲法違反と判断された。[25] そこで指摘された問題点を修正する形で改正が行われ，現在の法律状況（100c 条以下）が形成されている。[26]

対象犯罪は，とくに重大犯罪にあたるものが列挙され，かつ，個別事例でもその重大性が肯定されるものに限られている。

処分の命令は，国家保護事件の特別刑事部がその権限を有し，要急事案に限りその裁判長が単独で発することもできる（100d 条 1 項）。命令の期限は 3 ヶ月であるが，事情により延長も可能である。対象場所は，基本的に被疑者・被告人の住居であるが，一定の事実から被疑者・被告人がそこに滞在していることが確かである場合に限り，被疑者・被告人以外の住居なども対象となる（100c 条 3 項）。また，私的生活形成の核心を保護するため，たとえば，夫婦間の密かな会話などは，盗聴を中断しなければならない（100c 条 4 項）。証言拒否権者の会話が含まれうる場合も，盗聴を中断しなければならない（100c 条 6 項）。

盗聴によって得られた情報は，処分の根拠として列挙された対象犯罪に関してのみ，証拠として使用できる（100d 条 6 項 1 号）。ただし，その情報から他の加害行為が行われる可能性が判明したときは，それを防止する目的で使用することもできる（100d 条 6 項 2 号）。

この処分の民主的規制と透明性を確保するため，具体的実施状況の報告および公表が義務づけられている（100e 条）。本規定は，組織犯罪への対応を目的として制定されたものであるが，実際には，単純な殺人罪などを対象として使用されている，といった批判も見られる。

◆その他の技術的手段

写真・ビデオ撮影など，その他の技術的手段（器具の使用）は，所定の要件の下で許されている（100h 条）。GPS 装置なども，本規定による。

この手法は，一定の重大犯罪について，その調査が他の方法では有効に行い得ない場合に許される（100h条1項1号）。ただし，本規定による処分は，住居権保護に該当しない場合に限られる。それゆえ，屋外から室内を撮影することなどはできない[27]。会社，集会所，さらには売春宿も同様であり，また，住居の庭部分も，すでに住居の保護に含まれることから，本規定によって盗聴器を設置することなどはできない。自動車は，住居ではない[28]。

本条の手法は，基本的に命令が不要であり，警察が独自の判断で行うこともできる。ただし，非公然会話の傍受などは，裁判官などの命令を要する。

◆**身分秘匿捜査**

組織犯罪などの解明を目的として，警察官またはその依頼を受けた私人を密かに潜入させて，情報を得る手法が有効である。このようにして投入される捜査員を，「**隠密捜査官**」（110a条）または，「**秘密連絡員**」という。

身分秘匿捜査は，麻薬犯罪，組織犯罪など，一定の重大事件を解明する目的で，その他の手法では事案解明が著しく困難である場合に限り，投入を許される（110a条1項）。手続としては，基本的に，検察官の承諾を要するが，住居内への立入りも含む場合は，裁判官の承諾も必要である（110b条）。

捜査員らは，その身分を隠すために，架空の人格を設定し，そのための各種証明書などの発行を受けることができる（110a条3項）。具体的捜査権限については，明文に規定がない。とくに，身分を秘匿して情報を収集する活動について，被疑者・被告人尋問の諸規定（136条，136a条）との関係が問題とされている。法体系上は，本規定は被疑者・被告人尋問規定の特則であると解されているが，それは制限的に適用されるべきであり，たとえば，被疑者・被告人がすでに黙秘権を援用しているにもかかわらず，**供述を強要するために秘密連絡員を投入すること**などは許されないとされている[29]。

おとり捜査についても，本規定によることができるが，これがもはや法治国家原則に反するような形で犯罪を誘引することは許されない。たとえば，対象者が過去に麻薬犯罪に関与したようなことがなかったにもかかわらず，隠密捜査官の強い働きかけによって犯罪へ誘引されたような場合が，これにあたる[30]。このような場合，かつては，刑罰権は失効するとして，手続打切りを認める事例もあったが[31]，現在では，量刑で考慮するという方法がとられている[32]。

以上に対して，私人である秘密連絡員の活動については，現在のところ法的根拠はない。たとえば，飲食店従業員やタクシー運転手などがこのような形で密かに投入されている[33]。このような法律状況について，対象者からしてみれば権利制約は異なるものではないとして，隠密捜査官と同様の法規制の必要性が主張されている。

Ⅴ◆──被疑者・被告人の尋問

1　証拠としての被疑者・被告人

◆被疑者・被告人の地位

被疑者・被告人は，自身の刑事手続の主体であるが，他方で，証拠としてその客体でもある。

被疑者・被告人が証拠であるという場合，２つの意味に区別されなければならない。第一に，被疑者・被告人の精神状態や身体の状況について検査および鑑定を受けるという場合，これは技術的意味においての証拠である。たとえば，被疑者・被告人の写真を撮影しまたは指紋を採取する，さらにはDNA型検査を行うという場合が，これにあたる。第二に，被疑者・被告人から供述を引き出し，これが証拠とされる場合である。ドイツには補強法則がないことから，被疑者・被告人の自白のみで有罪とすることもできる。もっとも，この場合には，第一の意味による場合と異なり，証拠である供述の提供を強要することはできない。ネモ・テネテュール原則に基づく黙秘権保障は，拷問を廃止し，人間の尊厳を保障するために不可欠の基本権である。また，このような保障は，公正手続原則（欧州人権条約６条）の本質的要素でもある。

◆被疑者・被告人尋問の手続

被疑者・被告人は，その尋問のために，裁判官および検察官の面前への出頭が義務づけられる（133条以下，163a条３項１文）。警察による取調べに対しては，被疑者・被告人に出頭義務はない。

被疑者・被告人に最初の尋問を行う場合，被疑事実および問題とされる罰条を告知しなければならない。また，黙秘権および弁護人の援助を受ける権利，さらに自身に有利となる証拠調べを請求できる権利も，教示しなければならない（136条１項，163a条３項２文）。被疑者・被告人が黙秘権を行使しまたは尋問前に弁護人との相談を要求した場合，判例および通説によると，その要求が実現されるまで，尋問を続行することはできない[34]。また，被疑者・被告人が黙秘権を行使した場合，その事実をもって彼に不利益となる方向で推定することは許されない。ネモ・テネテュール原則は，被疑者・被告人に対して，不利益を危惧することなく黙秘権の行使を保障するものだからである。

起訴前において，被疑者に対する尋問は，遅くとも捜査が終了するまでに行わなければならない（163a条1項1文）。その意味で，基本的には，被疑者・被告人尋問は，彼らに弁解の機会を与えるものであるが，実際上は，そこで得られた自白が証拠として公判で使用され，または以後の手続の根拠として利用される。

2　禁止される尋問手法

被疑者・被告人は，尋問の客体とされるが，供述を行う際にもその主体性は尊重されなければならない。それゆえ，尋問に際して，被疑者・被告人に黙秘権が保障されているだけでなく，供述如何に関するその意思決定を阻害するおそれのある手法は，すでに法律上類型的に禁止されている（136a条1項，2項）。そこでは，

①身体に影響を与える侵害（虐待，疲弊，身体への侵襲，薬物投与）
②精神に直接的な影響を及ぼす行為（欺罔，催眠，脅迫，法律に定めがない利益約束，苦痛付与）
③訴訟法規定に反する強制
④記憶力および理解力を阻害する措置

が，禁止尋問手法として法定されている。なお，法定されたものは例示列挙であり，ポリグラフ検査や，会話盗聴などを利用した供述の獲得が，本条に違反するとされた例がある[35]。

禁止尋問手法が投入され，被疑者・被告人が自白したとき，当該自白は証拠として使用できない（136a条3項2文）。この使用禁止効は，所定の尋問手法の禁止を証拠法上担保するものである。被疑者・被告人が自白したことと当該違法手法との間に因果性が現実に存在することまでは必要なく，単にその可能性が認められるだけで足りる[36]。

本条は，基本法1条（人間の尊厳保護）を具体化したものであり，被疑者・被告人が所定の禁止手法に同意した場合でも，その投入は許されない（136a条2項1文)。被疑者・被告人が証拠としての使用に同意した場合も，その同意は，証拠禁止効を否定させるものではない（136条2項2文)。

1）RGSt 70, 252.
2）BGHSt 5, 225.
3）BVerfGE 96, 44.
4）BVerfG NStZ 2004, 447.
5）OLG Stuttgart StV 2002, 188.
6）BVerfGE 96, 27.
7）BVerfGE 117, 244.
8）Statistisch Bundesamt, Justiz auf einen Blick, 2011, 29.
9）BVerfGE 19, 342.
10）BVerfGE 19, 342; 35, 185.
11）BVerfGE 65, 1.
12）EGMR NJW 2006, 3117.
13）BGHSt 16, 204.
14）BGHSt 40, 66.
15）詳細は，辻本典央「ドイツにおけるDNA型検査の現状―― DNA型一斉検査」近畿大学法学61巻2＝3号。
16）BVerfGE 103, 142.
17）BGH NJW 1973, 2035.
18）BGH NJW 2001, 3793.
19）BGH NJW 2009, 1828は反対の見解。
20）BVerfGE 109, 279.
21）BVerfGE 30, 1.
22）BGHSt 27, 135; BGH NStZ 2008, 230.
23）2012年ドイツ法曹大会刑事法部会。邦語文献として，加藤克佳＝辻本典央「インターネットにおける犯罪と刑事訴追――2012年第39回ドイツ法曹大会刑事法部会（ミュンヘン）」近畿大学法学61巻1号。
24）LG Hamburg MMR 2008, 423.
25）BVerfGE 109, 279.
26）詳細について，辻本典央「刑事手続における私的秘密領域の保護――ドイツにおける住居内会話盗聴問題の理論的考察」近畿大学法学54巻2号。
27）BGH NStZ 1997, 195.
28）LG Freiburg NStZ 1996, 508.
29）BGH NStZ 2009, 343.
30）BVerfG NJW 1987, 1874.
31）BGH NJW 1980, 1761.

32）BGHSt 32, 345.
33）BGHSt 41, 42; BGH NStz 2011, 596.
34）BGHSt 38, 372.
35）BGHSt 5, 332; BGHSt 34, 39.
36）BGHSt 13, 61.

第16章　起訴手続

I◆──公訴提起

1　起訴法定主義と起訴便宜主義

捜査手続は，検察官が起訴すべきか否かを判断できるほどに事件が解明された時点で終了する。捜査が終結すると，検察官は，公訴提起するか，または手続を打ち切るかを判断する。

ドイツの刑事訴訟では，起訴法定主義が妥当しており，「捜査の結果，公訴提起するに足りる十分な理由があるとき」は，検察官は，原則として公訴提起しなければならない（170条1項）。逆に，手続障害が存在する場合，被疑者の所為が犯罪を構成しない場合，証拠が不十分である場合には，検察官は，手続を打ち切らなければならない（170条2項）。

さらに，検察官は，起訴便宜主義的理由により，手続を打ち切ることもできる（153条以下）。これによると，検察官は，基本的に軽罪を対象とする手続で，刑事訴追の公的利益がないと認められる場合（153条），或いは，所定の**賦課・遵守事項**を条件づけることで刑事訴追の公的利益を消滅させることができる場合（153a条），訴訟追行が可能であるにもかかわらず，当該手続を打ち切ることができる。起訴事件以外の余罪が最終の科刑に重要なものではないと判断される場合，その余罪を起訴しないこと（154条），或いは，1個の罪につき可分であり当該部分が重要でないと思料される場合，重要部分に限定して起訴すること（154a条）もできる。公訴提起後は，裁判所が，検察官の申立てに基づきまたは同意を得て，上述の手続打切りを行うことができる。

ドイツの刑事訴訟では，理念的には，起訴法定主義が妥当しているが，現実的には，起訴便宜主義的な手続打切りの運用が活発に行われている。このことは，実体的真実主義が基本理念とされつつ，それに対する一定の妥協が，実務の運用上だけでなく，制度的にも承認されていることを表している。

2　起訴強制手続

検察官は，告訴・告発事件について，不起訴または手続打切りの判断をしたときは，告訴人などに通知しなければならない（171条）。このうち，被害者は，検察官の裁定に不服があるときは，上級検察官に抗告できる（172条1項）。この抗告が棄却されたとき，申立人は，さらに裁判所に審判開始を求めて出訴できる（172条2項）。このようにして，犯罪被害者は，検察官が起訴法定主義を遵守すべく，不当に訴追されないことが判明したときには，公訴提起を強制することができる（**起訴強制手続**）。

被害者が起訴強制手続を申し立てた場合，高等裁判所が本手続の管轄をもつ（172条4項）。高等裁判所は，記録を取り寄せるなどして調査を行い（173条1項，3項），その結果について決定する。高等裁判所が公訴提起を決定した場合（175条1文），検察官は，それにしたがって公訴提起を義務づけられる（175条2文）。本手続によっても，あくまで公訴提起の主体は検察官であり，これによって，弾劾主義の構造は維持される。

ここでいう犯罪被害者として，従来は，当該犯罪の法益主体のみとする見解が通説とされてきたが，これによると，たとえば殺人罪の場合には，起訴強制手続を申し立てることは不可能となる。それゆえ，現在は，「対象となる可罰的行為によって，その刑事訴追の要求が正当な応報要求に基づくものという程度に，自身の正当な利益を侵害された者」と広く解釈されている[1)]。

起訴強制手続は，起訴法定主義を前提としており，起訴便宜主義的理由による手続打切りの事件は対象外である。また，**私訴**が可能な事件は，被害者としてその手続によるべきであることから，やはり起訴強制手続を申し立てることができない。

3　公訴提起手続

公訴提起は，起訴状を作成して行われる。起訴状は，公判を開始すべき旨の申立てを含んでおり（199条2項1文），そこには，被告人の氏名，被告人に対して追及される**犯罪事実**，犯行の日時および場所，犯罪の法定要素，適用すべき刑罰規定が記載される（200条1項）。ただし，**簡易手続**によるべき場合は，検察官は，口頭で起訴することもできる（417条）。これは，区裁判所の単独裁判官または参審裁判所で一審が行われる事件で，事実関係が簡明であるかまたは証拠が明白であり，即時の審判に適している場合を対象とする手続である。

公訴提起が行われると，原則として，裁判所の公判開始手続が行われる（199条1項）。ただし，簡易手続では，公判開始手続は開かれず，直ちに公判手続に移行する（418条1項）。

4　公訴提起の効果

公訴提起により，次の効果が生じる。

第一に，訴訟係属の状態が生じ，手続の主宰が検察官から裁判所に移行する。ただし，検察官は，公判が開始されるまでは，公訴を取り消すことができる。

第二に，刑事訴訟の対象が確定される。ドイツ刑事訴訟は，職権探知主義（244条2項）に基づいており，裁判所の審判の範囲は，検察官の起訴状記載に拘束されるものではない。しかし，弾劾主義は妥当することから，検察官が起訴状に表記した被告人および犯罪事実には，一定の拘束力が認められる。それゆえ，裁判所は，被告人以外の者を対象として審判することはできず，また，その審理の範囲は，検察官が示した訴訟上の意味での所為に限定される。

第三に，被疑者の訴訟上の地位が被告人に変更される。これに伴って，所定の権利義務にも一定の変化が生じる。

5　略式命令手続

◆略式命令手続の意義

公判請求以外に，**略式命令手続**が用意されている（407条以下）。この手続は，軽微な事犯について，公判手続を経ることなく，非常に簡略化された手続によって刑を宣告することができるものであり，実践的に非常に重要である。

本手続の対象は，すべての軽罪事件である（407条1項1文）。

◆略式命令手続の進行

検察官は，対象事件につき，公判を必要としないと判断したときは，管轄裁判所に略式命令申立書（起訴状に代替する）を提出する（407条1項1文）。申立書には，起訴状の場合と異なり，具体的刑種および刑量など，特定の法律効果が記載されなければならない（407条1項3号）。この請求があると，公訴提起があったものとして扱われ，以後は，裁判所に事件が係属する（407条1項4文）。したがって，公判開始決定は省略される。

裁判官は，疑問がないときは，請求に応じた科刑命令を言い渡す（408条3項1文）。略式命令で科することができるのは，罰金刑，刑を留保した警告，運転禁止，没収・追徴などであり（407条2項1文1号），運転免許証の剥奪は2年以内である（同条項2号）。執行猶予を条件に1年以下の自由刑に処することもできる（同条項2文）。ただし，自由刑の宣告は，弁護人が選任されていることを条件とする。略式命令に際して，書面が作成され，罪となるべき事実，法的要素，適用法令，科するべき処分などが記載される（409条）。これに対して，請求内容に疑問があるときは，裁判所は，公判期日を指定する（408条3項2文）。また，十分な嫌疑が認められないときは，請求を却下する（408条2項）。

略式命令が発せられた場合，被疑者・被告人は，2週間以内に異議を申し立てることができる（410条1項）。異議申立てが適法に行われ，かつ理由があると認められるときは，公判期日が指定される（411条1項）。異議申立てが行われないときは，略式命令は，確定判決と同一の効力を生じる（410条3項）。

Ⅱ◆──公判開始手続（中間手続）

1　総　　論

公訴が提起されると，当該事件の公判に管轄を有する裁判所が，公判を開始するかまたは手続を打ち切るかを審理する（199条以下）。この手続は，検察官の訴追活動に対して裁判所の立場から一定の規制を行うことを目的とする。被疑者は，この手続に，証拠申請および起訴に対する異議申立ての機会をもって，公判手続を回避すべき機会を与えられる（201条1項）。

本手続については，すでに公判開始前に一定の事実審理が行われることから，その予断効果を懸念する批判が強かった。それゆえ，ライヒ刑訴法では，この中間手続で事件の報告を行った裁判官は公判の構成から除外されていた。しかし，1924年エミンガー緊急政令によってその規定が削除され，以後も変更されていない。それゆえ，本中間手続の規制機能は評価しつつ，その予断効果を防止すべく，アメリカの大陪審を模して公判裁判体との分離も提言されている。

2　手　　続

まず，起訴状が受理されると，裁判長は，被告人に起訴状謄本を送達し(201条)，所定の期日までに証拠申請または異議申立てを行う機会を教示し，必要に応じて国選弁護人を任命する（141条1項）。

被告人から証拠申請または異議申立てが行われた場合，裁判所（参審員は除外）が，これを審理し，公判開始の可否を決定する。審理は非公開で行われ，その証拠調べに際しては，自由な証明による。

公判開始が決定されると，公判手続に移行する（207条1項）。その際，数個の行為の一部を公判から除外すること（207条1項1号），行為の法的評価を変更すること（同3号）もできる。検察官は，このような変更が行われた場合，適宜起訴状を修正しなければならない（207条3項）。裁判所は，公判開始決定と同時に，勾留の開始・継続なども裁判する（207条4項）。

他方，訴訟条件が欠缺している場合や，行為の可罰性が認められないなどの場合，公判不開始が決定される。その内容および理由に応じて，単純に公判開始の申立てを却下する場合もあれば，終局的に手続が打ち切られる場合もある。

公判開始決定に対しては，上訴できない。他方，公判不開始の決定に対しては，検察官は，即時抗告できる（210条2項）。

Ⅲ◆──訴訟の対象

1　総　　説

刑事手続における**訴訟対象**は，公訴によって特定された「所為」である

（155条１項，264条１項）。裁判所は，この所為に関して，その事実点および法律点について包括的な解明を義務づけられるが（155条２項，264条２項，265条参照），その範囲を逸脱して審判することはできない。これは，弾劾主義からの帰結である。

訴訟対象は，第一に，訴訟係属の範囲を示し，これによって裁判所の審判の範囲を画定する。第二に，訴訟対象の画定は，同時に，確定力の範囲を決定する機能ももつ。訴訟対象のこのような役割の同一性を否定する見解もあるが，判例および通説は，古くから，両機能の表裏一体性を認めてきた[2]。裁判所および刑事訴追機関は，訴訟対象の範囲内では，その包括的解明を義務づけられるのであり，それゆえ，一事不再理（基本法103条３項）の範囲も，それと等しくするというわけである。このことは，法治国家原理（基本法20条３項）からも根拠づけられている。もっとも，最高裁レベルの判例では，テロ組織の結成にかかわる犯罪（刑129a条）について，この同一性を否定する見解を示したものもある[3]。このような動向をめぐり，ドイツでは，訴訟対象について活発な議論が展開されている[4]。

2　訴訟対象の同一性

訴訟対象は，第一に，対象者（被疑者・被告人）が同一であり，第二に，所為が同一である範囲で，その同一性が認められる。とくに後者の問題について，次のような議論がある。

まず，**所為の同一性**は，一部に反対説も見られるが，通説によると，実体法上の一罪性に従属しない。訴訟法の意味での所為とは，公訴によって裁判所に提起された歴史的事実との間で，日常的理解において単一を構成する限りで，被告人の行った行為全体のことをいう[5]。すなわち，裁判所は，起訴状の記載に拘束を受けることなく，そこで示された事実との間で単一を構成する限りで，事実点および法律点について包括的に解明することを求められるのである。たとえば，被告人が飲酒運転によって起訴されたが，その運転により麻薬を密輸入していたことが発覚した場合，後者の罪についても所為の同一性が肯定される[6]。他方，被告人が銃を乱射し，次々に複数の被害者を殺傷した場合，時間的に接着しているとはいえ，この場合は別個の所為である[7]。もっとも，従来は，実体法上の一罪性が単一性の最小単位を構成するのであり，これを分割して訴訟上別個の所為と扱うことについては，否定されてきた。とくに，かすがい現象が生じるような場合において，結論の妥当性を害するとする反対説もみられたが，判例は，ここでも一貫して，所為の同一性を肯定してきた[8]。しかし，確定力の範囲をめぐって，判例は，前述したテロ組織結成の罪と観念的競合の関係で実行された他の個別犯罪について，前者の有罪判決によっても後者の訴追は否定されないとして，ここに例外を肯定した[9]。

所為の同一性は，前述のようないわゆる単一性事例だけでなく，択一的関係にある事実についても及ぼされる。たとえば，故買罪で確定判決を受けた者に対して，実は故買ではなく，それに先行する強盗犯であることが判明した場合でも，改めてこれを訴追することはできない[10]。

3　訴訟対象の不可分性

以上のとおり，１個かつ同一の訴訟対象の範囲においては，裁判所および刑事訴追機関は，その包括的な解明を義務づけられるのであり，これを分割することは許されない。

もっとも，この不可分性原則には，例外がある。第一に，１個の訴訟対象を複数の犯罪構成要件によって構成するとき，その一部に訴訟条件が満たされないものが含まれている場合，裁判所の審判権限は，訴訟条件を満たすものに限定される。第二に，一審判決に対してその一部に限定して上訴された場合，上訴審の審判権限はその部分に限定される（318条）。

4　複数の訴訟対象

１個の訴訟対象を複数の手続に分割して審判することは許されないが，複数の訴訟対象を１個の手続に併合して審判することは可能である。たとえば，１人の被告人に対して併合罪関係でかつ訴訟上も複数の関係にある所為について審判する場合や，１個の所為について複数の関与者がいる場合などである。この場合，起訴の段階で併合してもよいし，訴訟の途中で追起訴（266条）の方法によることも可能である。

Ⅳ◆──訴訟条件

1　訴訟条件の概念

訴訟条件とは，手続の全体または一部の許容性がそれに従属すべき事情のことである。たとえば，裁判管轄，親告罪における告訴，ドイツ国の裁判籍などである。これは，逆に見れば，**訴訟障害**ということになる。たとえば，公訴時効の完成が訴訟障害であり，その未完成が訴訟条件ということである。

訴訟条件の概念は，実体法上の客観的処罰条件とは区別されなければならない。たとえば，公務執行妨害罪（刑113条）における公務執行の適法性は，処罰条件であり，訴訟条件ではない。訴訟条件が欠ける場合は，形式裁判で手続を打ち切るが，客観的処罰条件が欠ける場合は，無罪判決が下される。

2　個別の訴訟条件

訴訟条件は多様に法定されているが，これを分類すると，次のとおりとなる。

◆裁判所の審判権限

たとえば，被疑者・被告人がドイツの裁判籍に服すること（裁構18条，19条），司法共助に伴うドイツへの犯人移送（犯人移送法72条），刑事裁判によることの可能性（裁構13条）などである。秩序違反行為も，刑事手続で審判されうる（秩序違反 82条）。裁判管轄も，この類型に該当する。

◆具体的事件の訴追可能性

審判の対象とされる事件は，まだ「手つかず」のものでなければならない。すでに確定裁判がある場合や，他の裁判所に係属している事件については，一事不再理原則または二重起訴禁止原則により，新たに訴追することができない。

公訴時効が完成している事件は，審判できない。ドイツでは，公訴時効は刑法典に規定されているが（刑78条以下），現在の通説的見解によると，これは訴訟法上の性質をもつものとされている。それゆえ，時効期間を事後的に延長し，或いは時効を廃止したとしても，事後法禁止には違反しない[11]。この問題は，とくに，ナチスや旧東ドイツによる国家犯罪の訴追について，歴史的にも重要となっていた。

親告罪における告訴など，公訴提起および公判開始決定の適法性なども，ここに分類される。

◆被告人への訴追可能性

まず，被告人は現存し，かつ**弁論能力**がなければならない。後者は，民事訴訟上の**訴訟能力**とは異なり，より積極的に，自身の防御を十分なしうる能力である。

被告人が重病であるときなど，訴訟の遂行によりその生命に重大な危険が及ぼされるとき，基本法2条1項1文に基づいて，手続の打切りが必要となる。[12)]また，被告人が高齢などで判決まで生きていることが難しい場合も，手続が打ち切られなければならない。[13)] 14歳未満の児童に対しては，刑事責任能力を否定されていることから（刑19条），すでに訴訟障害であると理解されている。

被告人が議員である場合，基本法上，議会の承諾などの条件が付されているが（基本法46条2項，4項），そのこと自体は，訴訟障害ではない。

近時，捜査段階で重大な違法行為があった場合に，これを訴訟障害と解すべきであるかが議論されている。判例は，一般に，量刑での調整を図る傾向にあり，訴訟障害の該当性を認めていない。

3　訴訟条件に関する手続とその帰結

訴訟条件は，管轄違いを除き，あらゆる手続段階において職権で審査される。上告手続でも同様である。

訴訟条件の存否に関する審理は，自由な証明で足りる。これに対して，訴訟手続の意義や客観的処罰条件との類似性を理由に，厳格な証明を求める見解もある。

訴訟条件が欠缺（訴訟障害が存在）する場合，以後の手続を継続することはできず，手続は打ち切られなければならない。捜査段階では，これを主宰する検察官が打切り処分を下し，起訴後は，裁判所の決定による（204条，206a条）。被疑者・被告人の弁論無能力が後に回復を見込まれる場合など，手続障害が事後的に除去されうる場合は，手続は，暫定的に打ち切られる（205条）。

Ⅴ◆──訴訟行為

1　訴訟行為の概念

訴訟行為とは，手続における法律効果を意図して行う意思表示，つまり具体的手続を自身の意思に適合させようとする行為である。たとえば，告訴，公訴提起，証拠申請，判決などの各種裁判などがこれにあたる。訴訟行為は，伝統的には，取効行為（Erwirkunghandlulng）と与効行為（Bewirkunghandlung）とに区別されてきた[14)]。前者は，他者（とくに裁判所または裁判官）の訴訟行為を求めるものであり，各種の申立てや主張がこれにあたる。後者は，それ自体で直接に手続を形成するものであり，たとえば，上訴放棄，証拠申請などがこれにあたる。

逮捕，捜索・差押えなどのような単なる事実行為も，訴訟行為に含められる。この場合，訴訟行為は，意思的行為，意思表示行為，事実行為に区別される。

2　有効条件

◆弁論能力

弁論能力は，とくに被疑者・被告人に関して問題となるが，これは彼の訴訟行為が有効であるための条件である。たとえば，被告人が公判期日においては弁論能力のある状態であったが，終身刑にショックを受け，一時的に弁論無能力の状態で上訴放棄を表明した場合，その上訴放棄は無効である。

公訴参加人や私訴原告についても同様である。

◆意思表示としての要件

訴訟行為は意思表示であることから，外部的に認識可能な意味内容を備えていなければならない。ただし，その客観的内容は，具体的事情を踏まえた解釈が求められ，その言葉内容だけでなく，想定可能な意味が探求されなければならない。たとえば，上訴に関して，表示の誤りはその効力を害さないとされている（300条）。これによると，法的素養に乏しい被告人が原判決に対する不服として「再審申立」と表示して上訴した場合，具体的状況から彼が原判決の是正を求めたものであることが明らかである限りで，これは，控訴提起として解釈されるべきことになる。[15)]

訴訟行為を行う際に，被告人が錯誤などによってその意思に瑕疵（Willensmängel）を生じていた場合，その有効性については争いがある。通説的見解は，民法規定と異なり，訴訟行為について取消規定がないことから，錯誤などの意思的瑕疵は訴訟行為の有効性を害さないとする。[16)] ただし，被疑者・被告人に対してその尋問に際して欺罔または脅迫が行われた場合，その尋問によって得られた自白は証拠として使用できない（136a条3項）。このことから，他の訴訟行為についても，裁判所または検察官より同様の欺罔または脅迫が加えられたときは，当該訴訟行為は無効であると考えられている。また，被告人が自身に不利な効果をもたらす訴訟行為を錯誤によって行い，裁判所がその錯誤に気づいていた場合には，裁判所の配慮義務に基づいて，当該訴訟行為が無効となることもある。[17)]

すべての訴訟行為は，ドイツ語で行われなければならない（裁構184条）。被疑者・被告人が外国人である場合や，障害などがある場合には，無償で通訳人が付される（欧州人権条約6条3項cおよびe）。必要にもかかわらず通訳人が付されなかったときは，絶対的上告理由となる（338条5号）。

◆無条件性

訴訟行為は，これに条件を付することはできない。刑事手続は，その遂行にあたり明確性が要求されるからである。たとえば，上訴提起に一定の条件が付されていたとき，その上訴は無効とされる。[18)] ただし，法律上一定の条件が付されていて，それを反復しただけの場合は，その効力に影響しない。たとえば，略式命令に対して，その発令を条件とする異議申立てなどである。

また，いわゆる**予備的証拠申請**は，弁護人が被告人の有罪とされる場合を条件として，弁論であらかじめ証人尋問を申請しておくというものであるが，これも有効とされている。検察官が，1個の所為についてその一部を不起訴としたが，残余の部分では被告人に無罪判決が下される可能性があるとき，無罪判決を条件とする不起訴部分の再度の訴訟取込みの申立ても，同様に有効とされている。[19)] このような場合，当該条件が裁判所の裁判に関係づけられているため，訴訟手続の明確性を害さないというのが，その理由である。

◆撤回可能性

訴訟行為は，その意思的瑕疵による無効の場合とは異なり，事後的に撤回することは，広く認められている。たとえば，弁護人がいったん証拠申請しておきながら，それを事後に撤回することは，法的に問題がない。ただし，刑訴法上，公判開始決定，裁判所の判決などについては，撤回が禁止されている。

◆期間，期日，原状回復

期間とは，その範囲内で所定の訴訟行為を行うべき，時間的間隔である。それは，当局の執務時間にかかわらず，最終日の24時をもって終了する（42条）。期間は，あらかじめ法定されているもの（345条１項など）と，裁判官が個別に指定するもの（201条１項など）とがある。書面による場合，期間内に相手方機関に到達することが必要である。

期間が途過された場合，その後の訴訟行為は，原則として無効である。ただし，期間の不遵守が，自己の責任によらない場合には，請求により，原状回復が認められる（44条）。たとえば，郵便に事故が生じたが，そのことを行為者が知らなかったような場合である。原状回復を求める者は，当該障害がなくなったときから１週間以内に，その事由を疎明して，申し立てなければならない（45条１項）。裁判の確定力および執行力は，原状回復申立てによっては阻止されず，回復が認められてはじめて，遡及的に阻止されることになる。ただし，裁判所は，その間について執行停止を命じることができる（47条）。

期日は，訴訟行為の開始について指定される時点である。たとえば，公判期日，証人尋問期日などである。期日の途過についても，原状回復が可能である。

1）*Eb. Schmidt,* Lehrkommentar zur StPO und zum GVG Teil II, 1957, §171, Rn. 12.
2）RGSt 21, 78; BVerfGE 23, 191; BGHSt 6, 92.
3）BGHSt 29, 288; BVerfGE 56, 22.
4）詳細について，辻本典央「『公訴事実の同一性』概念について(1)～(3)完）」近畿大学法学53巻２号，54巻３号，55巻２号，同「公訴事実の単一性について」刑法雑誌48巻２号。
5）RGSt 5, 249; BGHSt 10, 396; 23, 141.
6）BGH StV 1995, 62.
7）BGH StraFo 2008, 383.
8）BGH NStZ 1984, 135.
9）BGHSt 29, 288; BverfGE 56, 22.

10) BGHSt 35, 60参照。
11) BVerfGE 25, 269.
12) BVerfGE 51, 352.
13) BGH StV 1996, 250.
14) *Goldschmidt,* Der Prozesss als Rechtslage, 1925.
15) OLG Düsseldorf NJW 1988, 153.
16) BGHSt 5, 341.
17) BGHSt 18, 257参照。
18) BGHSt 5, 183.
19) BGHSt 29, 396.

第17章　公判手続

I◆──公判の準備

公判手続に先駆けて，その準備のために，次の手続が行われる。

裁判長は，公判期日を指定し（213条），被告人および弁護人を**召喚**しなければならない（214条以下）。召喚から期日までは，1週間以上の期間がおかれなければならない。召喚の手続は，被告人が勾留されている場合は，形式に定めがないが，勾留されていない場合は，書面により，不出頭に対する身体拘束などの警告を付して行わなければならない（216条）。召喚は，裁判所事務官がこれを執行する（214条1項）。

証人・鑑定人を召喚し，または物証や書証などを裁判所へ持ち込む（219条，221条）。裁判所は，検察官および被告人に対して，召喚した証人または鑑定人の氏名を示し，その住所または居所を教示しなければならない（222条1項）。公判前に，受命または受託裁判官によって，証人尋問または検証が行われることもある（223条，225条）。

地方裁判所または高等裁判所で一審が行われる場合，原則として公判の1週間前までに，遅くとも公判開始の時までに，裁判官および参審員を明示して裁判所の構成が通知されなければならない（222a条）。

II◆──公判手続

1　公判手続の構成

公判手続は，冒頭手続，証拠調べ，弁論，判決の順に行われる。

冒頭手続では，事件（番号など）の宣言，訴訟関係人の在廷確認，証拠所在の確認，証人・鑑定人の出廷確認が行われる。これに引き続いて，被告人の人定に関する質問，検察官の起訴状朗読が行われる。そして，被告人に対して，黙秘権などの権利を告知したうえで，事件に関する供述をするかどうかが確認される。被告人が供述の意思を示したときは，この時点で，事件に関する被告人尋問が行われる（243条4項，136条2項）。

続いて，証拠調べ手続では，とくに証人および鑑定人の尋問が行われる。尋問は，裁判長が行い，検察官，被告人または弁護人，陪席裁判官または参審員から質問の希望が申し出られたときは，これを許す。また，検証の実行またはその結果を記録した書面も，ここで朗読される。予め証拠調べの順序が決定されているわけではなく，裁判長の合目的的な訴訟指揮に委ねられる。

証拠調べが終わると，弁論が行われる（258条）。その順序は，最初に検察官，続いて弁護人または被告人である。検察官は，1度だけ反論の機会を与えられるが，その場合でも，さらに弁護人または被告人に陳述の機会が与えられる。なお，弁護人が弁論を行った場合でも，被告人に陳述の機会が与えられなければならない（258条3項）。

弁論が終わると，裁判所は，評議に入る。評議において意見が分かれたときは，評決を行うが，**罪責問題**および**法律効果**について被告人に不利な判断をするときは，3分の2以上の多数が必要である（263条1項）。参審員も，評議に加わり，職業裁判官と同等の権限をもつ。評決された主文は，評議室で書面に記述される。

評議が終わると，裁判所は，法廷に戻り，判決を宣告する。そこでは，判決の主文および理由が告知される（268条）。その際，上訴の教示も行われる（35a条）。

2　手続の進行

公判手続は，基本的に，裁判長の訴訟指揮に基づいて進行される（238条1項）。裁判長は，法規定に従い，具体的訴訟進行をその合目的的判断によって主導する。裁判長は，この訴訟指揮権に基づいて，訴訟関係人に対して，訴訟進行に必要な行為を命令または禁止できる。また，裁判長は，法廷警察権も有しており，訴訟を妨害する行為を排除することもできる。

公判手続は，できる限り集中して行われなければならない。これは，直接主義および口頭主義から要請される。たとえば，判決宣告は，結審から「遅くとも11日後」までに下されるべきと法定されている（268条3項2文）。そうでなければ，判決は，公判の総体からではなく（261条），審理の記録から心証形成された疑いが生じる。ただし，公判手続は，必要に応じて**停止**または**中断**される（228条）。公判の中断は，原則として10日以内であるが（229条1項），すでに10日以上公判手続が行われていたときは，30日までの中断が可能である（229条2項）。

公判手続には，裁判官・参審員，書記官，検察官が必ず関与していなければならない（226条，271条，227条）。被告人も，基本的に在廷義務がある（230条1項）が，軽微犯罪などでは免除される場合がある（233条1項）。弁護人の関与は，権利であるが，任意的弁護事件では義務ではない。また，被害者が公訴参加人として関与することもある（395条以下）。

これら手続関係人は，裁判所の訴訟進行に対して，一定の申立てや意見陳述の機会を与えられる。また，証拠調べに際して，証人などへの質問権も有する。訴訟関係人は，裁判長の訴訟進行が不当または違法と思料するときは，異議を申し立てることができる（238条2項）。これが適時に行われないときは，当該手続瑕疵が治癒されたと見なされる場合がある（**責問権喪失**）。裁判所（裁判長）は，とくに法的知識に乏しい被告人に対して一定の**配慮義務**を負う。それゆえ，事実点または法律点について，被告人側の手続関与が不十分であると判断された場合には，裁判所より，教示または指摘といった方法で，一定の保護が図られなければならない。

3　判決合意手続

従来から，ドイツの刑事訴訟においても，裁判所と手続関係人が手続の進行および結論について協議し，そこで形成された合意に基づいて判決する，という実務（Absprache）が行われてきた。典型的には，被告人側が自白を提供し，その見返りとして減刑を受ける，という形で合意が図られる。このような実務は，司法コストの削減をもたらすものであり，裁判所および検察官にとって，この手続をとることの誘因は大きい。他方，被告人側にとっても，手続戦略として，自身の防御の選択肢が増えることは，総量的にみて積極に作用する。

もっとも，このような実務は，合意の具体的内容によっては，実体的真実主義や責任主義，或いは，公開主義や公判中心主義といった手続的諸原則，さらには無罪推定原則や黙秘権といった被告人の手続保障に変更を加えるものである。長らく判例ルールに基づいて行われてきたが，学説上は，このような実務を本質的に否定する見解や，立法を要するとする見解が有力に主張されてきた。そして，連邦通常裁判所大刑事部も，2005年に，従来の実務を基本的に支持しつつ，立法を要請したことから[1]，これが現実化し，2009年に法制化された[2]。

今次の法制化により，その中心となる規定は刑訴257c条である。同条によると，裁判所は，適当と認める場合に，検察官および被告人と，手続の進行および結論について協議し，一定の合意を形成することができる（257c条1項1文）。合意の対象とできるのは，法律効果のみであり，罪責に関してすることは許されない（257c条2項1文，3文）。また，自白は，常に被告人側の提供材料とされなければならない（257c条2項2文）。裁判所は，合意に向けた協議に際して，合意の内容を示すことができるが，その際には，事件の事情と一般的量刑規定を考慮しなければならない（257c条3項1文）。手続関係人は，被害者参加人を含めて，合意に対する意見を述べることができるが，被害者は合意の当事者とはされなかった（257c条3項3文）。裁判所は，基本的に，いったん形成された合意に拘束されるが，合意に際して重要な事実点または法律点が見落とされていたことが判明した場合，または，約束した刑が罪責または責任に相応しないものであることが判明した場合には，合意から離脱できる（257c条1項）。裁判所が合意から離脱したときは，それ以前に提供された被告人の自白を使用することはできない（257c条4項3文）。被告人は，合意に先駆けて，裁判所が合意から離脱することの条件および帰結について，教示されなければならない（257c条5項）。

なお，合意が行われた手続では，上訴を放棄することは認められない（302条1項2文）。ドイツの裁判所は合意に際してことのほか上訴放棄に関心をもつが（これは，判決書の記載条件による），これが行われると，合意が適法に行われたかの事後審査が図られないことから，合意による上訴放棄が固く禁止された。立法過程では，上訴の制限をおくことも検討されたが，実体的真実主義の妥当（257c 条 1 項 2 文）と併せて，上訴審での是正機会が法治国家的刑事手続として不可欠であると判断された。そのために，合意に向けた協議についても可視化が図られており，検察官および裁判所は，協義の有無および内容について記録化しなければならない（273条 1 項，1a 項）。また，判決でも，合意に関する所定の事項を記載しなければならない（267条 3 項 5 文）。

合意手続が法制化された後も，実務では，必ずしも関連規定が遵守されてこなかった。[3] このような状況において，連邦憲法裁判所は，2013年 3 月に新法の合憲性を審理し，これを肯定しつつ，改めて実務に対し合憲性を担保するための諸規定の遵守を強く要請した。[4]

4　公判調書

公判手続について，**公判調書**が作成される。

公判調書の記載内容は，公判手続の概要（272条）と，その経過および結果の本質部分（273条）である。公判手続の概要として，公判が開かれた場所および日時，裁判官，参審員，検察官，事務局記録官，通訳人などの氏名，起訴状記載の罪名，被告人，弁護人，公訴参加人などの手続関係人，手続公開の有無が記載される（272条）。公判手続の経過および結果の本質部分として，法定された手続の重要事項すべてが記載されなければならない。たとえば，各種申立て，朗読などにより取り調べられた書面の内容，裁判の内容などがそこに含まれる。ある手続に瑕疵があり，それが後の手続で追完された場合，そのことも記載されなければならない。異議申立てとそれに対する裁判も，手続の本質部分である。判決合意手続に関して，協議の経過および合意された内容および結果についても，公判調書に記載されなければならない（273条1a 項 1 文）。合意に先駆けた協議の内容は公判内で報告されなければならないが，それが行われたことについても，或いは合意が行われなかった場合にはそのことも，調書に記載されなければならない（273条1a 項 2 文）。

公判調書は，事務局記録官または司法修習生により作成され，裁判長および事務局記録官が署名する（271条 1 項）。なお，証人尋問などの手続部分は，手続関係人の同意があれば，その全部または一部を録音して記録に付することができる。

上訴審で手続の瑕疵が問題となった場合，その事実認定は，公判調書による（274条）。たとえば，手続の本質部分につき瑕疵があったとして上告された場合（337条1項），その証明は公判調書によらなければならない。この規定は，自由心証主義に対する例外規定であり，公判調書の絶対的証明力を定めたものである。ただし，実務上は，裁判長および記録官の両名が一致して，公判の実際が調書と異なるものであったことを職務上陳述したときは，公判調書を補正することが認められている。もっとも，そのような形での補正は，上告理由が提出された後は，その基礎を覆すものとなるために許されない[5]。公判調書が滅失した場合も，同様である[6]。

5　被害者参加

刑事手続における被害者参加は，親告罪における告訴など，公判手続に限らずさまざまな形で構築されている。このうち，私訴，公訴参加，**被害者の賠償請求**，**加害者被害者和解**について紹介する。これらは，被害者の主体的な参加を許し，または促進する制度である。

◆私　訴

私訴は，所定の軽微犯罪（住居侵入罪，侮辱罪，信書の秘密に対する罪，傷害罪，脅迫罪，器物損壊罪，商取引上の贈収賄罪，不正競争防止法違反，特許法等違反）について，私人たる被害者に訴追権限を認める制度である（374条以下）。これらの犯罪は，相対的に軽微であり，対象となる法益も基本的に私人の利益に限定されている。ただし，対象犯罪について，公的利益にかかわりがある場合には，検察官が公訴を提起する。

手続は，私人が原告となること，それゆえ捜査手続が行われないことを除いて，基本的に通常の場合と同様である（384条）。被害者は，対象犯罪のうち住居侵入罪，侮辱罪など所定の犯罪については，州司法当局が指定する調停官の和解調停が不調に終わったことを条件に，提訴できる（380条1項）。公判開始が決定されると（383条1項），以後は，私訴原告が検察官役を務める（385条）。ただし，公判の途中で検察官が公共の利益を認めて，手続を引き継いだ場合は，それまでの部分が検察官に継承される[7]。

◆公訴参加

公訴参加は，検察官が起訴した事件に，被害者などの刑事事件に固有の利益を有する私人が，自身の賠償請求権，検察官の訴追の監視，その他の利益確保のために手続参加する制度である（395条以下）。対象犯罪は法定されたものに限られ，そこには，性的自己決定を害する罪，傷害罪，謀殺罪などの身体，生命，自由に対する罪が含まれる（395条1項）。被害者だけでなく，その近親者，国家保護犯罪における連邦大統領なども，公訴参加の権限を有する（395条2項）。**保安手続**にも，参加が認められる。

参加は，手続のあらゆる段階で可能である。参加の意思表示は，書面によって裁判所に提出しなければならない（396条1項1文）。ただし，起訴前に検察官に申し出られた場合は，公訴提起によって参加の効力が生じる（396条1項2文）。参加申出があった場合，裁判所は，その適否について検察官の意見を聞いたうえで決定する（396条2項1文）。公訴参加は，手続の進行に影響を与えない（398条1項）。

公訴参加人は，裁判に関与するだけでなく，裁判官などの忌避権，質問権，各種異議申立権，証拠申請権，意見陳述権を有する（397条1項）。新たに導入された判決合意制度では，意見陳述は認められるが，公訴参加人は合意の主体とはされなかった。

判決に対して，公訴参加人は，検察官とは独立して上訴できるが（401条1項），量刑不当を理由とする上訴，または公訴参加対象事件外の公訴事実についての上訴はできない（400条1項）。

◆被害者の賠償請求

被害者またはその相続人は，犯罪行為から生じた財産上の損害につき，刑事裁判に付帯して被告人を相手に請求することができる（403条）。

この申立ては，書面または公判調書への記載要求によって行う（404条1項1文）。公判では，基本的に刑事事件について審理されるが，必要があれば，請求について特別の証拠調べを行うことができる（404条1項2文）。申立人は，公訴参加人と異なり公判への参加権を有するものではないが，弁護士を代理人として出廷させることはできる。

裁判所は，申立てを不適法と認めるときは，それについて裁判する必要はない（405条2文）。理由があると認めるときは，申立てを認容するが，その際，請求の一部に限定することもできる（406条1項）。

申立人は，刑事訴訟上の上訴を行うことはできない（406a条1項）。他方，被告人は，請求認容裁判に対して上訴で争うことができる（406a条2項）。

◆加害者被害者和解

加害者が被害者と和解した場合，このことは，量刑上考慮される（刑46a条）。これは，1994年改正で導入されたものであるが，1999年には，その刑事手続への反映に向けた改正が行われた。

まず，検察官は，賦課・遵守事項を条件とする手続打切りに際して，被害者との和解に向けて真摯に努力することを条件づけることができる（153a条1項5号）。すでに和解が成立していて，刑の免除が考慮されるべき場合は，訴追を見送ることができる（153b条1項）。

検察官および裁判所は，手続のあらゆる段階で，被疑者・被告人と被害者との和解が成立する可能性を調査し，和解に適していると認められる場合には，その成立に努めなければならない（155a条）。また，被疑者・被告人と被害者との和解または損害回復を目的として，その実施を委託した機関に対し，刑事手続で収集された個人情報を提供することができる（155b条1項）。

Ⅲ◆──証拠法総論

1　証　　明

◆証明の概念

裁判の事実認定は，**証明**の方法による。裁判官は，証拠によって証明されるべき事実の存在について確信を得た場合，当該事実が証明されたとしてこれを認定できる。公判において，罪責問題および刑罰問題に関するすべての事実は，この証明が要求される。それ以外では，たとえば裁判官忌避（26条2項），原状回復（45条2項），証言拒否権（56条）に関してこれを根拠づける事実については，**疎明**で足りるとされる。疎明は，単に当該事実の蓋然性が示されることである。

◆証明の必要性

裁判に重要な事実は，原則として，証明されなければならない。民事訴訟では，弁論主義が妥当し，争いのある事実のみ証明が要求されるが，刑事訴訟では，職権探知主義の下，裁判にとって何らかの形で重要となる事実は，すべて証明が要求されるのである（244条2項）。このような事実としては，**直接事実**，**間接事実**，**補助事実**に分けられる。直接事実は，それ自体で処罰を基礎づけまたは排除する事実であり，間接事実は，直接事実を推定させる事実である。これらに対して，補助事実は，証拠の信用性を推定させる事実である。

例外的に，ある事実がすでに公知のものである場合，証明は不要である（244条3項2文前段）。このような**公知の事実**とは，すべての人がそのことを通常であれば知っている事実，または，確かな根源（辞書や地図など）から確実に知ることができる事実のことをいう。**裁判所に顕著な事実**も，公知の事実と認められる。裁判所に顕著な事実とは，当該裁判官が自身の公務との関連で確実に経験していたとされる事実をいう[8)]。公知の事実については，証拠調べの必要はないが，とくに被告人の法的聴聞を受ける権利（基本法103条1項）の保障のために，公判で明示されなければならない。また，公知の事実とされた場合でも，**反証**を行うことはできる。反証が成功した場合，当該事実の公知性の判断が誤っていたことになる。

◆厳格な証明と自由な証明

犯行内容，犯人の責任，刑罰の程度など罪責問題および刑罰問題に意味をもつ事実を認定するためには，その証拠調べについて，厳格な形式性が定められている。これを，**厳格な証明**という。この証明形式は，当該証拠が，証人，鑑定人，検証，記録など，法律上定められたものに限定されること，および，法律上定められた手続（244条以下）で取り調べられることを要求する。

上記以外の事実は，**自由な証明**の方式によることで足りる。これは，厳格な証明の方式に拘束されることなく，裁判所が随意の方式で証拠調べを行うことを許す。たとえば，資料を引用する，電話で質問するなどである。手続において，罪責問題または刑罰問題にかかわらない，純粋な訴訟上の事実は，この自由な証明で足りる。たとえば，被疑者・被告人の尋問が法律上禁止される手段を用いて行われたのではないか（それゆえ，証拠排除されるべきか）という問題については，自由な証明の方法で足りる。[9]

2　証拠調べの対象

◆証拠の類型

取調べの対象となる証拠は，裁判のために意味のあるものすべてである（244条2項）。裁判所は，この証拠につき，職権で証拠調べを行う。その際，裁判所が召喚しまたは証拠を取り寄せた場合と，訴訟関係人から召喚または取り寄せられた場合とで，その取扱いが異なる。

裁判所が召喚しまたは取り寄せた証拠は，当該証拠調べが不適法のものである場合を除き，その取調べが義務づけられる（245条1項1文）。ただし，検察官，被告人，弁護人が同意した場合に限り，取調べしないこともできる（245条1項2文）。

これに対して，訴訟関係人より召喚または取り寄せられた証拠については，**証拠申請**の手続による。これは，訴訟関係人から特定の証拠を指定してその取調べが請求されるものである。裁判所は，基本的にこれを認めて証拠調べを行わなければならず，これを却下するためには，厳格な条件（244条3項以下，245条）に従い，かつ決定の形式によらなければならない（244条6項）。実務上，弁論に際して一義的には無罪を主張しつつ，**予備的に精神鑑定などの証拠申請が行われることがあるが**，この場合は，判決内でその申請採否の回答が示されれば足りる。[10]

これ以外に，訴訟関係人より，単に，罪責または刑罰問題の解明のためにさらなる証拠調べを行うよう申し立てられる**証拠調査申請**の方法がある。この場合，裁判所は，職権解明義務の観点で必要と判断する限りで，証拠調べを行えば足りる。

◆証拠申請の却下

実践的に，証拠申請に対する却下が重要である。証拠申請に対して，当該証拠が法廷に現在している場合と，次回期日以降に召喚または取り寄せられる場合とで，取扱いが異なる。

証拠が現在している場合，裁判所は，原則としてこれを取り調べなければならない（245条2項1文）。ただし，その取調べが不適法である場合には，申請が却下される（245条2項2文）。また，裁判所は，証明事実がすでに証明されているかまたは公知の事実に該当する場合，証拠と裁判における要証事実との間に関連性が欠ける場合，証拠がまったく不適格なものである場合，または証拠申請が訴訟遅延目的で行われたと認められる場合には，申請を却下できる（245条2項3文）。

これに対して，証拠が法廷に現在していない場合は，相対的に広く申請を却下することができる。

まず，訴訟関係人より召喚された証拠および取り寄せられた書面については，

①その取調べが不許容である場合（Unzulässigkeit）
②不必要である場合（Überflüssigkeit）
③無意味である場合（Zwecklosigkeit）
④訴訟遅延目的が認められる場合（Verschleppungsabsicht）

に，証拠申請を却下できる。①取調べが不許容であるとは，たとえば，公務員に対する証人尋問につき，所管官庁の同意が得られなかった場合（54条）や，警察取調べにおける自白調書の朗読（254条1項参照）など，法律上許されない場合である。裁判所は，この類型については，むしろ義務的に証拠申請を却下しなければならない。②不必要とは，証明事実が公知である場合，すでに証明されている場合，或いは無罪方向事実の真実性が推定される場合などである。なお，証人が外国に所在するときは，裁判所は，その召喚が真実探究のため必要であるかを裁量によって判断し，不必要となれば却下できる（244条5項2文）。③無意味であるとは，当該証拠が要証事実との関係で不適格である場合や，証人が所在不明などにより尋問を実施できない場合などである。④訴訟遅延目的については，申請人が当該証拠調べにより手続が自身に有利に展開されるものではないことを自覚していることが要件となり，裁判所がそのことについて確信を抱かなければならない。とくに，③および④の要件に関して，これらの事由による申請却下は，**証拠評価の先取り**が前提となることから，当該事情が客観的に明白な場合に限定すべきとされている[11)]。

鑑定人の尋問については，裁判所自身が鑑定によって得られるべき専門知識についてすでに有している場合，および，すでに鑑定事項につき別の鑑定人に

よって申請人が主張するものとは異なる結論が示されている場合に，証拠申請を却下できる（244条4項1文，2文）。検証実施の申請については，裁判所は，適切な裁量判断によって却下できる（244条5項1文）。

3　証拠禁止

◆証拠禁止の類型

実体的真実の解明は，刑事訴訟上，最重要課題であるが，それは，一定の証拠禁止原則により制限される。証拠禁止原則は，

①一定事実を証明対象としてはならない（証明対象禁止）
②一定証拠を使用してはならない（証拠使用禁止）
③一定方法の証拠調べをしてはならない（証明方法禁止）
④一定の権限者のみが証拠収集を命令または実施できる（相対的証拠禁止）

に分類できる。

◆証拠禁止の意義

実体的真実解明のためであればどのようなことでも許されるというならば，かえって，多くの社会的または個人的価値が侵害される危険が生じる。刑事手続において，真実探究が絶対的価値をもつものではなく，手続が適切に行われることは，実体的真実解明と並んで，国家の価値秩序に位置づけられる。刑事訴訟において，真実は，他のすべてに犠牲を払ってまでその解明が要求されるものでもない[12)]。

とくに，基本法によって保障される基本的人権は，その保護のために，刑事訴訟における真実探究を制限する重要な根拠となりうる。たとえば，人間の尊厳（基本法2条，1条）は，その者を単なる客体として扱うこと，たとえば，暴行などを用いて自白を強要するといった手法を禁止する。

◆証拠使用禁止

証拠収集手段の違法性は，直ちに，当該手段によって得られた証拠の公判での使用を禁止することにつながるわけではない。たしかに，不当な尋問手段（136a条1項）によって得られた自白は，証拠として使用を許されない（136a条3項）など，一部で刑訴法に規定もある。しかし，そのような規定から逆に，規定のない場合は常に証拠の使用が許されるともいえない。

このような一般的な証拠使用禁止如何という問題は，刑訴法に定めがない。学説上，Ernst Beling（エルンスト・ベーリンク）が1902年にチュービンゲン大学での教授就任講義[13]で提起して以来，活発な議論が展開されてきた。判例は，当初，いわゆる権利領域説にたち，証拠使用の可能性は，当該違反行為が不服を述べる者の権利領域を本質的に害するものであったか，またはその程度は低いものにすぎなかったか，という点から決定されるとしていた[14]。しかし，これに対しては，被告人は，自身の基本権保護だけでなく，手続の公正さについても保障を受けるべきであるとの批判が強かった。それゆえ，現在では，Klaus Rogall（クラウス・ロガール[15]）より展開された「衡量説」（Abwägungslehre）が，支配的見解となっている。これによると，個別事案における証拠禁止如何は，それぞれにおいて問題となる利益状況の衡量によって決定される[16]。これに加えて，比例原則，異議申立要件，量刑考慮，証拠評価解決といった手法を駆使して，判例上は，法定以外に証拠使用禁止を認めることが極力制限される傾向にある。

証拠使用禁止が肯定される場合，さらに，当該証拠から派生して収集された証拠についても，使用禁止の効果が及ぶのか。この点，アメリカ法の毒樹の果実論に基づいて，広く波及効果を認める見解もあるが，支配的見解は，制限的に解している。連邦通常裁判所も，信書および通信の秘密に対する侵害の場合に限り波及効を肯定し，それ以外の場合については否定していた[17]。しかし，近時，欧州人権裁判所が，「Gäfgen 事件」において，被疑者・被告人に対して非人道的な取扱いが行われた場合に，波及効果を肯定し[18]，連邦憲法裁判所も，私的生活領域の核心部分が侵害された場合について，「絶対的証拠使用禁止」を肯定している[19]。

◆私人による違法行為

刑事訴訟において，私人が収集した証拠が事実認定に使用される場合もある。たとえば，被害者が犯人を拷問して自白を得たとき，当該自白は使用できるか。

この点，基本的には，刑訴法上の手続規定（とくに証拠収集手続）は，刑事訴追機関に向けられたものであるとして，広く当該証拠の使用が認められている。ただし，私人が刑事訴追機関の委託を受けて，情報収集に当たっていた場合は，もはや刑事訴追機関の行為と同視される。これは，とくに秘密情報員の投入との関係で問題とされる。

Ⅳ◆――人的証拠

1　証　　人

◆証人概念

証人は，裁判官の面前で，ある事実に関する自身の体験を供述によって報告する者である。[20] 伝統的には，犯罪目撃証人のように，証人供述は訴訟の帰趨を決する重要な証拠とされてきたが，現在では，その証拠としての価値は懐疑的に見られる傾向にある。鑑定人も，自身の特別の知識に基づいて得た事実について供述する限りで，証人として扱われる。たとえば，医師が対象者を診察した際その病状について確認したと供述する場合，その医師は，鑑定人としてではなく，鑑定「証人」として供述する者である。

◆証人適格

被疑者・被告人は，証人となることができない。それ以外の者は，すべて証人適格が認められる。たとえば，精神病患者や児童，被疑者・被告人の親族・家族，被疑者・被告人ととくに親しい（または仲が悪い）人，経済的に従属している人（たとえば，被告人が経営する会社の従業員），過去に偽証罪で処罰された人なども，すべて証人となりうる。

共犯者も，自身が共同被告人として併合審理を受けているのでない限り，他の共犯者の手続で証人となりうる。その際，当初は併合して審理されていたが，その供述を必要とするためにのみ手続を分離するということも許される。[21] もっとも，このような形式的な見方に対しては，近時批判が強く，学説上は，その者に対して捜査手続が開始された以後は，その共犯者に対する手続でもはや証人としての尋問は禁止される（それゆえ，被疑者・被告人として扱われなければならない），とする見解が広まっている。

裁判官および検察官は，自身が証人として供述したときは，当該手続での職務から排除される。証人としての立場は，彼らの職務上の義務に優先する。ただし，被疑者・被告人が意に沿わない裁判官を不当に除斥するために，恣意的に証人指名するとき，当該裁判官が尋問内容について知るところではないと職務上の陳述を行った場合には，当該尋問請求が却下される[22]。私訴原告は，原告としての立場と相いれないため，証人となることができないが，公訴参加人は，証人として供述できる（397条1項1文）。弁護人は，従前は，証人として証言したときは，以後の手続から除斥されることになっていたが，現在は，引続き弁護を続行することができる。

◆証人の義務

証人は，①出頭，②供述，③宣誓の3つの義務を負う。

証人は，召喚を受けた場合，ドイツの裁判管轄に服する限りで（つまり，国内に滞在する外国人も），裁判官または検察官の面前に出頭しなければならない（48条以下，161a条1項1文）。その者において，証言拒否権が認められる場合でも，出頭義務は免除されない。証人が召喚に従わないときは，**秩序罰金**が科される。それでもなお証人が出頭しない場合は，勾引することもできる（51条1項3文）。検察官による召喚の場合も，基本的に同様であるが，身体拘束は裁判官の場合に限定されている。

証人は，基本的に，真実を供述する義務を負う（48条1項）。証人が供述を拒否した場合，裁判官は，秩序罰金または秩序拘禁を命じることができるが（70条），検察官は，秩序罰金のみ科することができる。証人が虚偽の供述をした場合，裁判官の面前であれば，偽証（虚偽宣誓）罪（刑153条）に問われうるが，検察官の面前の場合には，処罰妨害罪（刑258条）または名誉棄損罪など（刑187条）が成立しうるにとどまる。

すべての証人は，供述が終わった後で，**宣誓**によって自身の供述が真実であることを保障しなければならない（59条）。この宣誓義務は，裁判官の面前での尋問に限られている。宣誓の形式は，宗教的宣誓を含む方式（64条1項）と，宗教的宣誓を含まない方式（64条2項）がある。とくに前者について，以前から，法政策的問題が指摘されてきた。連邦憲法裁判所は，後者の宣誓方式も含めて，私人に真実を宣誓させることは思想信条の自由（基本法4条1項）に反するとして，そこから宣誓拒否権を認めている[23]。それを考慮に入れて，現在では，宣誓に代わる「**確証**」を行うことも認められている（65条）。ただし，18歳未満の未成年者，宣誓の意味が理解できない者，共犯などで犯行への関与が疑われる者（以上，60条），または，証言拒否権を有する近親者（61条）には，宣誓義務は課されない。

証人が法的理由なく供述または宣誓を拒否した場合，そのことで生じた費用の負担と，秩序罰金または秩序拘禁を科することができる（70条1項）。

◆証人の権利

証人は，発生した費用などについて償還を受ける権利を有する（71条）。

証人の権利としてとくに重要であるのは，全体または個別の質問について**供述を拒否することができる権利**である。証人の供述拒否権は，刑訴52条以下で，次のとおり定められている。

第一に，被疑者・被告人の親族または家族には，無制限の証言拒否権が与えられる（52条1項）。そこには，被疑者・被告人の配偶者または婚約者，直系血族，直径姻族，3親等内の傍系血族または2親等内の傍系姻族にあたる者（または過去にそうであった者）が該当する。この証言拒否権の付与は，近親者が自身の真実供述義務と近親者への愛慕との葛藤状況におかれることを避けることを目的とする。共犯事件の場合，親族以外の被疑者・被告人との関係でも，証言を拒否できる。ただし，自身の親族に対する裁判がすでに確定した場合には，共犯者に対する以後の手続においては，証言を拒否できない[24)]。証人が本条で供述拒否権を与えられる場合，尋問の前に，その権利について，証人自身に理解可能な形で教示しなければならない（52条3項1文）。また，証言拒否権を有する者は，いったんこれを放棄して供述を始めた後も，その放棄を撤回して，再び拒否権を行使することもできる（52条3項2文）。

第二に，弁護士，公証人，医師，宗教者といった職務上他人の**秘密事項にかかわる職業者**に対して，限定的な証言拒否権が与えられる（53条1項）。証言を拒否できるのは，証人が職務上知った事項に限られる。とくに弁護士の場合，自身が刑事弁護人として関与する事件と関連して，当該職務遂行が処罰妨害罪などに該当しうるような場合には，証言拒否権を行使できない[25)]。本証言拒否権は，主として，秘密主体の保護を目的とするから，秘密主体が守秘義務を解除したときは，職業者は供述しなければならない（53条2項）。報道機関には，原情報の発信元などについて包括的な証言拒否権が与えられる（53条1項5号）。ここでの証言拒否権者らに対しては，事前にその教示を行う必要はない。彼らは専門家として，当該事項に関する証言拒否権および守秘義務について，精通しているはずだからである。

第三に，裁判官や所定の公務員については，その公務上の守秘義務が適用される事項に関して，供述禁止（証言拒否義務）が課される（54条）。この事項について，職務上の上司から承諾が得られた場合に限り，供述を許される。仮に，承諾を受けないまま公務員が供述をした場合，当該公務員が処罰を受けることはともかくとして，その供述は証拠として使用することができる。

第四に，すべての証人は，真実のとおりに供述すれば自身またはその近親者らに犯罪または秩序罰を理由として訴追される危険がある事項について，**回答を拒否できる**（回答拒否権）（55条）。職業法上の懲戒処分のおそれがある場合も，本条の類推適用が認められている[26]。この点については，事前に，証人に教示されなければならない（55条２項）。

証人がその証言拒否権を行使したが，事後にその者が当該事項に関連して被疑者・被告人として訴追を受けた場合，証言拒否の事実が不利に判断されてはならない。このことは，被疑者・被告人の黙秘権行使の場合と同様である[27]。

さらに，近時は，伝統的な証人権利に加えて，証人の訴訟主体性を確保すべきとの議論も見られる。たとえば，警察への協力者などが自身の身の安全の保障を求めることや，より積極的に，自身の供述による手続参加という観点から，法的援助者として付添人を付与するといったことである。連邦憲法裁判所も，一般論として，証人保護を目的とした付添人関与を認めている[28]。

◆証人尋問手続

証人は，事前に，真実を述べるよう勧告を受け，宣誓義務および虚偽供述に対する刑事罰の可能性について教示されなければならない（57条）。また，各種拒否権などについても，告知が必要である（52条３項，55条２項）。

証人が複数存在する場合，各人個別に尋問を行い，順番を待つ間は法廷外に退去させなければならない（58条１項）。これは，証人同士が証言を擦り合わせることを防止するためのものである。ただし，**対質**として行われる場合は，証人を同時に在廷させる（58条２項）。

尋問は，速記だけでなく，ビデオ録画もできる（58a 条）。とくに未成年者や性犯罪被害者などについて，公開公判での尋問が不適当とされるときに，本手法が使用される。ただし，被疑者・被告人の防御権（とくに証人対質権＝欧州人権条約6条3項d）保障の観点から，原尋問に弁護人が同席を許される場合に限られる。

具体的尋問は，まず証人の身元確認から始まり（68条1項1文），続いて事件に関する尋問が行われる（69条）。すべての供述が終わると，原則として，証人にその供述内容が真実であることについて宣誓させる。

2　鑑定人

◆鑑定人の概念

鑑定人は，その専門知識に基づいて，裁判所をその証拠評価に際して補助する者である。鑑定は，次の3つの形式において実施される。①裁判所に一般的経験則を報告する（たとえば，新生児の胃や腸は約6時間で空気が充満する），②特別の専門知識に基づいてある事実を確認し，または理解可能な事実を認定する（たとえば，死亡した乳児の腸には空気が満ちていなかった），③専門知識に基づいてのみ探知できる事実から，学問的法則に基づいて一定の推論を導く（たとえば，前述乳児は，出生後6時間以内に殺害された）。

鑑定人は，裁判所の補助者にすぎない。それゆえ，ある事実の法的評価（たとえば，責任能力の有無）は，裁判所の権限に属する。裁判所は，鑑定人の所見を独自に審査し，その信用性を吟味しなければならない。鑑定人は，専門的知識に基づく所見を述べる者であり，証人とは違って代替性がある。

鑑定人は，裁判所の補助者であるが，裁判官らがその専門知識について一定の指示をすることは許されない。その専門知識の範囲内では，鑑定人は，特別の権限を有する。鑑定人は，それに基づいて，たとえば，記録の閲覧，被疑者・被告人尋問への同席・質問などができる（80条）。ただし，そのような質問に際しては，被疑者・被告人または証人尋問に関する規定が準用される。

鑑定人は，それ以外では，証人の地位に類似し，たとえば，召喚を受けたときには検察官の面前に出頭して鑑定を行う義務を負う（161a条1項1文）。その他，権利および義務の点で，多くは証人に関する規定が準用される（72条）。

◆鑑定人召喚の手続

鑑定人召喚について，一般的基準はない。精神鑑定のため精神科病院へ留置する場合（81条）や，検死および死体解剖（87条以下），DNA 型検査（81f 条以下）などに際して，医師などの召喚が義務づけられているにとどまる。それゆえ，法定の場合以外では，裁判官は，自身に専門知識があるときは，鑑定人を召喚する必要がない。しかし，裁判官が自身の専門知識を過剰に評価した場合には，解明義務（244条２項）違反として，上告理由を基礎づけるものとなる。

鑑定を誰に依頼するかは，基本的に，裁判官または検察官が決定する。その際，鑑定期日も含めて，他の手続関係人の意見に拘束されない（73条，161a 条１項）。被疑者・被告人側は，自身が指名する鑑定人が拒否されたときは，自身鑑定人として召喚し，証拠申請を通じてその尋問を求めることができる（245条２項）。

鑑定人について，一般的に除斥規定はなく，検死に際して生前にその死因に関する疾病にかかわった医師が鑑定から除外されるにとどまる（87条２項）。ただし，不公平な鑑定を行うおそれのある場合には，忌避申立てが認められる（74条）。裁判官の場合と異なり，忌避申立てには時間的制限がなく，鑑定が終了した後でも，その証拠利用を阻止するために申し立てることもできる（83条２項）。

◆鑑定の証拠価値

鑑定人が報告した，当該鑑定の基礎となった事実の評価に際して，類型的に区別されなければならない。第一は，所見事実であり，鑑定人がその専門知識に基づいてのみ知ることができたものであり，第二は，付加的事実であり，他の者も知りえた事実である。裁判所は，前者については，それ以上の証拠調べをすることなく，直ちに判決の基礎とすることができる[29)]。

Ⅴ◆──物的証拠

刑訴法上，**物的証拠**として扱われるのは，**検証客体**と**文書**である。

1　検　　証

すべての有体物は，**検証**の客体に該当する。たとえば死体も，その存在，状況，性状などから，裁判官の心証に影響を与えうる限りで，これに該当する。

検証は，人間の五官（視覚，聴覚，嗅覚，触覚，味覚）の機能を駆使して行われる。

検証は，手続のすべての段階で行われる。捜査段階で裁判官が検証を行ったときは，公判裁判所自身の検証に代えて，検証調書朗読の方式で証拠とできる（249条1項2文）。この規定は，直接主義の例外であり，証拠が喪失されない時点で速やかに検証を行っておくべき必要性によるものである。手続関係人に裁判官の検証への立会いを広く認めることで（168d条，225条），防御権との調整も図られている。

2　文　　書

文書とは，その形式を問わず，作成者の意思を含んだ書面である。匿名書面も，文書として証拠となりうる。文書またはその他証拠として役立つ書面は，公判において「朗読」の方式で証拠として用いられる（249条1項1文）。ただし，裁判官および参審員がその内容を認識し，他の手続関係人にもその機会が与えられていた場合には，朗読は省略される（249条2項）。これは，口頭主義・直接主義の例外にあたるが，手続迅速の要請を根拠とする。検察官，被告人または弁護人は，朗読の省略を拒否できないが，裁判長の当該命令に対しては，即時抗告を提起できる（249条2項）。

文書は，無制約に許容されるものではない。事実の立証が人の知覚に基づくときは，原則として，その者を公判で尋問しなければならず，書面で代替することは，刑訴251条所定の要件（死亡などの供述不能，検察官，被告人および弁護人が同意した場合など）を満たす場合に限られる（250条）。

3　録音・録画証拠

録音・録画された媒体は，これを検証客体と解するか，または文書と解するかで争いがあった。

従前は，判例[30]および通説は，Eberhard Schmidt（エーベルハルト・シュミット）の見解[31]に従い，録音証拠は検証客体であると解し，広く証拠としての許容性を認めていた。しかし，この従来の通説に対して，録音内容は言葉による陳述であり，これを単なる聴覚的な音響にすぎないということはできないとする批判が向けられていた。現在は，証人尋問を録音・録画することができると定められ（58a条），その内容を公判で再生する場合は，文書朗読に関する規定が準用されている（255a条1項）。

Ⅵ◆──裁　判

1　裁判の形式，種類

「**裁判**」は，その形式により「**判決**」，「**決定**」，「**命令**」に区別される。判決は，裁判所が公開の口頭弁論に基づいて下すものであり，審級を終了させる効果をもち，それに対する上訴は「**控訴**」または「**上告**」である。決定は，裁判所が公判の途中または公判外で，通常は公判開始，調書朗読など，審級の中間で下すものであり，それに対する上訴は「**抗告**」である（即時抗告と通常抗告がある）。**命令**とは，裁判官が公判期日指定，強制処分命令などについて下すものであり，これに対しては，不服申立てが認められていないか，または抗告もしくは所属裁判所への**異議申立て**による。また，審級を終結させるか否かで，終局裁判と中間裁判とに区別される。

このうち判決は，本案について下される**本案判決**と，手続打切りを宣言する**訴訟判決**とに区別される。

2　裁判の通則

裁判は，裁判官がこれに署名した時点で効力を生ずるが，外部的には，宣告によって初めて効力を有する。

中間裁判では，原則として，手続関係人の意見が聴取される（33条1項）。ただし，未決勾留や押収処分など，事前に聴聞したのでは当該処分の有効性が阻害される場合には，聴聞の機会が不要とされる（33条4項）。

裁判には，原則として，理由が付されなければならない（34条）。ただし，判決以外で上訴不可能な裁判については，理由は不要とされる。裁判の理由について，判決（267条）および勾留命令（114条）は，詳細に法定されている。

裁判の宣告は，判決や勾留命令など対象者が在廷する場では宣告により，不在の場で下されるものは送達により行われる（35条）。その際，上訴可能な裁判に際しては，申立ての方法および期間について教示しなければならない（35a条）。

3 判　決

判決は，公判の最後に，「国民の名において」（im Namen des Volkes）言い渡される（268条1項）。具体的には，裁判長が判決主文を朗読し，その理由を告知する。判決文は，評議を経て宣告前に執筆されるが，判決は宣告によって外部的効力を有することから，裁判長は，宣告の途中でこれを訂正・修正できる。判決宣告に引き続いて，裁判長は，被告人に上訴の教示をしなければならない（35a条）。保護観察，行状監督，警告などを付する場合は，判決に際して宣告される（268a条）。被告人が勾留中の場合，その処遇に関しても，判決と併せて言い渡される（268b条）。

有罪判決の場合，主文では，法的根拠と法律効果が宣告される。刑が免除される場合，これは有罪判決であるが，法律効果は述べられない（たとえば，「被告人は○○罪で有罪であるが，その刑罰は免除する」）。理由では，とくに罪となるべき事実の表示が重要である。これに対し，無罪判決の場合は，主文において「被告人を無罪とする」とのみ宣告される。この場合も，無罪の理由（証明不十分，無実の証明など）が付される。また，改善・保安処分は，有罪の場合だけでなく，責任無能力で無罪とされる場合にも命じられるが，主文ではその法律効果が述べられる。

4 判決書

判決は，書面（**判決書**）に記録される。判決書は，参審裁判所では裁判長が，その他の構成では陪席裁判官が執筆する。その内容は，

①被告人の氏名，罪名，裁判所の名称，期日などの所定事項
②判決主文
③適用法令
④判決理由
⑤裁判官の署名

である。このうち，判決理由は，証明された事実，正当防衛などの当該事件で特別な事情に関する所見，適用刑罰法令，減軽または加重事由，量刑事由，保護観察などの理由，短期自由刑に関する事由などが含まれる。判決理由は，手続関係人に対して判決内容を理解させること，上訴を可能にさせること，上級審での審査を可能にすること，一事不再理の範囲を明確にすること，執行機関にその対象および内容を理解させること，といった機能をもつ。

判決は，通常，その宣告後に初めて公表される。公表は，遅滞なく，遅くとも宣告から5週間以内に行われなければならない（275条1項1文，2文）。ただし，大規模事件では，相当期間の延長も認められる（275条1項4文）。上訴権者全員が上訴を放棄した場合，判決理由を省略化することができる（267条4項）。それゆえ，裁判所としては，省力化のため判決合意手続を行い，上訴放棄を合意するよう動機づけられる。

5　裁判の効力（確定力）

裁判は，それが確定すると，一定の効力（**確定力**）を生ずる。確定力は，形式的確定力と実体的確定力に分かれる。

形式的確定力は，同一訴訟において通常の手続ではもはや争えなくなった状態を意味する。加えて，判決に執行力が付与される。形式的確定力は，上告審で判決が宣告された場合（裁構121条，135条），上訴期間が経過した場合（319条，322条，346条，349条），上訴放棄またはその取下げがなされた場合（316条，349条），不服申立てできない裁判が宣告された場合（81c条，322条，346条など）に生じる。形式的確定は，被告人ごとに生じる。また，ある判決に対して一方のみが上訴し，他方が上訴しなかった場合には，相対的に生じることになる（**相対的確定力**）。

実体的確定力は，判決が確定した事件につき，改めて他の手続の対象とすることは許されないという効果（一事不再理効）を生じさせる。それにより，もはや国家の刑罰請求権は使い果たされたと理解されるわけである。したがって，一事不再理効の発生は手続障害を形成し，公訴提起を無効にさせる。[32] 実体的確定力の本質について，かつては活発に議論されたが，現在は，訴訟法的確定力説（Prozessrechtliche Rechtskrafttheorie）が支配的である。[33]

実体的確定力は，訴訟対象と同一の範囲で生じる。[34]

確定判決は，次の場合に覆される可能性がある。すなわち，現行法上

①再審手続が行われる場合（359条以下）
②原状回復が認められた場合（44条）
③共犯者への上告拡張が行われる場合（357条）
④連邦憲法裁判所による判決破棄が行われる場合（連邦憲法裁判所法95条2項）

には，判決の確定力が消滅する。また，憲法上禁止される裁判所の構成（特別裁判所，革命裁判所など）による裁判や，死刑を宣告するなど明らかにその内容が許されない裁判については，**判決無効**の概念も承認されている。

1） BGHSt 50, 40.
2） BGBl I, 2009, S. 2353.
3） *Altenhain/Dietmeier/May* (Hrsgb.), Die Praxis der Absprachen in Strafverfahren, 2013.
4） BVerfG NJW 2013, 1058.
5） BGHSt 2, 125; 34, 111.
6） KG NStZ 90, 405.
7） BGHSt 11, 56.
8） BGHSt 6, 293.
9） BGHSt 16, 166.
10） BGH StV 1989, 141.
11） BGH NStZ 1984, 230.
12） BGHSt 14, 358.
13） *Beling*, Die Beweisverbot als Grenzen der Wahlheitserforschung im Strafprozess, 1903.
14） BGHSt 11, 213.
15） *Rogall*, Stand und Entwicklungtendenzen der Lehre von den strafprozessuale Beweisverbot, ZStW 91（1979）, 1.
16） BGHSt 19, 235など。
17） BGHSt 29, 244.
18） EGMR NJW 2010, 3145.
19） BVerfGE 109, 279; BVerfG StV 2011, 65.
20） RGSt 52, 289.
21） RGSt 69, 390.
22） BGHSt 7, 44.
23） BVerfGE 33, 23.
24） BGHSt 38, 96.
25） BGHSt 50, 64.
26） OLG Köln StV 1987, 537.

27） BGHSt 38, 302.

28） BVerfGE 38, 105.

29） BGH NStZ 1995, 44.

30） BGHSt 14, 341.

31） *Eb. Schmidt,* Der Stand der Rspr. zur Frage derVerwendbarkeit von Tonbandaufnahmen im Strafprozess, JZ 1964, 537.

32） RGSt 2, 347; BGHSt 5, 328; BVerfGE 3, 251.

33） *Niese,* Doppelfunktionelle Prozesshandlungen, 1950, S. 121; *Eb. Schmidt,* Lehrkommentar zur StPO und zum GVG Teil I 2 Aufl., 1964, Rn. 275 ff.

34） BGHSt 6, 95.

第18章　法的救済手続

法的救済手続は，ある裁判に対して異議がある場合に，不服を申し立てる手段である。これは，裁判確定前に行われる通常手続と，確定後の非常救済手続とに分かれる。前者は，**上訴**という。後者には，**再審手続**，原状回復，憲法抗告がある。また，欧州人権裁判所によるドイツの裁判に対する条約違反認定も，ドイツ国がその是正を義務づけられるという形で，法的救済手続に含まれる。

Ⅰ◆──上　訴

1　上訴概説

◆上訴の概念

上訴は，裁判が確定する前に行われる，原裁判の是正を上級審に求める救済制度である。上訴は，その提起により，事件が上級審に**移審する効果**と，原則としてその裁判の**執行を停止させる効果**を有する。

上訴の種類として，決定および命令に対する抗告，判決に対する控訴および上告に分かれる。

◆上訴手続

上訴が許容されるためには，それが上訴権者によって行われること，および上訴の利益が存することが必要である。上訴権者として，被疑者・被告人，検察官，弁護人，被疑者・被告人の法定代理人らが法定されている（296条以下）。また，第三者没収の場合など，裁判の直接の対象となる者も，上訴権者である。上訴の利益とは，当該裁判について**不服**が認められることである。たとえば，被疑者・被告人は，有罪判決に対して上訴の利益があるが，無罪判決に対してその理由の是正を求めることは，上訴の利益が欠けるためにできない[1]。一部上訴も，上訴の利益がある限り，許される（316条，318条，327条，343条，344条，352条）。

上訴は，当該裁判をした原裁判所に提起しなければならない（314条，341条）。控訴，上告，即時抗告の場合，宣告後または送達後1週間以内に提起しなければならない（311条2項，314条，341条）。上訴の提起は，書面によるか，または事務局調書もしくは公判調書への記載を求めるという方式で行う（306条1項，314条1項，341条1項）。

上訴は，これを放棄しまたは取り下げることができる（302条）。これらの訴訟行為は，いったん表明されると，撤回できない[2]。

◆不利益変更禁止原則

控訴，上告，再審に際して，被告人がこれを申し立てた場合，または検察官が被告人の利益に申し立てた場合，原判決よりも被告人に不利となる判決を下すことはできない（331条1項，358条2項，373条2項）（**不利益変更禁止**）。本原則は，被告人が上訴提起に萎縮することを防止する目的による。

本原則は，主文にのみ妥当し，理由には適用されない。それゆえ，たとえば，故殺罪を理由とする10年の自由刑に対して被告人のみが上告した場合，上告裁判所が，謀殺罪を認めたうえで改めて10年の自由刑に処することは禁止されない。

2　控　　訴

◆控訴の意義

控訴は，事実点および法律点の事後審査を求める包括的な上訴である。その対象となるのは，単独裁判官および参審裁判所が行う一審判決であり，大刑事部，陪審裁判所，高等裁判所の一審判決に対する控訴は認められていない。すなわち，控訴は軽微な事犯に限定されており，重大な事犯は上告限りとされている。このことは，一見すると価値矛盾があるようにも思われる。しかし，この点は，重大事犯を扱う裁判所は，相対的に慎重かつ入念な公判手続を想定して構成されているのに対して，軽微事犯の管轄を有する裁判所は適宜略式化される構造になっていることから，第二の事実審の要否に自ずと差異があるものと考えられている。

◆控訴の手続

控訴は，原裁判所に向けて，判決宣告から1週間以内に提起しなければならない（314条）。原裁判所は，控訴が適法である場合，公判記録を検察官に交付し，これを受けて，検察官は，上級検察官を通じて控訴審裁判所に伝達する（320条，321条）。控訴申立人は，控訴提起期間経過から1週間以内に控訴趣意書を提出して理由づけることができる（義務ではない。317条）。もっとも，通例は，判決文の交付は控訴提起期間経過後にようやく行われることから，判例は，さしあたり包括的に不服を述べておき，事後に精確な理由を追完すること[3]，或いは，控訴を上告に変更すること[4]，逆に，当初は上告としておきながら事後に控訴へ変更すること[5]も認めている。

控訴裁判所は，控訴提起が規定に違反すると認めるときは，直ちに決定で控訴を棄却できる（322条1項）。原判決が15日分以下の罰金刑など軽微なものであるときは（無罪判決に対する検察控訴の場合，その求刑が30日間の罰金刑であった場合も），控訴裁判所は，控訴を受理するか否かを決定する（313条1項，322a条）。

控訴審の公判は，その準備手続については一審の手続を準用する（323条1項）。公判手続も，基本的に一審と同様であるが（332条），起訴状朗読に代えて報告裁判官が従前の手続経過を説明し，控訴に意味をもつ限りで一審判決が朗読される（324条1項），一審の尋問記録を朗読できる（325条），最終弁論は控訴を申し立てた側が先に行う（326条），といった点に違いがある。なお，証拠については制約がない（323条3項）。このことから，控訴審の構造は，常に事件に対する新たなかつ独自の評価を行うものであり，覆審主義である。

◆控訴審の裁判

控訴裁判所は，まず訴訟条件を審査し，これが欠けているときは，訴訟判決によって手続を打ち切る。

他方，実体判決を下すときは，一審判決を正当と認めて控訴を棄却するか，または原判決を破棄する（328条1項）。後者の場合，かつては，原審への差戻しも認められていたが，1987年改正以後は，原審が不法に管轄を認めた場合を除き（328条2項），控訴裁判所が自判しなければならない（328条1項）。

なお，被告人が控訴した事件で，被告人が合理的理由なく欠席し，かつ代理人も出廷させなかった場合は，公判を開くことなく被告人の控訴を棄却する（329条１項）。検察官が控訴した事案では，被告人が在廷することなく公判を実施できる（329条２項）。

3　上　告

◆上告の意義

上告は，法律点の事後審査のみ行う純粋の法律審である。したがって，上告を申し立てることができるのは，「原判決が法令違反に基づいていることを理由とする場合」（337条１項）に限定される。

上告は，上告審自身の判決を除くすべての判決に対して提起できる（333条，335条）。すなわち，すべての一審判決および控訴審判決がその対象となる。このうち，控訴可能である判決に対して，直ちに上告することを**跳躍上告**という（335条）。原判決に対して一方が控訴，他方が上告し，いずれも適法に行われた場合には，控訴として扱われる（335条３項１文）。

上告審は，審級管轄に則り，高等裁判所または連邦通常裁判所が管轄を有する。

上告審の目的は，法統一の確保と具体的正義の実現の双方に認めるのが，通説的見解である[6]。このような理解を前提に，法律審である上告審は，論理則，経験則，学術的な定理といった概念をも法律的審理に取り込んで，原判決の事実認定がこれらの法則に違反していることを理由に原判決を破棄することが，日常的に行われている[7]。

◆上告理由

上告は，前述のとおり，原判決に法令違反があり，判決がその違反に基づいていることを理由とするものでなければならない。法律上，絶対的上告理由と，相対的上告理由とに分かれる。

絶対的上告理由とは，当該違法事由が存在すれば，常に判決が当該違反に基づいていると認められるものであり，刑訴338条に列挙されている。これは，

①裁判所の構成および管轄にかかわるもの（338条１号～４号）
②裁判所の手続的瑕疵（同５号，６号）
③判決後の瑕疵（同７号）
④弁護権侵害（同８号）

に分類される。①は，裁判所の構成に関する法律違反があるとき，除斥・忌避などされるべき裁判官が関与していたとき，不法に管轄が認められたときなどである。②は，検察官などの在廷を義務づけられる者が不在で公判が行われたとき，違法に公開性が排除されたときなどである。③は，判決に理由が付されていないとき，またはこれが記録に編綴されていなかったときなどである。

これに対して，**相対的上告理由**とは，絶対的上告理由以外の違法事由が存する場合で，個別具体的に判決との因果性が示されなければならないものをいう。ただし，本来適用されるべき法令が適用されなかったとき，または正しく適用されなかったときは，この意味での因果性が推定される（337条2項）。

◆上告の手続

上告は，控訴と同様，原判決宣告から1週間以内に，原裁判所に提起しなければならない（341条1項）。上告の場合，上告趣意書の提出は義務的であり（344条1項），上告申立人は，上告提起期間の経過から1ヶ月以内にこれを原裁判所に提出しなければならない（345条1項）。その際，主張する法違反が**実体法違反**であるのか，または**手続法違反**であるのかを示さなければならない。この違いは，前者の場合は，包括的な主張で足りるが，後者の場合は，瑕疵ある事実を具体的に示さなければならない点で，重要である（344条2項）。

上告が期日および形式を遵守していないときは，原裁判所が決定で却下する（346条1項）。適式であるときは，上告申立書が相手側に送達され，相手側は，1週間以内に答弁書を提出できる（347条1項）。その後，検察官が，記録を上告裁判所に送付する（347条2項）。

上告裁判所は，上告の諸規定について審査し，その提起が不適法であるときは，直ちに決定で却下できる（349条1項）。また，上告には明らかに理由がないと認められるときも，同様である（349条2項）。実務上，上告の約90％が，本規定に基づいて却下されている。上告審の裁判は理由を付する必要がないことから，裁判官の恣意的判断や予断のおそれを理由に批判が強いが，連邦憲法裁判所は，その合憲性を認めている[8)]。

上告審の公判手続は，事実認定に関する証拠調べを行わないことから，基本的に書面審査となる。例外的に，手続法違反が主張され，公判調書からその事実が明らかでない場合に限り，口頭弁論が開かれる（ただし，この場合も，通例は，裁判官，書記官らの書面による職務上の陳述が行われるだけである）。被告人および弁護人は，公判期日の通知を受けるが，出廷義務はない（350条）。手続として，報告裁判官による説明，上告人の弁論，反対側弁論，被告人の最終陳述の順で進行される（351条２項）。

審理の対象は，申立人が主張する範囲に限られる（352条１項１文）。手続法違反が主張されたときは，対象となる事実は上告趣意書に示された事実のみである（352条１項２文）。これに対して，実体法違反が主張されたときは，示された事実を超えて審査される。たとえば，心神喪失を理由とする責任阻却事由のみ主張されたときでも，必要に応じて，構成要件該当性が審査される。

◆上告審の裁判

上告審の裁判は，基本的に，控訴審のものと共通する。ただし，原判決を破棄する場合には，原則として原審にこれを差し戻す（354条２項）。事実認定に変更がなくもっぱら法令適用の瑕疵を認めて，被告人に無罪，手続打切りなどを言い渡す場合や，検察官より法定刑の下限または免除が申し立てられてこれを認める場合には，上告裁判所が自判する（354条１項）。なお，上告裁判所は，原審の事実認定を基礎にその法令適用の誤りを認めるとき（たとえば，窃盗ではなく詐欺であったと判断するとき）は，原判決を破棄することなく，その有罪判決を「修正」（Schuldspruchberichtigung）することもできる[9]。

差戻し後の下級審は，上告審で示された法的判断に拘束される（358条１項）。

共同被告事件で，１人の被告人のみが上告し，その実体法違反の主張が認められて原判決が破棄されたときは，上告しなかった他の被告人にもその効果が及び，それら被告人の有罪判決も破棄される（**上告拡張**，357条）。

4　抗　　告

抗告は，決定または命令に対する不服申立てである。検察官，被告人だけでなく，自身の利害にかかわるその他の訴訟関係人も，これを提起できる（304条１項，２項）。ただし，法律上明示で除外されている場合を除く（たとえば，公判開始決定＝210条１項）。

抗告は，原裁判所に提起する。その提起期間には，一般的に制限がないが，即時抗告は，裁判が告知されてから１週間以内とする制限がある（311条）。

抗告は，基本的に原裁判の執行を停止する効力をもたない（307条１項）。ただし，原裁判所，抗告裁判所は，職権で執行延期を命じることができる（307条２項）。

抗告裁判所は，事実の取調べを命令し，または自ら行うことができる（308条２項）。通常は，訴訟記録に基づいて（口頭弁論なく）裁判する（309条１項）。

抗告審の裁判に対しては，原則として再抗告できないが（310条２項），例外的に，勾留または仮収容に関する裁判に関しては，再抗告できる（310条１項）。

Ⅱ◆──再　審

1　再審の意義

再審は，確定判決に誤りがあったとき，これを是正するための制度である。法的安定性と具体的正義との衡量から，実体的確定力を破ってでも後者を優先させるべき場面に，再審手続が存在する。

ドイツ刑訴法では，被告人に不利益となる再審も認められているが（362条），再審制度の本質的機能は，やはり冤罪からの救済にあると考えられている。このことは，再審事由の違いにも表れている。

再審は，原確定判決の事実認定に対する是正を図るものであるが，法適用の是正については，法律無効に基づく再審（連邦憲法裁判所法79条１項），故意の枉法に基づく再審（359条３号，362条３号）がある。

2　再審事由

まず，被告人にとっての利益再審および不利益再審に共通の再審事由として，ファルサ型の類型が挙げられる。これは，

①裁判に重要な記録などの偽造（359条１号，362条１号）
②証人または鑑定人の偽証（359条２号，362条２号）
③裁判官の枉法罪などの職務犯罪（359条３号，362条３号）

である。他方，ノヴァ型類型としては，被告人に不利益な再審については，

④被告人が無罪判決確定後に自白した場合（362条４号）

がある。

これに対して，被告人に利益な再審の事由としては，

⑤刑事判決の判断の基礎となった民事判決が別の確定判決により破棄された場合（359条4号）
⑥欧州人権裁判所が原判決の条約違反性を認めた場合（359条6号）
⑦原確定判決を明白に覆して無罪などの判決を言い渡すべき新事実または新証拠が提出された場合（359条5号）

が加わる。いずれもノヴァ型であるが，実践的にとくに重要であるのが，⑦の場合である。

3　再審の手続

再審の請求は，原判決の被告人（本人死亡の場合は，その親族も）および検察官が行うことができるが（361条2項），請求の時期に，制限はない（361条1項）。請求に際して，法定の再審事由と必要な証拠を提示しなければならない（366条1項）。被告人側の請求は，弁護人または弁護士によって署名を受けた書面を提出し，または裁判所事務局に申し出て公判調書に記載させるという方法をとらなければならない（366条2項）。そのため，再審手続に管轄を有する裁判所（裁構140a条，通常は原確定判決を下した裁判所）は，申立てに応じて，再審手続およびその準備のために，被告人に弁護人を任命しなければならない（364a条，364b条）。

裁判所は，請求を受けると，まず当該請求が適法に行われたものであるかを審査する。この時点で，申請書面の形式審査だけでなく，とくに新事実または新証拠の新規性および明白性の審査も行われる[10)]。ただし，当該証拠の実質的な審査は，後の理由審査の段階で行われるべきものであることから，公判手続におけるような証拠評価まで行うことはできない[11)]。この段階で，申請が不適法または不許容と判断されたときは，裁判所は，申請を却下する（368条1項）。

次に，裁判所は，請求を適法であると認めるときは，まず，1人の裁判官に命じて，必要な証拠調べを行わせる（369条1項～3項）。これが終わると，検察官および被告人に，意見聴取の機会が付与される（369条4項）。請求による主張が十分証明されなかった場合，または所定の手続瑕疵（ファルサ型類型）が原

判決に影響したと認められない場合は，請求が棄却される（370条1項）。理由があると認められる場合は，手続を再開し，公判を新たに行うことが命じられる（370条2項）。ただし，被告人がすでに死亡している場合や，無罪とすべき十分な証拠があると認められる場合には，直ちに無罪判決を下し，または請求を棄却する（371条）。再審請求は，執行を停止する効力をもたないことから，公判開始または無罪判決により，初めてその効力を生ずる。

新たな公判手続は，原確定判決を下した裁判にまったく拘束を受けない。それゆえ，立証責任が転換されるわけではなく，新たな証拠構造に基づく立証活動が必要となる。

1） BGHSt 7, 135; 16, 374; BVerfGE 6, 7.
2） BGHSt 5, 341.
3） BGHSt 2, 63.
4） BGHSt 5, 338.
5） BGHSt 13, 388.
6） *Sarstedt/Hamm*, Die Revision in Strafsachen 6 Aufl., 1998, S. 2ff. 参照。
7） BGHSt 6, 72; BGH StV 1995, 583.
8） BVerfG NJW 1982, 925; NStZ 1987, 334.
9） BGHSt 2, 250.
10） BGHSt 17, 304; BVerfG NJW 1994, 510.
11） BVerfG NStZ 1995, 43.

補論　ドイツにおける法曹養成システム

1　はじめに

ドイツにおける法曹養成の目的は，「統一的法曹」（Einheitsjurist）の養成である。その修了者は，すべての法律職（弁護士，裁判官，法学者）に就く資格を得る。法曹養成は，二段階で行われる。学生は，まず，大学で，指定の必修・選択科目と，自身が選択した重点領域について教育を受ける（9セメスタ）。第1次司法試験合格後には，法律実務について司法修習が行われる（24ヶ月）。

大学での学修は，指定科目についての国家試験と，大学が行う重点科目試験に合格することによって修了し，司法修習を受ける資格が与えられる。司法修習も，その修了試験をもって修了する。

2　法曹養成の法的枠組み

法曹養成の法的枠組みは，連邦法，州法および個別の大学規則において定められている。その基本枠組みは，裁判官法（DRiG）に規定されている。ただし，同法には，一般的な規定のみおかれ，詳細は各州に委ねられている。これを受けて，各州は，裁判官法施行法を制定し，法曹養成や試験に関する細則を規定している。州法は，さらに，各大学に，学修過程および試験についての実施を授権しており，これを受けて，各大学は，その細則を定めている。

3　法曹養成制度の改革

2002年法曹養成改革法により，法曹養成に大きな変化が生じた。この改正の目的は，学生によりよく法律職への準備を行わせることであり，学修の時点から，実践（とくに弁護士実務）を意識したものとされることになった。とくに，法律相談と法書式が，司法修習の基本要素とされることになった。

◆第１次司法試験

本改革により，司法試験は，裁判官法において，第１次試験と称されることになった。第１次試験は，従来国家試験とされていた一部が大学試験へと移され，その比重は，国家試験70％，大学試験30％となっている。大学試験は，個別の州法および授権を受けた大学規定に従って行われる。

◆重点領域

裁判官法5a条２項によれば，学修対象は，必修領域と，選択による重点領域からなる。重点領域の学修は，職業に関連させてこれを学問的に深めるものである。これにより，早期に職業に関する方向づけを行い，高度の学問的作業ができるような能力を高めさせるものとされている。重点領域の具体的な態様は，各大学に委ねられている。

◆講義・試験内容としての法律相談および法書式

本改正において，従来の裁判官指向的な要請から弁護士指向的なものへと改変されたことに応じて，弁護士の視点をも取り込んだ教育（現役弁護士に講師を委託するなどして）が必要とされた。また，試験では，法律相談実務も考慮されなければならない。このような目標設定から，法律相談や法書式の要素を盛り込んだ弁護士職の筆記試験が試験科目とされることが増えてきた。

◆講義・試験内容としての代理能力

さらに，法曹として重要な契約締結能力（Schlüssselqualifikation）を養うことも，学修内容に含められた。裁判官法5a条3項では，交渉調整や対話の進行なども，科目として定められている。同法5d条1項1文は，国家試験および大学試験においてこれらの能力が考慮されるべきことを定める。

◆専門的な外国語能力の養成

裁判官法5a条2項によると，外国語による法学の授業または法学に沿った外国語教室への参加修了が証明されなければならない。同法5d条1項に基づいて，外国語能力が考慮されうる。

4　法学の学修

◆条　　件

法学を学修するための条件は，高校卒業条件としての大学入学資格試験（Abitur）の合格，または，これと同等の基礎能力を有していることである。

◆費　　用

公立大学での法学学修は，多くの州では学費が無料であるが，バイエルン州とニーダーザクセン州では，セメスタ毎に250～500ユーロの学費が必要である。学費以外に，セメスタ費が必要であり，各期おおよそ100～300ユーロが徴収される。いくつかの大学では，管理費も徴収される。

◆公立大学と私立大学

ドイツでは，通常，第1次試験合格を目標とする学修は，公立大学で行われるが，その例外として，ハンブルクにあるブッセリウス・ロースクールと，ヴィースバーデンにあるEBS経済法科大学がある。

◆成績証明

第1次試験の受験には，以下の証明が必要となる。

①ドイツの大学で最低4セメスタの期間学修したこと。
②中間試験を受けたこと。中間試験は，一般に，筆記試験または課題の形式で行われる。
③基礎法を学修したこと。これは，通常，レポートや口頭報告に基づく。基礎法の典型は，法理論，法社会学，法政史である。

④外国語を修得したこと。これは，外国語による法学の授業または法学に沿った外国語教室への参加修了に基づく。主として，英語である。
⑤上級者向け課題学修への参加。これは，刑法，公法，民法について行われる。課題と筆記試験によって行われ，優秀な成績を収めなければならない。
⑥実務研修への参加。これは，講義休み期間に合計３ヶ月の実務学修が必要である。内容は，裁判実務，弁護士事務所，行政官庁での実務研修である。

◆大学における講義など

①講義。学修の中心である。
②学修研究。講義の内容に照らしながら，共同研究が行われる。これは，助手や司法修習生が担当する。
③上級者向け課題。これは，主に教授によって，必修科目の法領域に関連する複雑な問題が出される課題である。
④ゼミナール。ゼミは，上級者を対象としている。参加者は，個別のテーマに関する論文を作成し，その内容について報告する。
⑤試験準備。近年，ほぼすべての大学において，試験準備のために，必修科目についての特別講義が設けられている。多くの学生が，各種受験用テキストを用いて受験勉強をしている。

◆学修の流れ

①基礎学修：刑法，公法，民法に関する講義と学修ゼミ。加えて，外国語と基礎法。
②重点学修：刑法，公法，民法に関する上級者のための課題。加えて，他の法領域（商法，家族法，民訴法，刑訴法）に関する講義。この重点学修の中に，重点領域の学修および試験準備も含まれる。
③試　　験：大学での法学学修は，第１次試験（国家試験70％，大学試験30％の割合）をもって修了する。必修科目は，各州の司法試験局により実施，採点される。必修科目試験は，各州によって異なり，５～７科目の筆記試験と口述試験からなる。筆記試験は，２週間以内に集中して行われる。筆記試験に合格すると，その約４～５ヶ月後に口述試験が行われる。

試験科目は，基本科目として刑法，公法，民法の分野を含む。実体法の問題が主であり，手続法については付随的に問われるにすぎない。第１次試験は，２度受験できる。その例外として，試し受験制度もある。重点領域の試験は，大学で行われる。

④合 格 者：2011年には，ドイツ全体で，7,913名が第１次試験に合格している。

5　司法修習

⑴　準備実習は，高等裁判所が管轄する機関で行われる。どの管轄を選ぶかは，修習生の自由である。これが終わると，修習生は，高等裁判所に配属され，その管轄内で，地方裁判所を実習裁判所として指定される。

⑵　幅広い能力を養うために，養成は，複数の科目（民法，刑法，行政法，検察・弁護士実務，選択科目）に分けて行われる。

⑶　司法修習の最後に，第２次試験が行われる。これは，純粋な国家試験であり，各州の司法省が実施，採点する。修習生は，７～11科目の筆記試験と口述試験を受ける。

第Ⅲ部

刑事政策

■テキスト

・*Meier,* B.－D.: Strafrechtliche Sanktionen, 3. Aufl. Springer 2009, Teil 4 (S.141-232).
・*Streng,* F.: Strafrechtliche Sanktionen, 3. Überarbeitete Aufl. Kohlhammer 2012, IX. (S.233-379).
・*Schäfer/Sander/van Gemmeren:* Praxis der Strafzumessung, 5. Aufl. C. H. Beck 2012.
・フォルフガング・フリッシュ・浅田和茂・岡上雅美編「量刑法の基本問題――量刑理論と量刑実務との対話」成文堂，2011。
・*Meier,* B.－D.: Strafrechtliche Sanktionen, 3. Aufl. Springer 2009, Teil 3 (S.39-139), Teil 7 (S.369-385).
・*Göppinger,* H.: Kriminologie, 6., vollständig neu bearbeitet und erweiterte Aufl. C. H. Beck 2008, § 34, Rn. 1-67.
・*Streng,* F.: Strafrechtliche Sanktionen, 3. Überarbeitete Aufl. Kohlhammer 2012, V.－VI. (S.63-163).
・*Laubenthal/* Nestler.: Strafvollstreckung, Springer 2010, I (S.179-200).
・*Detter,* K.: Einführung in die Praxis des Strafzumessungsrechts, Mit Erläuterungen zum Recht der Maßregeln der Besserung und Sicherung, Carl Heymanns 2009, III. Teil (S.199-242).
・*Meier,* B.－D.: Strafrechtliche Sanktionen, 3. Aufl. Springer 2009, Teil 5 (S.233-335).
・*Streng,* F.: Strafrechtliche Sanktionen, 3. Überarbeitete Aufl. Kohlhammer 2012, VIII. (S.164-232)
・*Schäfer/Sander/van Gemmeren*: Praxis der Strafzumessung, 5. Aufl. C. H. Beck 2012, Teil 3. (S.95-159). „
・クラウス・ラウベンタール，土井政和＝堀雄（訳）『ドイツ行刑法 第3版』（矯正協会，2006年）
・*Laubenthal,* Klaus, Strafvollzug. 6. Aufl. Heidelberg u.a. 2011.
・*Meier,* Bernt-Dieter, Strafrechtliche Sanktionen. 3.Aufl. Heidlberg, 2009.
・*Streng,* Franz, Strafrechtliche Sanktionen. 3. Aufl. Stuttgart, 2012.
・*Cornel/Kawamura-Reindl/Maelicke/Sonnen* (Hrsg.): Resozialisierung. Handbuch. 3. Aufl.Baden-Baden, 2009.
・*Laubenthal/Baier/Nestler,* Jugendstrafrecht, 2. Aufl. Heidelberg u.a. 2010.
・*Streng,* Franz, Jugendstrafrecht, 3. Aufl. Heidelberg u.a. 2012.
・*Meier/Rössner/Schöch,* Jugendstrafrecht, 3. Aufl. München 2013.
・*Ostendorf,* Heribert, Jugendstrafrecht, 7. Aufl. Baden-Baden 2013.

■コンメンタール

・*Calliess/Müller-Dietz*: Strafvollzugsgesetz, 11. Aufl. München 2008.
・*Arloth,* Frank, Strafvollzugsgesetze. Bund, Baden-Württemberg, Bayern, Hamburg, Hessen, Niedersachsen. Kommentar, 3. Aufl. München 2011.
・*Feest,* Johannes (Hrsg.): Kommentar zum Strafvollzugsgesetz (AK-StVollzG), 6. Aufl. Neuwied 2011.
・*Schwind/Böhm/Jehle/Laubenthal* (Hrsg.): Strafvollzugsgesetz. Bund und Länder. 6. Aufl. Berlin und Boston 2013.
・*Diemer/Schatz/Sonnen,* Jugendgerichtsgesetz mit Jugendstrafvollzugsgesetzen, 6. Aufl. Heidelberg u.a.2011.
・*Brunner/Dölling,* Jugendgerichtsgesetz. Kommentar, 12. Aufl. Berlin und Boston 2011.
・*Ostandorf,* Heribert, Jugendgerichtsgesetz, 9. Aufl. Baden-Baden 2013.
・*Meier/Rössner/Gerson/Trüg/Wulf* (Hrsg.), Jugendgerichtsgesetz. 2. Aufl., Baden-Baden 2014.
・*Eisenberg,* Urlich, Jugendgerichtsgesetz. 17. Aufl., München 2014.

■ホームページ

・Konstanzer Inventar Kriminaltätsentwicklung [http://www.ki.uni-konstanz.de/kik]
・Konstanzer Inventar Sanktionsforschung [http://www.ki.uni-konstanz.de/kis]

第19章　制裁論

I◆―量　　刑

刑事手続において行為者に科すべき刑を決定することを**量刑**という。刑46条1項1文は，「行為者の責任」が「刑の量定の基礎」になると規定している。この量刑の際に考慮される責任は，犯罪成立要件である責任（刑罰を根拠づける責任）とは区別して，量刑責任とよばれる。つまり，不法が実現された場合に，行為者を非難できる程度を示すものである。この量刑責任に影響を与える事情は，刑46条2項に規定されている。しかし，これらは，あくまでも立法者が「とりわけ」重要な意味をもつと考えた事情の例示にすぎないため，その他の事情も考慮されてよい。以上の刑法上の量刑に関する規定は，完結的ではないため，裁判官には裁量の余地が残されている。そこで，量刑に関するさまざまな学説が生まれた。

すべての学説において共通して問題となるのは，刑46条1項1文によって刑の量定の基礎として位置づけられている行為者の責任と特別予防または一般予防の刑罰目的が対立する場合の扱いである。この場合，判例や通説は，行為者の責任を刑罰目的の達成よりも優先し，行為者の責任を上回る刑罰は**責任主義**に反するので当然のことながら認めていない。また，下回る刑罰を科すこと[1]についてはは争われているが，判例では認められていない。

1　量刑学説

◆幅の理論

判例と多数説が支持している「幅の理論」（Spielraumtheorie）は，刑罰論の通説[2]である統合説[3]（Vereinigungstheorie）とも調和性のある考え方である[4]。この別名「**責任枠（責任の範囲）説**」ともよばれる説によると，裁判官は，はじめに**法定刑**の範囲内で，当事案の責任の重さに見合った**責任枠**を決定する。その際，はじめに下限（「すでに責任に見合った点」）と上限（「まだ責任の範囲内といえる点」）が決定され，この下限と上限の間は，連続的なスケール（点ではなく，線）として捉えられる。そして，その責任枠の中で予防の観点を考慮することで，最終的な**刑量**を決定する。つまり，裁判官は，責任枠の範囲内で，予防の観点を考慮して刑を重くまたは軽くすることができるのである。言い換えるならば，量刑においては，あくまでも行為責任の観点が優先され，予防の観点は，二次的に考慮されるにすぎないということである。

◆その他の学説

「位置価説」（段階説）（Stellenwerttheorie）は，幅の理論に対立する形で発展した。この説は，責任と予防を明確に区別する点に特徴がある。つまり，制裁を決定することは，二段階の作業を意味する。裁判所は，はじめに不法（責任）の量を基に，刑罰の重さを量定する（狭義の量刑）。続いて，予防的刑罰目的（特別予防および・または一般予防の観点）から，刑罰の種類，および実刑にするか否かを決定する（広義の量刑）。

「罪刑均衡説」（Tatproportionalitätstheorie）は，犯罪行為の重さを重視する考え方である。この説によると，刑46条1項1文は，責任に関係のある事情を基にして，罪刑の均衡性を考慮して刑罰を量定すべきことを規定していると解する。犯罪行為の重さを決定する際には，行為の不法とその人的責任の重さ（subjektive Zurechenbarkeit der Tat）のみを考慮する。そして，予防の観点は，量定の際に考慮しない。

2　量刑のプロセス

ドイツの量刑は，実務上，次のような順で行われる[5)]。

①刑罰目的の決定：その刑を科すことでどのような刑罰目的を達成すべきなのかを決定する。実務上は，予防的統合説[6)]がとられている。

②法定刑の確認：その事案で適用される法定刑（刑罰枠）を選択する。これは，枠の上限と下限を決定する作業である。犯情のより軽い事案，または，より重い事案の場合には，ドイツ刑法では格別の法定刑が設けられて

おり，また，未遂等の減軽事由がある場合にも枠は変更される。
③関連する量刑事実の確認：刑の量定に関連のある事実を確認する。ここで考慮される事情は，構成要件要素よりも広範なものである。つまり，刑の量定に「関連する」事実とは，①で決定された刑罰目的を考慮した上で，責任の重さと予防の必要性を決定するために役立つと考えられるすべての事実のことである。刑46条２項には，犯罪行為によって被害者にもたらされた結果，行為者の動機，前科・前歴，犯行後の態度などが例示的に列挙されているが，たとえば，窃取した物の価値などの他の事情でもよい。しかしながら，法定刑を決定する際にすでに考慮した事実をここで再度考慮することは，**二重評価の禁止**に反することになるため，許されない(刑46条３項)。
④量刑事実の評価方向の確定：集められた各々の事実の評価方向を決定する。つまり，ある事実が行為者にとって不利な事実なのか，または，有利な事実なのか，別の言い方をすると，加重の方向づけをするものなのか，または，減軽の方向づけをするものなのかを査定する。ただし，同じ事実であっても，採用する刑罰論によって，異なる評価が与えられることもある（「量刑事実のアンビバレンス」と呼ばれている)。
⑤量刑事実のランクづけと比較衡量：個々の事実の重要性に基づいたランクづけと，その比較衡量を行う。ランクづけにおいては，行為者の責任を特徴づける要素が量定の基本部分となるため，予防的必要性の判断にとって重要な意味をもつ要素よりも重視される。つまり，設定した刑罰目的に見合う形で，同じランク上の不利な事情と有利な事情のどちらが優勢かを決定する。その際，同程度であるものは，相殺される。
⑥当該事案を確認された法定刑に組み込むことによる比較衡量結果の「反映：⑤の比較衡量の結果を法定刑に反映させて刑量を決定するという，一番難しい作業である。なお，この作業においては，法定刑の範囲内で正しい責任枠の「開始点」を見つけることが重要となる。その際，最初の手がかりとなるのは，法定刑の下限と上限である。前者は考え得る最も軽いケースの場合に，後者は考え得る最も重いケースの場合に該当する。そして，その中間に該当するケースは，当然下限と上限との間に位置づけられることになる。このとき，このケースを上限と下限の平均値（平均事例）とするか，統計的に見て最も該当件数が多い中央値（通常事例）[7] とするかについて，学説上争われている。続いて，刑量を決定する際には，刑罰が行為者の将来の生活に与えると期待し得る効果を，刑罰の責任相当性の観

点からも，予防上の必要性の観点からも考慮しなければならない（刑46条1項2文）。

⑦終局的な総合考察：刑量を決定した後に，付加刑やその他の処分（たとえば，改善と保安の保安処分）を言い渡すか否かの検討を行い，最終的な刑が決定される。

Ⅱ◆──刑事制裁の種類

1　刑罰の概要

◆主刑と付加刑

ドイツ刑法が規定している**主刑**は，**自由刑**と**罰金刑**である。自由刑の執行は，猶予することもできる（刑56条以下）。また，残刑の執行を猶予することもできる（刑57条，57a 条）。自由刑の執行猶予に関しては，制裁の一種ではなく，執行形式の修正とみなされている。また，罰金刑に関しても，刑の留保付き警告（刑59条以下）という自由刑の執行猶予に似た制度がある。また，ドイツは二元主義をとっているため，刑罰と分けて，**保安処分**も制度化されている（詳細は，第20章　責任と保安処分参照）。

付加刑には，**運転禁止**（刑44条）がある。さらに，主刑，付加刑，保安処分のいずれにも体系的に分類することができない**利益収奪**（刑73条，73d 条）と**没収**（刑74条）がある。[8]

◆刑の免除

刑法上最も侵害の少ない制裁は，刑の免除（刑60条）である。これは，犯罪行為によって行為者が被った諸々の弊害を見ただけでも，その者は十分に「処罰された」といえる場合に言い渡される。この場合，刑罰の賦科は断念され，警告も付されない。行為者は，有罪の宣告をされることのみによって，刑法規範に反したことに対する責任を取らされるのである。しかし，刑の免除の要件を充たす場合には，**手続打切りの規定**（刑訴153b 条1項）があるため，この条文は，実務上ほとんど意味のないものとなっている。

2　罰 金 刑

◆罰金総説

罰金刑（刑40条以下）は，ドイツ刑法で規定されている主刑のひとつで，自由剥奪を伴わない刑罰である。連邦統計局の最新の年報（2011年のデータ。2012年公表）によると，一般刑法犯として有罪の言渡しを受けた者705,640名のうち，およそ82％の579,278名が罰金刑のみの言渡しを受けているため，罰金刑は，科刑数上最も重要な意味をもつ刑罰であるといえる。

罰金刑は，主として，比較的軽い犯罪を行った初犯者に対して言い渡される。罰金刑と自由刑との関係は，下記のようになる。1月未満の自由刑の場合，罰金刑のみが言い渡される（刑38条2項）。1月以上6月未満の場合，予防上不可欠である場合にのみ自由刑が言い渡される（刑47条）。つまり，短期自由刑の場合，その弊害を考えて，罰金刑が選択される。

また，自由刑に併科する罰金（刑41条）や，**合一刑**の場合に別途罰金を言い渡すこと（刑53条2項2文）も可能である。

◆日数罰金制

ドイツの罰金刑の特徴は，1975年以降，透明性確保と金銭負担における貧富の差を考慮し，**日数罰金制**が導入されている点である。

日数罰金額の算出は，次のように三段階に分けて実施される。

はじめに，被告人の責任に基づいて，この者に対する刑罰の重さが5～360日までの日数で決定される（刑40条1項2文）。複数の犯罪行為に対する合一刑の場合には，最長で760日となる（刑54条2項2文）。日数を算出する場合には，量刑の際に考慮されるすべての事情が考慮される。また，行為者の人的関係や経済状態[9]（刑46条2項2文参照）も，責任を逆推理できる事情である場合には考慮される。

続いて，個人の支払い能力に応じて，1日あたりの支払い額が算出される（刑40条2項）。ここでは，さまざまな経済状況にある者たちに対する「犠牲の平等性（Opfergleichheit）」を考慮している。支払い能力は，1日あたりの個人の実収（純収入）に基づいて算出される（刑40条2項2文）。個人の実収は，租税法の概念ではなく刑法上の概念である[10]。刑法上の実収という概念は，所得から税金，社会保障，同様の民間の養老保険または医療保険，経営資金および広告費を除いたものである[11]。所得の出所は問わないため，自己の労働によるものだけでなく，自己の労働によらないもの，基本財産および家賃収入ならびに賃貸によるものの他，失業手当，失業救済，社会扶助および受刑者の作業報奨金も含まれる[12]。専業主婦や学生の場合には，実際に両親から支出されている扶養料（現金および現物支給），国からの奨学金，アルバイト代などが考慮される[13]。1日あたりの支払額に関しては，多いときと少ないときを平均した実収（平均的な実収）を基にして算出される。1日あたりの支払額[14]は，最低1ユーロから最高30,000ユーロまでの間の額となる（刑40条2項3文）。

以上の実収は，あくまでも算出の出発点でしかなく，具体的な1日あたりの支払額を算出するためには，行為者の人的関係（persönlichen Verhältnisse）と経済状態（wirtschaftliche Verhältnisse）が考慮されなければならない（刑40条2項1文）。たとえば，実収からは，家族の生活費は，差し引かれなければならない。大まかな基準としては，収入のない配偶者に，実収の20%，子ども1人につき10%といわれている[15]。つまり，「犠牲の平等性」の観点から，子どもがいない独身者と扶養義務のある者とでは，異なる扱いをすることになる。

以上の段階を経て，支払総額が算出されるが，支払は，通常一括でなされなければならない。その際に，第三段階として，支払の容易化を認めるか否かの決定が行われる。そこでは，被告人にとって，支払総額を一括して支払うことが，可能か否かが判定される。基準となるのは，被告人の人的関係または経済状態から判断して，その者に罰金を直ちに完納することを期待できるかどうかである（刑42条1文）。支払の容易化が容認される場合には，支払の猶予または分割払いが認められる。ただし，分割払いの特典は，有罪判決を受けた者が分割額の一部を適時に支払わなければ消失する（刑42条2文）。

日数罰金制度の運用に関して，個人の経済状況を把握することが困難であるという問題点が指摘されている。

◆代替自由刑

代替自由刑（刑43条）は，罰金が納付され得ないときに科される（刑43条1文）。これは，有罪判決の言渡しを受けた者に支払いを実行させるための強制手段ではなく，支払いが不可能な者に対する真の刑罰（echte Strafe）である。したがって，有罪判決を受ける者自身には，罰金刑か代替自由刑かの選択権はない。

代替自由刑が執行された場合には，罰金の徴収は行われない。代替自由刑の期間は，日数罰金1日分が，1日分の自由刑に相当する（刑43条2文）。すでに，一部の日数罰金が支払われている場合には，その分の自由刑は終えたことになる。[16] 一番軽いものは，1日の自由刑である（刑43条3文）。この点に関し，刑38条2項は修正されることになる。

◆**社会奉仕のための労働**

刑法施行法（EGStGB）は，代替自由刑に代わる選択肢として**社会奉仕のための労働**を規定している。社会奉仕のための労働とは，閉鎖施設の外での労働を意味するが，内容の詳細は各州に委ねられている。通常，6時間の労働を行った場合に，1日分の代替自由刑に換算される。[17] 労働を成し遂げたとき，代替自由刑は終了したことになる（刑法施行法293条1項2文）。労働は無償であり，営利目的であってはならない（刑法施行法293条1項3文）。

◆**他の財産的制裁との違い**

刑法上の罰金は，**賦課**および**過料**とは異なるものであるが，これら3つは，「訓戒（Denkzettel）」としての機能を果たしている点が共通している。

賦課は，行われた不法に対する賠償のために科されるが，刑罰類似の措置[18]であって，刑罰ではない。刑の執行猶予（刑56b条2項1文4号，刑57条3項1文，刑57a条3項2文），刑の留保付き警告（刑59a条2項3号）または，手続打切りの要件（刑訴153a条1項1文2号）として言い渡すことができる。

一方，過料とは，秩序違反法における主刑である（同法17条）。賦課とは異なり，単独で言い渡すことができ，支払われない場合には，**執行官**（同法92条）が，強制手段として**強制勾引**（同法96条）を行うことができる。

◆**資 産 刑**

資産刑（刑43a条）は，1992年に導入された，特定の行為者グループに的を絞った付加刑で，当初は，組織犯罪にかかわりのある者たちに対する言い渡しが想定されていた。つまり，立法の趣旨は，資産刑を言い渡すことで，犯罪的な営利活動を行う組織の設立や継続を阻止しようという点にあった。[19] ところが，この条文は，2002年3月20日に連邦憲法裁判所の違憲判決[20]を受け，法的効力が否定された（BGBl. I 1340）。

◆自由刑と罰金刑の併科

原則的に，自由刑と罰金刑の併科は認められていない。どちらか一方の科刑で，刑罰目的が達成できるためである。併科すると，責任の枠を超え，社会復帰にとって弊害となるような過大な負担を行為者に強いる可能性が高くなると考えられている。ただし，行為者が犯罪行為によって利益を得たり，利益を得ようと試みたりした場合に，人的関係または経済状態を考慮した結果，相当であると認められる場合には，例外的に併科が認められている（刑41条）。

◆刑の留保付きの警告

罰金刑においては，例外的に**刑の留保付きの警告**（刑59条１項）を言い渡すことも可能である。連邦統計局の最新の年報（2011年のデータ。2012年公表）によると，１年間で8,242名に対して言い渡されている。この制裁は，犯罪傾向が進んでいない，とりわけ初犯の者に対して，科刑による弊害を避けるために言い渡される。判決において，刑罰と警告の言い渡しがされるが，刑罰の執行が１～３年の間（刑59a条１項）猶予されるため「留保付き」である。この猶予期間を終えると，刑罰は免除される。この場合，警告は，**連邦中央登録簿**に記載されない。刑の留保付きの警告は，思想的には，自由刑における執行猶予と似ているが，刑罰的性質はない。そのため，最も社会復帰に親和的な制裁であるといわれている。

警告の形式的要件は，被告人の罰金刑の日数が180日以下であることである。さらに，実質的要件として，予後予測が良好であること（刑59条１項１号），行為と行為者の性質を総合評価した結果，（罰金）刑を科す「必要はない」と考えられること（刑59条１項２号），「法秩序の防衛」の観点からも科刑が必要とされないこと（刑59条１項３号）が求められる。

予後予測の良好性は，裁判所が，行為者が将来的に犯罪行為を行わないことの方が犯罪を行うことよりも蓋然性が高いと確証したときに認められる[21)]。予後予測の際に考慮されるのは，刑の執行猶予の言渡しの際と同様に，行為者の前歴，行為の事情，犯行後の行為者の態度，生活状態および警告によりその者に期待し得る効果である（刑56条１項参照）。総合評価においては，科刑を必要としない「特別な事情」が必要となる。特別な事情の有無は，行為や行為者の人格によって判断される。「法秩序の防衛」の観点は，一般予防の観点からの科刑の必要性の判断である。「一般的な法感覚から理解しがたく，法の不可侵性や犯罪的な侵害から法秩序を守ることに対する国民の信頼を揺らがせることになる場合[22]」には，警告にとどめることはできない。

3　自 由 刑

◆総　　説

自由刑は，ドイツ刑法が規定する主刑のひとつである。以前の自由刑には，**懲役刑**，**投獄刑**，**監禁**，**刑事拘束**の区別があったが，現在は，**単一的刑**である。連邦統計局の最新の年報（2011年のデータ。2012年公表）によると，科刑数は年間126,350名で，一般刑法犯として有罪判決を受けた者のうちの約18％にとどまり，そのうちの88,618名（約70％）が執行猶予となっている。そこからは，自由刑を回避する傾向が伺える。

◆自由刑の種類

自由刑は，さまざまなカテゴリーで区分することができる。

はじめに，①刑期上の区分（刑38条）として，**有期刑**（最短1月，最長15年）と**終身刑**とに分けられる。終身刑は，基本法102条で死刑が廃止されて以降は，最も重い刑罰である。

続いて，②実際に執行されるものと，執行が猶予されるもの（刑56条以下）とに分けられる。

さらに，③「主要な（一次的な〔primär〕）」自由刑と，「副次的な（二次的な〔sekundär〕）」自由刑とに分けられる。前者は，判決中で言い渡されるものである。通常，自由刑とよばれているのは，この主要な自由刑のことである。それに対して，後者は，判決中では別の刑が言い渡されたが，その刑の執行が不可能である場合に，たとえば，代替自由刑の執行（刑43条）の場合は，**執行機関**としての検察官（刑訴451条）の命令によって（刑訴459e 条）（代替として）自由刑が言い渡されることをいう。

◆短期自由刑や，自由刑執行の回避

刑38条2項は，1月未満の自由刑は存在しないことを明示している。さらに，刑47条は，6月未満の自由刑は，行為または行為者の人格に鑑みて特別な事情があり，行為者への作用として（特別予防目的），または，法秩序の防衛の

ため（一般予防目的）に不可欠な場合のみ科されるとしている。また，ドイツ刑法は，刑の執行を猶予することで，執行を回避したり，残刑を執行猶予にしたりすることで，刑期を短期化したりすることを通して，自由刑による弊害を最小限に抑えるようにしている。

◆刑の執行猶予

2年以内の自由刑[23]が言い渡された場合，同じ判決内においてその刑が執行を猶予（執行延期[24]）されることがある（刑56条2項）。これは，特別予防の観点[25]から1953年に導入された制度である。軽犯罪や中程度の犯罪については，特別予防の観点から問題が生じない限りは，できる限り閉鎖施設への収容を避けるという主旨である。執行猶予が付されると，刑を受けた者は，刑事施設に収容されることはないが，場合によっては，裁判所が決定した**遵守義務**[26]（刑56b条）や**指示**（刑56c条）に従うことを義務づけられる。また，再犯に至らないように，**保護観察官**による監督と支援を受けさせる場合もある。執行猶予期間中に再犯に至ることなく，上記の義務と指示も遵守した場合には，期間終了後に刑が免除される。反対に，条件を遵守しなかった場合には，執行猶予は取り消され，自由刑が執行される。

(1)　言い渡し要件

執行猶予の要件は，言い渡された刑期の長さごとに3要件に分かれている（刑56条）。

①1月以上6月未満の刑期の場合，有罪判決だけでも，すでに警告の役目を果たしており，刑の執行の作用がなくても将来的に犯罪行為を行うことはないと期待される場合に必要的に認められる（刑56条1項1文）。執行猶予を認めるか否かを判断する際には，行為者の刑法分野における将来の行為予測（適法予測または犯罪予測とよばれる）が重要な意味をもつ。つまり，将来，さらなる犯罪を行わないと期待できる場合に，刑の執行猶予が認められる。判例や多数説によると，高い蓋然性までは必要とされておらず，経験則によって，将来犯罪行為を行わない可能性の方が，再犯を行う可能性よりも高いということで足りるとされている[27]。両者の可能性が同程度である場合には，執行猶予は言い渡されない[28]。

②6月以上12月以内の刑期の場合，①の要件にあてはまったとしても，「法秩序の防衛」，つまり，一般予防上の観点から執行が必要とされれば，

執行猶予は認められない（刑56条3項）。判例[29]によると，「個々の犯罪の重大な特別事情を考慮すると，〔刑の執行を猶予することが〕一般的な法感覚ではまったく理解しがたく，かつ，国民の法に対する不可侵性への信頼と法規則を侵害から守ることが，それ〔執行猶予〕によって脅かされる可能性がある場合」には，言い渡されない。つまり，執行を猶予しても，一般社会の法への忠誠が確保できるかどうかという点が考慮される。

③1年以上2年以内の刑期の場合，予後予測が良好であること，法秩序の防衛の観点から問題がないことに加え，「行為および行為者の人格を総合評価した結果，特別な事情が認められるとき（刑56条2項）」に，裁判所の裁量で認められる。この追加の要件は，1年以上2年以内の刑期の場合には，刑の執行が原則であり，例外的にのみ猶予されることを示している。判例[30]によると，「刑期の長さにも表されているように著しい不法と責任があるにもかかわらず，刑の執行を猶予することが不適切ではなく，刑法によって保護される一般的な利益に反しないと示す特別な事情」がある場合に認められている。

判決で刑の執行猶予を言い渡す場合には，猶予する期間，遵守義務または指示の有無，**保護観察**（詳細は，第21章Ⅱ社会内処遇参照）に付するか否かも合わせて言い渡す。

(2)　刑の執行猶予の終了

刑の執行猶予は，以下の2形態のどちらかによって終了する。

①刑56f条1項の**取消し理由**に該当する場合である。主として新たな犯罪を行った場合（同条1項1文1号）が挙げられるが，これは，新たな犯罪であればどのようなものであってもよいのではなく，過去の犯罪と罪種，事情，または動機において過去の犯罪と一連の関係にあるもの，つまり，内的な関連性があるものでなければならない。

また，対象者が甚だしく，もしくは，頻繁に指示に違反した場合，または，保護観察官への協力を拒否した場合（同条1項1文2号），さらに，対象者が甚だしく，もしくは，頻繁に遵守義務に違反した場合（同条1項1文3号）も，取消し理由に該当する。つまり，ささいな違反ではなく，警告にもかかわらず違反が続くような深刻な違反があった場合である。

以上の取消し理由に該当する場合であっても，裁判所は，直ちに取り消すことはせず，その代替として対象者に対する負担がより少ない措置を言い渡すことができないかどうかを検討しなければならない。つまり，追加の遵守義務または指示を与えること，（はじめて）保護観察を付けること，および，執行猶予期間または保護観察期間の延長で対応できる場合には，こちらを優先させる（刑56f条2項）。

②執行猶予期間が，執行猶予が取り消されることなく満了した場合である。この場合，裁判所は，刑罰を免除する（刑56g条1項）。ただし，免除といっても，将来に向けて刑罰が執行されることがなくなっただけで，留保付きの警告（刑59条）のように，刑罰が失効するという遡及効果はない。この免除は，特定の要件を充たす場合に取り消されることもある（刑56g条2項）。

(3)　仮 釈 放（残刑の執行猶予）

仮釈放は，有期刑，終身刑および代替刑[31]に対して認められる。

①刑期の3分の2経過後の仮釈放

有期刑を科された者の仮釈放は，以下の3要件をすべて充たしている場合，必要的に認められる。a．科せられた刑の3分の2（ただし2月以上）の執行を終えていること（刑57条1項1号）。たとえば，未決勾留期間を算入して所定期間の「執行を終えた」ことにすることも可能である（刑57条4項）。b．「社会の安全という利益を考慮した上で，執行猶予に責任をもつことができ」ること（刑57条1項2号）。執行猶予に責任をもつことができるとは，刑の執行猶予（刑56条1項）の場合に求められるほどの可能性の高さは求められておらず，将来犯罪を行わないという確かな見込みがあり，将来犯罪を行うかもしれないというリスクに対して責任がもてるという意味である。[32]　c．本人が同意していること（刑57条1項3号）。

②刑期の半分経過後の仮釈放

有期刑を科された者の仮釈放は，少なくとも6月の執行を終えているときには，刑期の半分を経過した後に，裁判所の裁量で言い渡すことができる（刑57条2項）。要件としては，①の場合の要件を充たしていることに加えて，以下のいずれかの状況にあることが必要である。すなわち，その者がはじめて自由刑に処せられ，その刑が2年以下の場合（刑57条2項1号），または，行為，その者の人格および刑の執行中の成長を総合評価した結果，刑期の半分経過後の執行猶予を正当化する特別な事情が明らかになった場合（刑57条2項2号）である。前者は，効果的な社会復帰のチャンスが初犯の場合には大きいことに由来する。後者の「特別な事情」とは，通常の減軽事由と比べて，とくに重視されるべき事情であり，行為の不法や責任にもかかわらず刑罰目的とも相容れるような事情のことをいう。例としては，今まで前科のない者が，国家的組織によって犯罪に巻き込まれた場合[33]や，自己の関与部分以外について受刑中に任意の情報提供を行い，犯罪の解明に貢献した場合[34]などが挙げられる。

③終身刑の残刑の執行猶予

終身刑の場合にも，以下４つの要件をすべて充たした場合には，仮釈放を言い渡すことが可能である（刑57a条１項）。すなわち，ａ．刑期の15年が経過していること，ｂ．その者の責任が特別に重いために引き続きの受刑を必要とするという場合ではないこと，ｃ．予後予測がよいこと，ｄ．本人の同意があることである。

終身刑を科された者の仮釈放に関しては，連邦憲法裁判所による次の３つの基本決定が重要である。

- 1977年決定[35]：終身刑においても，人間としてふさわしく，基本法１条１項および法治国家主義に適合した執行を行うべきであり，対象者には，将来再び自由を得ることができることの，具体的かつ基本的に実現可能なチャンスが残されていなければならないとした。この決定に応える形で，1981年に刑57a条が導入された。
- 1986年決定[36]：特別に危険性が高い，または，特別に責任が重いとされる場合には，執行を猶予しないことも可能であるとした。
- 1992年決定[37]：「特別の責任の重さ」の有無に関しては，**執行裁判所**ではなく，すでに公判を担当する**陪審（参審）裁判所**において判定しておき，執行裁判所は，この判定結果に従うべきであるとした。

④仮釈放の効果

仮釈放の場合には，刑の執行猶予の場合に発生する法的効果のほとんどが準用される（刑57条３項，刑57a条３項）。有期刑を科された者の仮釈放の猶予期間は，２～５年である。ただし，執行が猶予されるべき残刑よりも短い期間の設定は認められない。終身刑を科された者の仮釈放の場合の猶予期間は，５年と定められている。

また，仮釈放は，刑の執行猶予と同じ要件で取り消すことも可能である。仮釈放が一度取り消されても，法的には，再度仮釈放の言い渡しが可能である[38]。しかし，実務上は，一度取り消された場合には，再度仮釈放を言い渡されることはほとんどない[39]。

⑤手　　続

残刑の執行猶予についての決定は，通常，受刑者が留置されている刑事施設が属する裁判管轄下にある**刑執行部**が決定する（刑訴454条1項，462a条1項）。終身刑の残刑の執行猶予の場合には，3人の裁判官の合議体によって，その他の場合には，1人の裁判官によって決定される（裁構GVG 78b条1項）。執行猶予は，職権で決定されることもあれば，受刑者の申立てに基づいて決定されることもある。刑罰執行部は，終身刑，または，性犯罪，重傷害罪もしくはこれらの犯罪に関連する強盗罪による2年以上の自由刑の場合には，残刑の執行猶予の決定をする前に，受刑者の予後予測に関する専門家の鑑定を請求しなければならない（刑訴454条2項）。

刑罰執行部の決定に対しては，即時抗告することが可能である（刑訴454条3項）。執行猶予が認められなかった場合には，刑執行部は，再申立てできない期間を決定することができる（刑57条6項，刑57a条4項）。

4　運転禁止

運転禁止（刑44条）は，付加刑であり，単独で言い渡されることはない。犯罪行為の不法内容からして，主刑の言渡しだけでは不当であるとされるとき，または，予防効果がこの禁止なしでは実現できない場合に，判決（刑訴267条4項，267c条）または略式命令（刑訴407条2項1号）の中で運転禁止が言い渡される。連邦統計局の最新の年報（2011年のデータ。2012年公表）によると，2011年には，28,461名に対して言い渡されており，実務上大きな意味をもつ。保安処分の運転許可の取消し（刑69条）とは異なり，一般社会を運転不適格者から守るという目的ではなく，軽率な運転者に「訓戒」を与える役割がある。つまり，運転不適格とまではいかないものの，不注意で軽率な運転者に対して警告を与えるわけである。

言渡しの要件は，行為者が，①自動車運転に際して，②自動車運転に関連して，または，③自動車運転者に対する義務に違反した上で行われた犯罪行為で，有罪となることである。つまり，構成要件に該当する違法で有責な，ある程度重い犯罪行為が対象であり，軽微な犯罪は除かれる。犯罪の重さは，違反の頻度や損害の大きさに基づいて判断される[40)]。①「自動車運転に際して」行われた犯罪行為とは，道路交通の危殆化（刑315条c），交通における酩酊（刑316

条)，道路交通法（StVG〔以下道交法という〕）21条の典型的な交通犯罪をいう。その他にも，交通違反の結果として過失致死罪（刑222条），過失致傷罪（刑229条），または，強要罪（刑240条）が認められた場合にも言い渡される[41]。②「自動車運転に関連して」とは，犯罪行為の準備もしくは実行，または，すでに行われた犯罪行為を利用または隠滅するための道具として自動車を用いる場合をいう。被告人自らが運転したことは，必要とされない。③「自動車運転者に対する義務に違反」とは，自動車運転者が行ったすべての義務違反をいい，道交法上の義務に限定されない。たとえば，事故現場における保護義務，自動車の整備に関する義務，鍵を第三者に譲渡する際に相当な注意を払う義務なども，これに該当する[42]。

以上の要件を充たす場合に，裁判所の裁量で運転禁止が言い渡される。禁止期間は，1～3月の範囲内で決定される（刑44条1項1文）。

運転禁止の法的効果は，判決の確定後に発生し，言渡しを受けた者は，運転を禁止される。禁止に違反した場合は，犯罪となる（道交法21条1，2項）。運転免許証は役所で保管され（刑44条2項2文），保管された日から禁止期間に入る（刑44条3項1文）。ただし，運転禁止処分により，運転免許が取り消されることはない。

5　利益収奪，没収

◆利益収奪

利益収奪（刑73条以下）の法的性質は不確かであるが，責任とは無関係に言い渡される「処分」であり，「第三の軌道（dritte Spur）」[43]の一部にあたるといわれている。犯罪者に対して追加の処罰を与えるのではなく，違法な状態を元に戻すことを目的としている。

刑73条以下の利益収奪は，犯罪行為のために獲得した物や犯罪行為により獲得した物を取り上げることである。ある特定の違法行為から生じる財産的利益を取り上げ，犯罪が功を奏さないことを示すことが目的である。利益収奪の成立要件は，「違法行為」を行うことと，その行為のために（たとえば，報酬として）または，違法行為から（たとえば，収益として）「何かを獲得した」ことである（刑73条1項1文）。この要件は，民法（BGB）812条1項1文の不当利得と同じである。「何か」とは，行為者の財産状況をよくするすべての物である。物（たとえば，金銭）や権利の他にも，物の利用，譲渡，または，破壊，損壊もしくは剥奪の対価として得た物がこれにあたる（刑73条2項）。得た物の性質上，またはその他の理由から引渡しが難しい物に関しては，獲得した物の価値に相当する価格が収奪される（刑73a条）。

収奪された物に対する所有権または収奪された権利は，国庫に帰属する（刑73e条）。

◆没　収

没収[44]（刑74条以下）は，犯罪行為によって生じた物，または，犯罪の実行もしくは予備のために用いられた物を取り上げることである。犯罪行為によって生じた物の没収は，一見利益収奪と同じに見えるが，両者は以下のように明確に区別される。すなわち，没収では，利益収奪とは異なり，犯罪行為によって増加した財産ではなく，犯罪行為により実体的に作り出された，または，現在の性状が生じた対象物が問題となる[45]。たとえば，犯罪から直接生じた産物として，偽造通貨や虚偽文書などがあり，犯罪行為に密接に関連する道具としては，武器，侵入のための道具，誘拐に用いた車などがある。

没収は，以下の2形態に分類される。第一に，物が，正犯，共犯またはその他の方法で犯罪に関与した者に属するか，それらの者に権限がある場合である（刑74条2項1号）。この場合，没収は追加の刑罰の機能を果たすため，刑罰的没収とよばれる。第二は，物が，その性質および事情により，社会を危殆化しもしくは更なる違法な行為を行うことに資するおそれがある場合（刑74条2項2号）である。これは，保安のための没収とよばれる。

没収された物の所有権または没収された権利は，判決の確定とともに国家に移転する（刑74e条）。

1）BGHSt 24, 132 (133 f.); 29, 319 (321 f.); BGH NJW 1978, 174 (175); *Theune, W.*: Leipziger Kommentar, Großkommentar, 12. Aufl., § 46 Rn. 14.

2）*Roxin, C.*: Strafrecht Allgemeiner Teil, 2006, § 3 Rn. 37 ff; *Schönke/Schröder*, Strafgesetzbuch, Kommentar (S/S), 28. Aufl., §§ 38 ff. Rn. 1 ff.; *Fischer, T.*: Strafgesetzbuch, Kommentar, 60. Aufl., § 46 Rn. 2 ff.

3）*Roxin*, 2006, § 3 Rn. 33 ff.

4）*Streng*, S. 309.

5）　*Meier*, S. 143 ff.
6）　*Roxin*, 2006, § 3 Rn. 33 ff.
7）　法定刑の下限から３分の１程度になるといわれている。*Meier*, S. 208.
8）　刑11条１項８号では，両者は「処分（Maßnahme）」であるとされている。
9）　刑法草案49条２項２文によると，たとえば，生活保護を受けている者が子どもの食事のためにスーパーで万引きしたという場合に，事情次第では緊急避難にも該当しうるこの者の経済的に不利な事情を考慮した上で，非難可能性が低いために日数を短く設定することができると説明されている。
10）　*Meier*, S. 61 f.
11）　*Meier*, S. 62.
12）　BGH NStZ-RR 2007, 167（168）.
13）　OLG Frankfurt NJW 1976, 635（636）.
14）　2009年７月14日施行の第42次刑法典改正法律（42. StrÄndG v. 29. 6. 2009, BGBl. I, S. 1658）により，最高額が5,000ユーロから30,000ユーロに引き上げられた。
15）　*Häger, J.*: Leipziger Kommentar, Großkommentar, 12. Aufl., § 40 Rn. 56; *Horn/Wolters*: Systematischer Kommentar zum Strafgesetzbuch（SK-StGB）, § 40 Rn. 8.
16）　*Meier*, S. 71.
17）　*Schall*, NStZ 1985, 109 ff.
18）　*Lackner/Kühl*: Strafgesetzbuch Kommentar, 27. Aufl., § 56b Rn. 1.
19）　*Meier*, S. 75.
20）　BVerfGE 105, 135.
21）　*Hubrach, J.*: Leipziger Kommentar, Großkommentar, 12. Aufl., § 59 Rn. 6; S/S, § 59 Rn. 8; *Schall, H.*: SK-StGB, § 59 Rn. 7.
22）　BayOLG NJW 1990, 58（59）.
23）　罰金刑の代替としてではなく，当初から自由刑が言い渡された場合に限られる。代替自由刑の執行は猶予できないとされている。*Meier*, S. 96.
24）　残刑の執行猶予と区別するために，刑の執行延期と訳す者もいる。*Frisch*／浅田／岡上，190頁。
25）　*Meier*, S. 96.
26）　法務省大臣官房司法法制部編「ドイツ刑法典」（法曹会）では，遵守事項と訳されている。
27）　BGH NStZ 1997, 594; 1986, 27; *Lackner/Kühl*, § 56 Rn. 8; *Fischer*, § 56 Rn. 4a. など。
28）　*Lackner/Kühl* § 56 Rn. 8を受けての *Meier* の解釈，*Meier*, S. 103.
29）　BGHSt 24, 40（46）; BGHSt 24, 64（66）も参照。
30）　BGHSt 29, 370（371）; *Meier*, S. 106 f.
31）　代替刑に対する適用は争われている。*Meier*, S. 126 脚注374.
32）　*Meier*, S. 127 脚注376.
33）　OLG Koblenz StV 1991, 429（430）.
34）　Vgl. OLG Frankfurt am Main NStZ-RR 1996, 213.
35）　BVerfGE 45, 187.
36）　BVerfGE 72, 105.
37）　BVerfGE 86, 288.
38）　OLG Stuttgart NStZ 1984, 363（364）.

39）　*Böhm/Erhard* MschKrim 67 (1984), 370.

40）　*Laubenthal/Nestler*, S. 181.

41）　*Laubenthal/Nestler*, S. 181.

42）　*Laubenthal/Nestler*, S. 182.

43）　刑罰や保安処分とは異なる新たな刑事制裁のこと。

44）　利益収奪（刑73条以下）と同様に責任とは無関係に言い渡される「処分」に位置づけられている。

45）　*Meier*, S. 378.

第20章　責任と保安処分

I◆――保安処分の理論的基礎

1　二元主義

二元主義[1)]をとるドイツでは，責任を根拠にその責任の範囲内で科せられる刑罰の他に，再犯の危険診断（リスク診断）を根拠に**保安処分**を言い渡すことができる。保安処分は，単独で言い渡すことも，刑罰と併科することもできる。保安処分には，後述のとおり，自由の剥奪を伴うものが３種類と，自由の剥奪を伴わないものが３種類ある（刑61条）。

2　保安処分の正当化根拠

刑法が法益侵害の予防も任務とするならば，刑罰という手段だけでは，その任務を果たせない場合がある。なぜなら，刑罰は，責任に基づいて科せられるものであるから（責任主義），刑事責任能力のない者に対しては，たとえその者が将来さらなる違法行為を行うことが予測できたとしても，これを科すことができないからである。また，責任の範囲を超えて刑罰を科すこともできないため，刑罰だけでは，さらなる違法行為を十分に予防できない場合もある。刑法は，このような場合にもその任務を果すために，保安処分という，刑罰とは別の「第二の軌道」を設けた。保安処分は，行為や行為者に対する責任非難とは関係なく，予防の観点のみから言い渡される制裁である。

それでは，保安処分の正当化根拠はどこにあるのか。絶対的応報主義の観点からは，刑罰の執行を終えた者に対して，自由剥奪の継続を行う正当化根拠はない。他方，目的刑論の特別予防の観点からは，ある特定の人物が将来行うかもしれない犯罪行為を未然に防ぐという保安上の必要性から，刑罰とは別の制裁が認められる。この制裁は，国の保護義務，および，より多くの国民の利益を守るという利益衡量によって正当化される。

このように，責任から切り離された制裁が保安上必要であることについては，争われていない[2)]。しかし，保安処分の合憲性については，以下の観点から争われている[3)]。すなわち，累犯者，とくに**習癖犯**に対して効果が保障されるような治療を行うことは可能なのか，診断と予後予測を行うことは不可能ではないかという点である[4)]。とりわけ，保安監置に関しては，すでに責任に見合った刑罰の執行を終えた後，引き続き著しい人権侵害を伴う自由剥奪を継続するため，より明確な正当化根拠が必要となろう。

3　比例原則

保安処分は，言い渡しを受ける者の基本権を著しく侵害することになるため，さらなる将来の重大な違法行為から社会を守るために必要とされるときにのみ言い渡される。保安処分の言渡しの有無，形態，および，期間は，行為者の**危険性**に基づいて判断される。刑罰に対しては，責任の限度で科刑を行うという責任主義による制限があったが，保安処分に対しては，**比例原則**（刑62条）による適用の制限がある。これは，保安処分が特別予防目的で執行されることを，個々の事例において法治国家として認容できる程度にまで制限するための，もしくは，その境界線を明らかするための規定である[5)]。

比例原則は，すでに憲法レベルの法治国家原則（基本法20条）から導くことが可能であるが，立法者はこれをさらに強調するため，刑62条にすべての保安処分に適用される基本原則を規定した。この原則は，言渡しの際だけでなく，執行の継続の必要性を判断する際にも守られるべきものである。したがって，保安処分は，以下の３要件を充たす必要がある。①目的とする結果を発生させるために適切な手段であること（適格性），②保安処分による侵害の付与は，目的を達成するために必要なものであること（必要性），③保安処分は，その重みと意味合いに関して，侵害を受ける者の基本権と相当な関係性に立つものであること（相当性・過剰禁止）。

Ⅱ◆——自由の剥奪を伴う保安処分

1　精神病院収容

◆総　　説

精神病院収容（刑63条）は，精神障害を有する行為者から社会を守るために，つまり，自由を剥奪することで新たな犯罪行為を行うことを防ぐという保安の観点から言い渡される。対象者の改善という観点は，二次的にしか考慮されない。精神病院収容は，要件を充たした場合には，必要的に言い渡される[6]。他の代替手段の有無は，処分の言渡しには影響しないが，執行猶予（刑67b条）の言渡しにつながる。

◆成立要件

精神病院収容は，①責任無能力または限定責任能力の状態で，②違法な行為を行った者に対して，③その精神状態が理由で，④将来さらなる重大な違法行為を行うことが予測されるときに言い渡される。

①責任無能力または限定責任能力：刑法上の責任能力・限定責任能力（刑20条，21条）は，いわゆる二段階構造という混合的方式によって認定される。すなわち，第一段階（第一要素）では，特定の精神医学の所見が挙げられ，第二段階（第二要素）では，規範的要素として，行為の不法を弁識する能力，もしくは，その弁識にしたがって行動する能力に対するその所見の影響が考慮される。この構造は，「生物学的——心理学的」方法ともよばれている[7]。法律上，責任能力の否定または限定に結びつく精神状態として定められているのは，a．病的な精神障害，b．根深い意識障害，c．精神薄弱，d．その他の重い精神的偏倚である[8]。

裁判所により責任無能力者，限定責任能力者として収容が認められるためには，上記の精神状態，もしくは精神障害が，一時的なものではなく，ある程度持続していることが必要である[9]。そして，違法な行為が「責任無能力や限定責任能力の状態で」行われたとするためには，少なくとも責任能力の著しい減退が認定される必要がある[10]。責任能力の有無は，犯行時の状態に基づいて判定される[11]。

②違法行為：「違法な行為」の意義は，刑11条1項5号に定義されている

「刑法典の構成要件を実現する行為のみ」のことをいい，未遂も含まれる[12]。
③行為者の精神状態：判例では，さらに収容の原因となった違法行為も将来行われ得る違法行為も，責任無能力や著しく限定された責任能力に至った精神状態のために行われたものであるという，行為者の精神状態と行為者の危険性の間に徴候的関連性があることが求められている[13]。
④将来さらなる重大な違法行為を行う危険性：行為者が行うであろうと予測される行為は「著しい」ものでなければならず，軽微な犯罪は除かれる。さらに，予測の結果，行為者が「社会に対して」危険であるといえることが必要である。したがって，自傷行為では要件は充たされないとされている。親族や交際相手という特定の相手に対する予測可能な行為を含めるか否かについては争われている[14]。

どの程度の危険性が必要とされるのかについては，裁判所の基準が統一化されていない。「ある程度の蓋然性[15]」や「特定の蓋然性[16]」でよいとする判例もあるが，別の判例では，「高度の蓋然性[17]」が求められている。最近は，「より高度な蓋然性[18]」が求められることが多くなっている。いずれにせよ，単なる再犯の可能性や漠然とした危険性では不十分であるとされる[19]。学説でも，さまざまな表現が用いられているが，本質的には判例と同意見のようである[20]。

◆収容期間と比例原則

精神病院収容処分には，刑法上に収容期間の規定がなく，収容期間は，危険性のみに基づいて決定される[21]。したがって，収容が不必要に長期化しないようにするため，比例原則（刑62条）が考慮され，犯罪防止という公共の利益が，収容の言い渡しを受ける者の自由よりも優越するとされる事例においてのみ，収容は継続される。

精神病院収容処分においては，収容命令や収容継続の判断のために刑62条を確認する際に，処分の改善目的の達成は考慮されるのか，考慮されるとすればどの程度考慮されるのかは争われている[22]。

2　禁絶処分

◆総　　説

禁絶処分（刑64条）は，「アルコール飲料やその他の麻薬剤を過度に摂取する習癖」がある者が，その習癖のために再度重大な違法行為を行う危険性がある場合に，２年を限度に（刑67d 条１項）言い渡される。この処分は，治療によって治る見込みがある，または，かなりの長期に渡って習癖による再犯を防止できるとの十分に具体的な見込みがある場合にのみ言い渡すことができる（刑64条２文）。

禁絶処分は，1994年の連邦憲法裁判所の決定[23]でも確認されたように，社会を危険な中毒性薬物依存の犯罪者から守ること，および，施設においてその者のアルコールまたは薬物中毒を治すまたは緩和させる，という２つの目的をもつ[24]。両目的は，並列してはおらず，治療の目的が優先される。

◆成立要件

禁絶処分は，①アルコール飲料またはその他の麻薬剤を過度に摂取する習癖がある者が，②酩酊状態で行った行為，または，その者の習癖を原因とする違法な行為を理由として有罪とされる場合，または，その責任無能力が認定され，もしくは，その疑いが排除できないという理由のみで有罪とされない場合に，言い渡される。

①「その他の麻薬剤」は，広く解されており，固形，液体，気体を問わないが，アルコールのような酩酊作用が必要とされる。「過度に」とは，その者が肉体的に受け入られる量を上回るという意味であり[25]，その限界は，医学的のみならず，社会・規範的に定められる。「習癖」は，医学的概念ではなく，法律概念である。その内容は，性分や練習に基づいて獲得した，必ずしも永続的にではないが，頻繁に出現する強烈な傾向である。実質的には，中毒や依存性と同じ意味であるとされる[26]。
②違法な行為は，その者の中毒性物質を過度に摂取するという習癖の徴候として行われたものでなければならない。このような徴候的関連性が認められるのは，行為者が違法行為を酩酊状態で行う，または，その行為がその他の点で習癖によるものといえる場合である。後者の例としては，麻薬剤を入手するための金欲しさに，薬局への侵入，処方箋の偽造，財産犯などを行うというような薬物を調達するための犯罪（Beschaffungskriminalität）が挙げられる。

刑64条を言い渡すには，実質的要件として，習癖のためにさらなる重大な違法行為が行われるであろうとの予測がされることが必要である。将来予測される違法行為とは，行為者の習癖と徴候的関連性のあるものでなければならない。将来予測される違法行為の「重大さ」に関して，刑63条と同じ程度のものとするのか，それよりも軽いものにするのかは争われている。刑64条の処分の方が，収容期間が短いことを考慮する説によると，刑63条よりも軽めの違法行為でもよいとされる[27]。ただし，薬物中毒者が少量の薬物を自己使用することが予測される程度だけでは，刑64条を言い渡すことはできない[28]。

◆法 改 正

禁絶処分は，かつては，「当初より見込みがないと思われる場合には，言い渡されない」と規定されていた（刑旧64条２項）。つまり，これまで数々の治療を受けたが成果が出ておらず，処分を言い渡したとしても成果を保証することができないほどに中毒がひどい場合には，言い渡されなかった。一方，初めて言い渡す場合のように，治療の効果がわからない場合には，禁絶処分の言い渡しは可能であるとされていた。

しかし，1994年に連邦憲法裁判所[29]は，上記条文に対して部分違憲判決を言い渡した。これを受けて，2007年に法改正されたが，それ以降は，裁判所は，禁絶処分の言渡しの前には，かなり具体的な治療可能性（「十分な見込み」）があることを確認しなければならないことになった[30]。以前は，「見込みがない」場合は言い渡さないとしていたのに対して，「十分に具体的な見込み」がある場合のみ言い渡されることになった。なお，改正前は，要件を充たした場合に必要的に禁絶処分が言い渡されていたが，改正後は，例外を除いて，つまり，通常は言渡しをすべきという「義務規定（Soll-Vorschrift）」となっている[31]。

3　保安監置

◆総　　説

保安監置（刑66条以下）は，重罪を犯し刑事施設に収容される者のうち，再犯リスクが高いと判定された者に対して，再犯防止や潜在的被害者を守るという保安の観点から，刑期終了後も国が引き続き隔離（監置）する制度である。対象者の改善ではなく，社会の保安のみを目的とする。つまり，収容は，行為者の責任とは無関係に，とりわけ危険であることを理由に言い渡される。著しい人権侵害を伴う制度であるため，少なくとも２年ごとに，刑62条の比例原則を考慮した上で，継続の必要性が確認される（刑67e条2項）。保安監置は，死刑廃止国のドイツにおいて，まさに「最後の手段」として，再犯防止，または，社会の安全を守る役割を担っている。

保安監置の刑法典への導入は，1933年成立の常習犯対策法（RGBl. I 995）まで遡る。1969年の第1次刑法改正法（1. StrRG）以降も，しばらく変更されずに運用されてきた。ところが，90年代半ばに2件の児童に対する性的動機による殺人事件が発生したことを機縁として，大きな変動があった。1998年に成立した性犯罪者対策法（BGBl. I 6, 160）を皮切りに，「保安監置のルネッサンス[32)]」「厳罰化のスパイラル[33)]」とよばれる保安監置にまつわる一連の法改正が行われ，対象者の拡大が続いた[34)]。

ところが，この保安監置の改正内容・新しく導入された制度については，その合憲性が争われてきた。連邦憲法裁判所は，これを合憲としたが[35)]，欧州人権裁判所が，2009年12月に，事後的保安監置は欧州人権条約違反であるという判決[36)]を出したことから，ドイツ政府は，改正を強いられることになった。欧州人権裁判所の判決によると，事後的保安監置は，第一に，これが裁判時に言い渡されるのではない点が，人権条約5条1項aの「権限ある裁判所による有罪判決の後の合憲的な拘禁」の規定に，第二に，同条約7条1項「法律なくして処罰なし」の規定に，それぞれ違反するとされた。

これを受けて，2010年12月に，「保安監置に関する法律と関連規則を改革するための法律」が制定（2011年1月1日施行）された。しかし，連邦憲法裁判所は，2011年5月，新法に対しても違憲判決を下した[37)]。すなわち，保安監置は，服役を終えた者に対して言い渡されるものであるので，受刑者とは違う扱いをすべきであるというのである。この判決で，違憲内容を含む条文の適用は，2013年5月31日までとするという期限が設けられたため，同年6月1日に「保安監置に関する法律に分離規定を連邦法上導入する法律[38)]」が施行され，刑66c条に保安監置と保安監置の前の刑事施設の収容形態に関する規定が導入された。

◆成立要件

はじめに，すべての保安監置に共通の要件をみておく。

保安処分の目的は，①重大な犯罪行為を行い，②その習癖のために重大な犯罪行為を再び行うと考えられ，③依然として危険な者から社会を守ることである。保安監置の主な対象者は，刑期終了後も依然として社会に対する危険性を有すると予測される者である。

①犯罪行為の重大性は，「とりわけ，被害者が精神的に，または，身体的に著しく侵害されるような」犯罪であるか否かで判断する。②「習癖」とは，行為者を次から次へと新しい犯罪行為へと向かわせる，刷り込まれた現在の内心の状態[39]（「刷り込まれた行動パターン[40]」）のことをいう。つまり，永続的に犯罪行為を行う者や，根深い強固な傾向のために，機会さえあれば常に犯罪を繰り返す者や，意志薄弱なために犯罪への欲望を抑えられない者[41]が，**習癖犯**とよばれる。③当該行為者は，「判決が言い渡される時点で社会に対して危険」でなければならない。この危険性は，習癖だけで認められるものではなく，両者は個別に調査されなければならない。その際，危険性の有無は，「行為者の人格や行動に関する具体的な事情」に基づいて導き出される。

以上の要件を充たす場合，保安監置は必要的に言い渡される。この処分は，通常，自由刑の執行後に執行される。刑執行部は，刑事施設での収容の終わりが近づくと，保安監置を言い渡す必要性があるか否かを調査しなければならない（刑67c条）。

◆保安監置の類型

保安監置の類型は，大きく分けて３つある。以下では，現行の内容を把握することに主眼を置き，それぞれの特徴を簡潔に紹介するにとどめる。

⑴　（単純）保安監置

単純保安監置は，公判裁判所が，刑罰の宣告に付加して，留保を付することなく処分を命じるものである。これは，行為者の前科等に応じて，さらに４類型に分かれる。

①累犯者に対する処分（刑66条１項）は，責任能力のある累犯に対して刑罰と同時に言い渡されるものであり，「一次的な（primär）」な保安監置とよばれる。②前科のない者に対する処分（刑66条２項）は，これまでに発覚していなかった「連続犯」に対して言い渡されるものである。この場合，３つ以上の「条文に列挙されている犯罪行為」を行い，それぞれにつき１年以上の自由刑の言渡しを受けることになっていることが必要である。③前科１犯である者に

対する処分（刑66条3項1文）は，所定の行為により有罪とされる者が，過去に所定の犯罪について3年以上の自由刑を科せられ，2年以上受刑したことがある場合に，言い渡されるものである。④前科のない2つ以上の犯罪を行った者に対する処分（刑66条3項2文）は，所定の犯罪を2つ以上行い，それぞれにつき2年以上の自由刑，または，3年以上の合一刑の言渡しを受ける者に対して言い渡される。

(2)　留保付き保安監置

これは，同じく公判裁判所が，刑罰の宣告に付加して，ただし処分を一定の条件に留保させて言い渡すものである。この場合，判決では，保安監置の言い渡しはいったん留保され，後の刑事施設収容中に危険性が確実となった場合に**事後手続**（刑訴275a条）で言い渡される。

この類型の要件は，刑66条3項1文に列挙されている犯罪で有罪判決を言い渡される予定で，習癖による危険性があるということ以外の刑66条3項の要件はすべて充たしていることである（刑66a条1項）。さらに，初犯者に対して処分を科する場合は，補充性が要求され，かつ，犯罪の習癖と危険性に関して，「十分な確実性をもって確認できること，または，少なくとも蓋然性があること」が必要である（刑66a条2項3号）。

(3)　事後的保安監置

2004年に新設された**事後的保安監置**（刑66b条）は，前述のとおり，2011年にその適用範囲が縮小された。この処分は，精神病院収容（刑63条）が終了した場合（刑67d条6項）に言い渡すことができる。本類型を言い渡すにあたり，再犯の危険性判断に関しては，収容施設におけるこれまでの態度だけでなく，以前に刑事施設や他の保安処分施設（刑64条）に収容されたことのある者に関しては，そのときの態度も考慮されなければならない。

4　刑罰と保安処分が併科される場合の執行順序

自由剥奪を伴う保安処分が自由刑とともに言い渡される場合，次のように執行される。刑63，64条の場合には，通常，保安処分が先に執行される（刑67条1項）。この場合，保安処分の全部または一部の執行が終わった場合には，最長で刑期の3分の2までを終えたことにできる（刑67条4項）。反対に，保安処分の目的をより容易に達成できる場合には，裁判所は，刑罰の全部，または一部を先に執行できる（刑67条2項）。

5　自由剥奪を伴う保安処分の執行猶予と終了

⑴　執行猶予

保安処分を言い渡す場合にも，その執行を猶予するか否かが検討される。保安処分の執行猶予は，次の4類型に分かれる。

①刑63，64条に関しては，保安処分の目的が執行なしでも達成できるという「特別な事情」がある場合に認められる（刑67b条1項）。ただし，執行が猶予されない自由刑が併科されている場合（刑67b条1項2文）や，保安監置が言い渡されている場合には，執行は猶予されない。②保安処分と刑罰が併科された場合で，刑罰が先に執行された場合には，その刑期が終了する前に，保安処分の執行を猶予するか否かを検討しなければならない（刑67c条1項1文）。言い渡しのときにあった危険性が消失したため，保安処分の目的が収容をしなくても達成される場合には，執行は猶予される（刑67c条1項1文）。③対象者が逃走するなどして，収容の執行が命令の確定から3年経過してもなお開始されておらず，①と②に当てはまらない場合には，保安処分を執行するためには，裁判所の新たな命令が必要となる（刑67c条2項1文）。つまり，言渡しのときにあった危険性が未だに存在するか否か，また，保安処分の目的から収容が必要か否かを検討し，収容は必要がないと判断された場合には，収容は終了したことになる（刑67c条2項5文）。④保安処分の執行はされたものの，予後予測が良好な場合には，残りの収容は猶予される。つまり，被収容者が処分執行施設の外で，もはや違法な行為を行わないことを期待し得る場合である（刑67d条2項1文）。

以上のいずれかにより，保安処分の執行が猶予される場合には，行状監督（詳細は，第20章Ⅲ1　行状監督参照）が言い渡される（法律の規定による行状監督）。

⑵　保安処分の終了

保安処分は，次の場合に終了する[42)]。すなわち，①保安処分の要件が存在しなくなった場合（刑67d条6項1文第1選択肢），②症状の改善や危険性の消失などによって保安処分の目的が達成された場合，③禁絶処分において，収容の効果に対する十分に具体的な見込みがない場合（刑67d 条5項1文），④禁絶処分において，収容期間が終了した場合（刑67d 条4項），⑤比例原則に反する場合（刑67d 条6項1文第2選択肢），⑥禁絶処分において，新たに禁絶処分が言い渡される場合（刑67f 条），⑦執行猶予が取り消されることなく，行状監督が終了した場合（刑67g 条5項）。

6　保安処分としての社会治療施設収容

社会治療施設収容は，1969年の第2次刑法改正法により導入された保安処分である（刑旧65条）。これは，通常の刑事施設では社会復帰の結果を導くことが難しく，しかも，医療的な援助やケアを要しない，頻繁に再犯を繰り返す者を対象とする，特別予防を目的とした処分であった。その対象者は，①重い人格障害を有している常習犯者，②性犯罪者，③28歳未満の習癖犯者，④責任無能力者や限定責任能力者で，このうち，社会復帰のためには精神病院に収容されるよりも社会治療施設に収容される方が適している者とされた。

しかし，財政的理由に加えて，収容基準や治療効果に疑問が呈された[43]。そのため，立法者は，その施行を先延ばしし，ついには，1984年12月20日の法律によって刑法典から削除した。その結果，本処分は，一度も実現されることなく終わった。ところが，その後，社会治療は，自由刑を科された者に対する処遇の一形態として，形を変えて実施されることになった。現在は，刑罰の執行という枠組みの中で，刑事施設内において実施される特別な治療処遇に位置づけられている。

その当初の対象者は，執行目的[44]を実現するためには，通常の刑事施設ではなく，社会治療施設において特別な治療手段や社会的支援を受けた方がよいと考えられるすべての被収容者であった（連邦行刑法9条2項）。その際，被収容者自身の社会治療施設移送への同意が必要であった（連邦行刑法9条2項）。1998年の性犯罪者対策法により，刑174条から180条，もしくは182条の罪で2年以上の自由刑を言い渡された性犯罪者のうち，社会治療施設に処遇されることが執行目的に適っていると考えられる者も，その対象とされた（連邦行刑法9条1項，199条3項）。さらに2003年には，本処分が義務的なものに改正され，2年以上の自由刑の言渡しを受けた性犯罪者は，強制的に社会治療施設に移送されることになった（連邦行刑法9条1項）。連邦主義改革[45]により2006年に行刑法の立法権が州に移った後も，社会内治療は，性犯罪者を主たる対象者として続けられている。

2013年3月31日現在，ドイツには，66の社会治療施設が存在している[46]。そのうち7施設は，独立の施設として，その他は，刑事施設内部門として存在している。

Ⅲ◆──自由の剥奪を伴わない保安処分

1　行状監督

◆総　　説

行状監督（刑68条〜68g条）は，刑事施設や保安処分施設における施設内処遇を終了したものの，社会生活を送るには未だ不安が残る者に対して，再犯を防止するために言い渡される社会内処遇である。つまり，対象者が再犯に至ることなく社会生活を送れるように，監視および支援を行うものである（行状監督の2つの機能[47]）。

行状監督の期間は，通常，2〜5年の間であるが（刑68c条1項1文），裁判所は期間を短縮することもできる（刑68c条1項2文）。また，さらなる重大な犯罪行為により社会に危険を及ぼすおそれのある者に対して，無期限とすることもできる（刑68c条2，3項）。

◆種　　類

行状監督には，以下の2種類がある。

①**事実審裁判所**の命令で言い渡されるもの：再犯の危険性の高い特定の犯罪（とりわけ性犯罪）を行った者が6月以上の自由刑を科される場合に，刑罰とともに言い渡される（刑68条1項）。2007年の改正前の言い渡し件数は，年間50件未満となっており，実務上の意味は小さい[48]。

②法律上の規定により言い渡されるもの（刑68条2項）：保安処分施設（刑63，64，66条）を出た者（刑67，67b，67c，67d条2〜6項），および，長期間の受刑後に満期出所した者（刑68f条）に対して言い渡される。このうち後者に対しては，仮釈放になった者に比して再犯の危険性が高いにもかかわ

らず，保護観察の言渡しができないため，行状監督という保安処分で支援と監督を行っている。こちらは，年間15,000～20,000件と言い渡し件数も多い[49]。

◆執　　行

行状監督の執行には，**保護観察官**と，**行状監督所**が携わっている（刑68a条1項）。保護観察官は，対象者と個人的にコンタクトをとり，社会復帰に協力し，指示事項が遵守されているかどうかを監視し，行状監督所に報告をする。一方，行状監督所は，主に管理局，コーディネーター，および監査機関として機能し，対象者の行動や指示事項の遵守を監視する役割を担う。そして，処罰対象となる指示違反を発見した際には，刑事訴追機関に告発する（刑145a条2文）。このように，行状監督では，保護観察官が点を，行状監督所が面をそれぞれ監視するという，二重のコントロールを行っている。

◆指　　示

行状監督の言渡しを受ける者は，事実審裁判所（刑68条1項），または，行刑部（刑訴462a条）によって一定の指示（刑68b条）が出される。指示には，法律上内容が決まっているもの（刑68b条1項）と，裁判所が内容を決定できるもの（刑68b条2項）の2種類がある。前者は，対象者の行動，交友関係，仕事などについての指針や禁止事項などで，違反した場合には最高で3年の自由刑という罰則がある（刑145a条）。後者は，職業訓練，仕事，自由時間に関するもの，および，同意に基づく治療行為や禁絶治療についての指示で，違反しても処罰されることはない。

以上の指示内容は，理解可能，明確，期待可能，かつ比例原則に見合ったものでなければならない。

2　運転許可の取消し

◆総　　説

運転許可の取消し（刑69条）は，運転に不適格とされる者の運転許可を取り上げ，交通社会への参加を禁じる処分である。連邦統計局の最新の年報（2011年のデータ。2012年公表）によると，年間で101,044名に対して言い渡されており，保安処分のうちで最も件数が多い。

この処分は，交通関連の危険から社会を守ることを目的としている。つまり，行為者を「無害化」することのみを目的としており，改善効果は目的とされていない。この処分は，行為者の運転許可（道交法２条１項，運転許可規則４条）を取り消すものであるが，裁判所が決定した期間が経過した後は，自動車の運転に適していることさえ証明できれば，再許可が与えられる。たびたび交通犯罪を行っている者が再許可を受けるためには，医学的・心理学的調査鑑定（運転許可規則11条３項１文５号）や，（飲酒運転者に対する）運転に関する講習を受ける必要がある。このため，本処分は，間接的には，改善効果もあるといえる。

◆要　　件

本処分を科すには，「違法行為」（刑11条１項５号）が行われたことが必要で，秩序義務違反だけでは足りない。被告人が，有罪とされ，または，責任無能力が認定され，もしくはその疑いが排除できないということのみで有罪とされないことが必要である。

違法行為は，「自動車の運転の際に，もしくは，自動車の運転に関連して，または，自動車の運転の義務に違反して行われた」ものでなければならない。これは，刑44条１項１文の運転禁止と同じであるが，その目的が「訓戒」ではなく，交通安全の保障という点が異なる。「自動車の運転に関連して」につき争いがあったが，2005年連邦通常裁判所決定[50)]以降，交通安全の保障のみに関係づけられ，自動車運転との内的関連性が要求されている。

以上の要件を充たす場合には，運転許可の取消しは必要的に行われ，比例原則を検討する必要はない（刑69条１項２文）。判決または略式命令の確定により，運転許可が取り消される（刑69条３項１文）。運転免許証も，判決において没収される（刑69条３項２文）。運転許可の取消しは，６月～５年の期間で言い渡されるが，事情によっては無期限となることもある（刑69a条１，２文）。取消し期間が終了すれば，新たに運転許可を申請できる。

3　職業禁止

職業禁止（刑70条）は，行為者の職業や商売の実施によって生じる危険から社会を守ることを目的としている。

職業禁止の形式的要件は，被告人が，「違法行為」（刑11条1項5号）を行い，有罪とされ，または，責任無能力が証明され，もしくはその疑いが排除できないということのみで有罪とされないことである。違法行為は，職業もしくは商売を濫用すること，または，職業もしくは商売に関連する義務に違反して行われたものでなければならない（つまり，内的関係が必要である）。また，実質的要件として，さらなる重大な違法行為が行われる危険性があることが必要である。それゆえ，本処分は，有罪判決だけでは，新たな犯罪行為を防止するのに不十分であるとされるときに言い渡される。

本処分を言い渡された者は，禁止された活動をしてはならない。禁止に違反して活動をしたり，他者に活動させたりした場合は，処罰される（刑145c条）。禁止期間は，1～5年の間となっているが，例外的に無期限とすることもできる（刑70条1項2文）。ただし，危険性がもはや存在しないと認められる場合には，禁止期間が1年以上経過した後に，執行を猶予することもできる（刑70a条）。執行猶予期間，指示および保護観察等に関する規定は，自由刑の執行猶予の場合の刑56a条，および，56c～56e条が準用される（刑70a条3項）。また，執行猶予は取り消すこともできる（刑70b条1，2項）。

1）刑事制裁として刑罰のほかに処分を認める立場のこと。
2）BVerfGE 2, 118; 42, 1, 6; 91, 1, 27; 109, 133, 173.
3）保安処分と憲法上の基本原則および人権との関係については，*Kammeier, H.*（*Hrsg.*）: Massregel-Vollzugsrecht, 3. Auflage, B（S. 23-68）.
4）*Lackner/Kühl*: Strafgesetzbuch Kommentar, 27. Aufl., § 61 Rn. 2.
5）*Schöch, H.*: Leipziger Kommentar, Großkommentar（LK）, 12.Aufl., § 62 Rn. 2.
6）BGH NJW 1992, 1570.
7）弁識と制御という行為者の規範的能力に対する精神医学の所見の影響を考慮するため，「精神的―規範的」方法とよぶ方が正確である。
8）詳細は，*Roxin*, C.: Strafrecht Allgemeiner Teil Band I, 4. Aufl. C. H. Beck 2006, § 20（S. 881-914）参照。
9）BGHSt 34, 22（27）; BGH NStZ 2002, 142等の判例；*van Geemmeren*, G: Münchener Kommentar Strafgesetzbuch, 2012, § 63 Rn. 31; *Schreiber/Rosenau*: Rechtliche Grundlagen der psychiatrischen Begutachtung. In: *Venzlaff/Foerster*（Hg.）: Psychiatrische Begutachtung, 5. Aufl. Urban&Fischer Verlag, 2008, S. 111; 人格障害者の責任能力に関しては，*Best/Rössner*: Die Maßregeln der Besserung und Sicherung. In: *Kröber/Dölling/Leygraf/Sass*（Hrsg.）: Handbuch der Forensischen Psychiatrie, Band 1, Strafrechtliche

Grundlagen der Forensischen Psychiatrie, Steinkopff Verlag, 2007, 262 f. 参照。
10) LK-Schöch, § 63 Rn. 8.
11) LK-Schöch, § 63 Rn. 60; NStZ 1995, 329.
12) *Meier*, S. 271.
13) BGHSt 27, 246 (249); 34, 22 (27); 44, 338 f; LK-Schöch, § 63 Rn. 69.
14) *Meier*, S. 276.
15) BGH NStZ 1986, 572; NStZ-RR 2001, 238.
16) BGH § 63 Gefährlichkeit 4.
17) BGH bei *Holtz* MDR 1979, 280.
18) BGH NStZ 1993, 78; BGH bei *Detter* NStZ 1989, 465 (472); NStZ 1992, 477 (480); 詳細は，LK-*Schöch*, § 63 Rn. 72.
19) *Schönke/Schröder*: Strafgesetzbuch, Kommentar, 28. Aufl., § 63 Rn. 14.
20) *Fischer, T.*: Strafgesetzbuch, Kommentar, 60. Aufl., § 63 Rn. 15; *Horn, E.*: Systematischer Kommentar zum Strafgesetzbuch, § 63 Rn. 12; *Lackner/Kühl*, § 63 Rn. 5.
21) *Schreiber/Rosenau*, S. 110.
22) LK-*Schöch*, § 62 Rn. 27 ff.
23) BVerfGE 91, 1 (27 f.).
24) *Meier*, S. 283 f.
25) BGHSt 3, 339 (340).
26) *Meier*, S. 284.
27) *Meier*, S. 287.
28) BGH NStZ 1994, 280.
29) BVerfGE 91, 1 (33 f.).
30) *Meier*, S. 288 f.
31) *Meier*, S. 290 f.
32) *Laubenthal*, ZStW 2004, 706頁以下。
33) *Braum*, ZRP 2004, 105頁以下。
34) かつては，保安監置は，刑罰の言い渡しと同時に裁判所で言い渡される（刑66条）ことになっていたが，留保付きで言い渡される場合（刑66a 条）や，刑事施設に収容中に初めて危険性が明らかとなった者に対して，事後的に言い渡される場合（刑66b 条）も加わった。
35) BVerfGE 109, 133 (167 ff.).
36) application no. 19359/04; NStZ 2010, 263.
37) BVerfGE 128, 326.
38) BGBl. I 57, 2425.
39) BGH NStZ 2005, 265f.; NStZ 2008, 27 (28); NStZ 2010, 387 (388).
40) BGH NStZ 2000, 578.
41) BGH NStZ-PR 2011, 204; NStZ-PR 2011, 272.
42) *Meier*, S. 333 f.
43) *Schwind*, NStZ 1981, 121 ff.; *Kaiser, Dünkel, Ortmann*, ZRP 1982, 198 ff.; ならびに *Schöch et al.* の反対意見 ZRP 1982, 209 ff. 参照。
44) 「自由刑の執行中に，受刑者は，社会的な責任を負い，将来的に犯罪なしの生活を送れるような能力を身に付けなければならない（執行の目的）。（連邦行刑法２条１文）」自由刑を執行する際の目標として掲げられるもので，刑罰目的とは異なる。

45）*Schwind/Böhm/Jehle/Laubenthal (Hrsg.)*: Strafvollzugsgesetz Bund und Länder 6. Auflage, Kommentar, De Gruyter 2013, Vor § 1 Rn. 8 f. 参照。

46）*Niemz, S.*: Sozialtherapie im Strafvollzug, Kriminologische Zentralstelle Wiesbaden 2013.

47）２つの機能についての詳細や問題点に関しては，*Schneider, H*: Leipziger Kommentar, Großkommentar（LK）, 12. Aufl., Vor § 68 Rn. 3 f.

48）連邦統計は存在しないが，旧西ドイツの州の統計は，Bundesrat Drs. 256/06 S. 16; *Morgenstern, C.*, NK 2006（18）, S. 152; *Meier*, S. 243 Tabelle 8 参照。言渡し件数の変遷に関しては，LK-*Schneider*, § 68 Rn. 2.

49）連邦統計は存在しないが，Bundesrat Drs. 256/06 S. 15 f.; *Morgenstern, C.*, NK 2006（18）, S. 152 参照。

50）BGHSt 50, 93（97ff.）.

第21章　施設内処遇と社会内処遇

Ⅰ◆──施設内処遇

1　行刑法の基礎

◆1976年連邦行刑法と州行刑法

近代的な自由刑は，一般には，16世紀後半に成立したと理解されている（ブライドウェル懲治場，アムステルダム懲治場）。行動の自由の制限とともに，施設被収容者の改善や社会への再編入を刑罰の目的とする潮流は，英米を中心として，ヨーロッパ大陸にも及んだ。しかし，その執行にあたっての行刑関係を規律する包括的，統一的な法律がドイツにおいて実現したのは，20世紀半ばの1976年のことであった。

この「自由刑ならびに自由剥奪を伴う改善および保安処分の執行に関する法律」（以下,「連邦行刑法」と記す）は，制定後，保安処分や社会治療，医療上の強制措置，外部交通，自己情報のコントロール，作業報酬などについて改正を重ねた。しかし，一方で，憲法上の社会的法治国家原則を基礎に据え，当時の行刑理論を模範的に結集させた行刑法典といえるこの連邦行刑法も，制定当初の構想をすべて実現できたわけではなかった。社会保険や失業保険の適用をはじめとする経過規定に盛り込まれた措置には，財政的事情から実現されていないものが多数存在する。連邦行刑法が，胴体だけで手足頭のない彫刻，「トルソー」と称されることがあるのはこのためである。

他方，制定からちょうど30周年にあたる2006年，連邦行刑法は，連邦制度改革に直面した。財政負担の効率化を目的とする憲法改正と，それを受けた「基本法を改正するための法律」（いわゆる「連邦制度改革法」）により，ラントは独自の州法でそれを置き換えることができることになった。そのため，現在すでに，州法として独自の行刑法を制定しているラントが出てきている。すなわち，バイエルン，ハンブルク，ニーダーザクセンは2008年１月１日から州の行刑法を施行させており，バーデン・ヴュッテムベルク（2010年１月１日施行）とヘッセン（2010年11月１日）がこれに続いている。また，ベルリン，ブレーメン，ブランデンブルク，メクレンブルク・フォアポメルン，ラインラント・プファルツ，ザールラント，ザクセン，ザクセン・アンハルト，シュレスヴィッヒ・ホルスタイン，チューリンゲンの10州は，現在，共通の「モデル法案」に基づき行刑法制定作業を進めている[1]。このうち，ブランデンブルク，メクレンブルク・フォアポメルン，ラインラント・プファルツ，ザクセン，ザールラント，チューリンゲンの州法は，2013年に成立している。ノルトライン・ヴェストファーレンは，これに参加せずに，2013年に独自に州法を制定している。州法を制定しているラントでは，州法が明確に規定していない事項，そして連邦法に規定される特定の拘禁形態について州法では規律できない場合について，連邦法が適用される。また，行刑にかかわる法律上の権利保護についても連邦法が規整することになる。

しかし，この基本的な制度改正については，刑法および刑事訴訟法が連邦法にとどまるのに対して，刑事施設在所者の自由の制限措置と社会復帰措置を規律する行刑法をなぜ州法としうるのかという原理的な疑義[2]の他，開放処遇や**休暇**，執行の緩和手段である**外出・外部通勤**についてもとから存在している地方格差がますます広がり[3]，ラント間で「みすぼらしさの競争」が激しさを増すことになるのではないかとの懸念が表明されている[4]。

◆連邦憲法裁判所の裁判例の重要性

連邦行刑法の成立自体がそうであったように，ドイツでは，連邦憲法裁判所の司法判断が「行刑改革の原動機[5]」となってきた。

嚆矢となった1972年３月14日判決（BVerfGE 33,1）は，特別権力関係論を否定した上で，被収容者の権利制限は法律によってのみ可能であると判断し，暗礁に乗り上げかけていた行刑法制定作業を後押しした。その上で，1973年６月５日判決（BVerfGE 35, 202〔トーバッハ判決〕）は，「再社会化の要請は，人間の尊厳を価値序列の中心におき，社会国家原則を義務づけられている社会の自己了解」であると指摘し，基本法２条１項と社会的法治国家原則を根拠に，再社会化を刑事施設被収容者の請求権として認めている。今日に至るまでの連邦憲法裁判所の判断は，この延長線上で展開されている[6]。

◆行刑法の目的

連邦行刑法と州法の多くで，自由刑執行の構成上の原則とされているのは，**社会との同化原則**（連邦行刑法３条１項），**害悪防止原則**（同条２項），**統合原則**（同条３項）である。

自由刑執行の目的と任務については，「自由刑の執行において，被拘禁者は，将来，社会的責任のある犯罪行為のない生活を送る能力を与えられなければならない（執行目的)。自由刑の執行は，さらなる犯罪行為に対する公衆の保護にも資する」と規定されている（連邦行刑法２条)。これは，執行目的が強制的な改善や内面にまで立ち入る教育ではなく，**再社会化**にあることを意味する。先述の通り，レーバッハ判決（BVerfGES 35, S. 235）以来，再社会化は，憲法上の法治国家原則の裏づけをもつ刑事施設在所者の請求権であると理解されており，この目的規定は行刑組織や職員を拘束する。

もっとも，州法の中には，再社会化任務を優先させている連邦行刑法とは異なり，再社会化と公衆の保護を列挙する順番を逆転させているものがある。たとえば，バイエルンとバーデン・ヴュッテムベルクの州法は，さらなる犯罪行為からの「公衆の保護」を執行目的として先に列挙し，再社会化をその後に挙げている（バイエルン行刑法２条，バーデン・ヴュッテムベルク行刑法２条)。また，ハンブルクのように，２つを並列しつつ，これらが相互に矛盾するものではないことに注意を促している例（ハンブルク行刑法２条）もある。

2　行刑過程

◆刑の開始，行刑計画

再社会化目的は，個別処遇の要求に応じた行刑を求める。そのため，収容後行われる被収容者の人格と生活状態の調査（連邦行刑法６条）を踏まえて，執行計画が策定される（同７条)。

行刑の形態として，連邦行刑法は，「被収容者は，開放施設の特別な要件を満たし，とくに自由刑の執行を免れ，開放執行の可能性が犯罪行為のために濫用されるおそれがないときは，本人の同意を得て，開放執行施設または開放執行区画へ収容されなければならない」(10条1項) と規定する。州法の中には，開放処遇と閉鎖処遇の関係を逆転させて規定しているものもある (バイエルン行刑法12条，ハンブルク行刑法11条，ニーダーザクセン行刑法12条)。

◆刑務作業

ドイツにおいて刑務作業は，刑法上のものではないものの，行刑法上の義務とされている (連邦行刑法41条1項)。行刑法上，作業は，釈放後に被収容者の助けとなるものでなければならず，その能力や熟練度，傾向に適合し，経済的に収益の多いものでなければならないものとされている (同37条1項・2項)。反面，行刑官庁は，被収容者に作業の機会および職業教育の機会を提供することを義務づけられる (同148条)。基本法上の職業および職業選択の自由 (同12条1項) との関係で，作業の義務づけが許容されうるかが問題になりうるものの，基本法12条3項を根拠に憲法上許容されると理解するのが一般的である[7]。もっとも，この作業義務は，かなりの程度，相対化されているといえる。被収容者が65歳を超えている場合や，ワーキング・マザーを保護するため従業が法律上禁止されている妊娠中または授乳中の母親の場合，作業義務はない (同41条1項3文[8])。その他，社会との同化原則から，作業に従事する能力のない被収容者も作業義務を免除されると解されている[9]。

賃金制の採否は，行刑法理論と実務の試金石である。ドイツでは，賃金制が採用されているわけではないものの，報酬制度がとられており，被収容者は，指定された作業やその他の労作，施設における補助活動に対する作業報酬請求権をもつ (同43条)。

作業報酬金の算定は，前年度において労働者および被雇用者が加入している年金保険全被保険者の平均労働報酬の9％を基礎とする (基準報酬金) (連邦行刑法43条1項，200条，社会保障法典第4編18条)。基準報酬金の算定の基礎割合を5％にとどめ置いてきた連邦行刑法200条を，1998年7月1日の連邦憲法裁判所判決 (BVerfGE 98, 169) が違憲であると判断したことを契機として，金銭的報酬に関しては9％への引き上げが行われた。

連邦憲法裁判所判決が金銭以外の作業報酬を拡充する余地を認めていたこともあり，連邦行刑法では，拘禁からの休暇 (作業休暇) と釈放時期への参入という形でも，非金銭的な作業報酬が承認されている。すなわち，2ヶ月間指定の作業（連邦行刑法37条）または補助活動（同41条1項）を行った場合，被収容者は1日の免除日を取得することになる。拘禁からの休暇に関する要件を同時に満たしている場合には，免除は作業休暇として利用することができる（同43条7項）。これらの利用は，被収容者の申請を要件とする。被収容者がこれらの利用を申請しない場合，または申請はなされたものの要件を満たさないために拘禁からの休暇が許可されない場合，免除日は釈放時期を前倒しするために参入される（同43条9項）。

◆外部交通

社会復帰という行刑法の目的や行刑の人道化の観点から重要になるのが，外部交通である。行刑法上外部交通に数えられているのは，面会（連邦行刑法24条以下），文通（同28条以下），電話・電報（同32条），小包の受領（同33条）である。もっとも，これらは無制限に認められているわけではなく，個別の規定により，施設の安全および規律を理由としてだけでなく，被収容者の処遇または釈放後の社会復帰が危険にさらされることを理由としても，制限が可能である（同25条，27条，28条，29条，31条）。

◆執行の緩和と休暇

行刑法は，再社会化目的を達成するため，**執行緩和**の措置を定めている。この措置に数えられるのは，**構外作業**，**外部通勤**，**引率**，**外出**である（連邦行刑法11条1項）。この緩和は，被収容者が執行の緩和を自由刑の執行を免れたり，犯罪行為のために悪用するおそれがないことを要件とする。

この緩和は，施設管理者がその具体的内容，目的および実施の種類を予め決定するものである。それに対して，期間中被収容者が施設外でまったく自由であり，監視されない状態に置かれるのが，拘禁からの**休暇**である（同13条）。この休暇は，処遇手段のひとつであるため，刑の執行は中断されない（同13条5項）。

◆社会的援助

基本法上の社会国家原則を受けて，行刑法は，被収容者が個人的な困難を解決することを目的として，収容時，執行中，釈放時の社会的援助を規定している（連邦行刑法71条～74条）。被収容者は，個別性と自助努力への援助とを原則に行われる社会的援助を求める法的請求権をもつ。

この社会的援助の担い手は法律上限定されていないものの，実際には，ソーシャルワーカーや社会教育の専門家が大きな役割を果たしている。これらの関係者は，釈放保護や保護観察機関，社会福祉団体，ボランティアグループなどと協力する義務を負っている（同154条）。

◆懲戒処分

懲戒処分を命じるには，行刑法または行刑法により課された義務[10]に対する有責な違反がなければならない（連邦行刑法102条1項）。

科されうる懲戒処分は連邦行刑法103条1項に限定列挙されている。講学上，叱責（1号）と，3月までの自用金の使用および物品購入の制限または禁止（2号）は「一般的な懲戒処分」とよばれ，すべての違反行為について考慮される。それに対して，2週までの読み物の制限または禁止や3月までのラジオ聴取およびテレビ視聴の制限または禁止（3号）や3月までの自由時間労作のための物品または共同行事への参加の制限または禁止（4項），4週までの自由時間中の分離収容（5項），行刑法に規定された収入停止の下における4週までの指定された作業または労作の禁止（7号），3月までの施設外の者との交通を緊急の用務に限定する制限（8号）は「特別な懲戒処分」に分類され，**「反映の原則」**のもとで，違反行為と懲戒処分との間に内的な関連性の存在が必要であると理解されている（同103条4項）。さらに，4週までの屏禁（9号）は，「情状加重的な懲戒処分」として理解されている。

懲戒処分を科すための手続は，法治国家原則に適ったものでなければならず，被収容者への告知と意見の聴取が行われる（同106条）。この懲戒手続に弁護人が立ち会うことができるか問題になるが，学説ではこれを認める見解が有力である[11]。

◆権利擁護

被収容者の権利擁護のための仕組みには，行刑内部のコントロールと行刑外部の司法的統制がある。行刑内部のコントロールとして，①**不服申立権**（連邦行刑法108条1項），②**監督官庁の代表者との面接**（同条2項），③**職務監督権者への不服申立て**（同条3項），④**施設審議会への苦情の申出**（連邦行刑法164条）がある。①は，自分に関係する案件について施設長に面接し，希望の開陳，問題の提起，不服申立てを行う権利であり，被収容者は，書面または口頭による願出を行いうるだけでなく，施設管理者の最終的な回答を求めることができる。②は，監督官庁を代表する者が施設を視察する際に，自己の案件についてその者と相談する権利である。③は，行刑職員による職務上の決定または義務違反について，上位の職にある者により審査を行い，是正するための行政の内部的手段である。一定の形式を要しない。これは，職員に正しい行動を促すための官庁組織内部における作用である。④につき，施設審議会の委員は，被収容者から希望の開陳，問題の提起および苦情の申出を受けることができる。委員は，そのために自由に受刑者のところに出入りでき，受刑者との文通は監督することができない（同164条２項）。被収容者から出された希望などは，問題の提起および改善への提言という形で施設管理者に伝えられる（同163条）。以上の手段は，行刑官庁による自己統制のメカニズムである。

それに対し，行刑外部の裁判所による統制も存在している。公権力によってその権利を侵害されたときは何人も出訴することができる旨を定める基本法19条は，刑事施設被収容者にも適用があり，これは連邦行刑法109条以下により法律レベルで具体化されている。行刑については，地方裁判所の**刑執行部**が管轄する。

この手続は，当事者の申立てに基づく。その種類は行政訴訟法に準じて，取消しの申立て，義務づけの申立て，作為の申立て，不作為の申立て，確認の申立てに区別される。当事者申立てを受けた刑執行部は，口頭弁論を経ずに，決定によって裁判する（連邦行刑法115条１項）。権利保護の範囲が当事者の申立てにより限定されるという意味では，この手続は刑事訴訟手続における職権主義と同様の仕組みにはよらない。そのため，当事者が申立てを取り下げた場合，手続は終了する。もっとも，刑執行部は，事実関係を職権で探知し（同120条１項による刑訴244条２項の準用），決定の基礎となる事実関係を包括的に解明しなければならないと解されている。

被収容者は，第二次的な権利救済手段として，連邦憲法裁判所に対して憲法訴願を申し立てることができる。また，国内での法的手段が尽きた場合，欧州人権裁判所に出訴することができる（欧州人権条約34条）。

Ⅱ◆——社会内処遇

1　社会内処遇の概要

ドイツには，日本の更生保護法と類似するような法制度は存在しない。歴史を振り返れば，1988年にドイツ社会民主党（SPD）の関連団体である社会民主法律家協会（ASJ）により「連邦社会復帰法討議草案」が作成されたことがあった。[12] しかし，この構想は結局日の目を見ないまま，今日に至っている。[13] そのため，社会内処遇を規律するのは，基本的には，刑法や行刑法，そして社会保障法典ということになる。

社会内処遇として伝統的であるのは，**刑の延期**と**残刑の延期**である（これらについては，制裁論に関する記述を参照のこと）。その担い手は，**保護観察官**である。

民間の担い手による活動も，キリスト教のバックグランドを有しながら，長い伝統をもっている。これらの担い手は，実際にも，刑事施設からの釈放後における相談業務や住居の提供などの面で重要な役割を果たしている。1970年代終わりからは，社会内処遇の発展とともに，宗教とは必ずしもかかわりをもたない民間の担い手も重要な役割を果たすようになっている。1970年代終わりから発展を遂げた「新しい社会内処分」とよばれる援護指示，社会訓練コース，行為者－被害者－和解，作業遵守事項は，1990年の少年裁判所法改正により「**指示**」（少年10条）のカタログに追加されている。刑事訴訟法においても，行為者－被害者－和解の努力や損害回復は，検察官による手続打ち切りに結びつく指示・**遵守事項**のカタログに加えられている（刑訴153a条）。こうした法整備も，民間の担い手の寄与によるところが大きい。さらに，近時は，（未決）拘禁の回避やその短縮化のための活動にも大きな寄与を果たしている。

ここでは，社会的処遇のための伝統的な制度である保護観察を取り上げる。

2　保護観察

◆執行猶予の場合における保護観察

(1)　執行猶予の概要

保護観察[14)]の対象となりうるのは，執行猶予の決定を受けた者と，残刑の延期の決定を受けた者である。この制度の目的は，特別予防の目的を促進することにある。

執行猶予の場合に保護観察の対象になりうるのは，2年以下の自由刑を言い渡された者である。1年以下の自由刑の場合と2年以下の自由刑の場合とでは，要件が異なっている（刑56条。詳細については，制裁法に関する記述を参照のこと）。保護観察期間は，最短2年，最長5年とされており（刑56a条第1項），その期間は，事後的に，最短期まで短縮または最長期まで延長することができる（同2項）。保護観察期間は，基本的に特別予防的な考慮のみに基づいて決定すべきものと考えられている。残刑の延期とは異なり，行為者の責任や科された刑罰の重さは，この期間を決定する際に意味をもたない。

執行猶予を決定された者すべてが，保護観察官の監督と支援の対象になるわけではない。執行猶予の場合，裁判所は，「刑罰類似」の性格をもつものとされる遵守事項（刑56b条）を裁量により言い渡したり，有罪の言渡しを受けた者を援助するためのものとされる指示（刑56c条）を必要性が認められる場合に義務的に言い渡したりしなければならない。保護観察官の監督と指導に付することは，これらの措置と並んで，裁判所が言い渡すことになるわけである。

(2)　保護観察の方法

犯罪をさせないようにするのに適切である場合，裁判所は，有罪を言い渡された者に対して，猶予期間の全部または一部について，保護観察官の監督と指導に付する（刑56d条第1項）。これは，指示と同じように，専ら特別予防的観点から行われる措置であり，裁判所の裁量によるものではない。さらなる犯罪行為を防ぐのに適切であることが認められる場合，裁判所は，有罪言渡しを受けた者を保護観察に付さなければならず，反対にそのために適切でない場合には保護観察に付してはならない。

9月を超える自由刑が猶予される場合や，有罪の言渡しを受けた者が27歳未満である場合には，原則として保護観察が付される（同2項）。少年裁判所法上は，保護観察が必要的なものとされていることもあり（少年24条1項），行為者が若年である場合や，長期の自由刑を言い渡されている場合には，保護観察に付されているものの割合が高くなっているとも指摘されている[15]。

保護観察官は，裁判所によって任命され（刑56d条第4項），専門職または名誉職として関与する（同5項）。

保護観察官の任務は，援助的かつ保護的に有罪の言渡しを受けた者を助けることと，遵守事項・指示・申出・確約を監督することにある。そのため，裁判所が決めた間隔で有罪言渡しを受けた者の行状について報告を行い，遵守事項・指示・申出・確約の**重大または執拗な違反**を裁判所に報告するものとされている（同3項）。

裁判所は，遵守事項や指示に関する裁判とならんで，保護観察官の監督と指導に付する裁判を，事後的にも行ったり，変更したりまたは中止したりすることができる。

◆残刑の延期の場合における保護観察

(1)　残刑の延期の概要

残刑の延期は，日本の仮釈放に類似する制度である。これは，特別予防を目的とするものであり，とくに施設内での行刑の害悪を回避しようとするものである。この残刑の延期には，有期刑を対象としたものと無期刑を対象としたものとがある。有期刑に対する残刑の延期は，さらに刑期の3分の2が経過した時点での裁判所の義務によるものと，半分が経過した時点での裁判所の裁量によるものとに区別されている（要件などの詳細は，制裁法に関する記述を参照のこと）。

有期自由刑に対する残刑の延期には，保護観察のための刑の延期に関係する延期の期間（刑56a条），遵守事項（刑56b条），指示（刑56c条），保護観察官（刑56d条），事後の決定（刑56e条），延期決定の取消し（刑56f条），刑の免除（刑56g条）の規定が準用される（刑57条3項）。

そのため，延期の期間は2年を下回らずかつ5年を超えない範囲で設定されることになる（刑57条3項，56a条）。また，残刑の延期の場合には，延期期間は事後的に短縮される場合でも残刑の期間を下回ってはならないこととされている（刑57条3項）[16]。

無期自由刑の場合における残刑の延期の期間は5年間である（刑57a条3項）。この場合にも，有期自由刑の残刑の延期と同様に，遵守事項，指示，保護観察官，事後の決定，延期決定の取消し，刑の免除の規定が準用される（刑57a条，56b条～56g条）。また，裁判所は，2年以下の期間で，有罪の言渡しを受けた者が残刑の延期を申し立てることが許されない期間を定めることができる。

(2)　保護観察の方法

有期の自由刑の残刑が延期される場合には，保護観察に関する特則がある。有罪の言渡しを受けていた者が，残刑が延期される前に1年以上服役していた場合，裁判所は，原則として延期期間の全部または一部について保護観察官による監督および指導に付すものとされている（刑57条3条）。

3　保護観察官の役割

保護観察の業務を担う保護観察官の人員は，2004年12月31日現在で2,312人であり，1人あたり79人の対象者を担当している[17)]。

保護観察官は，上述の通り，有罪の言渡しを受けた者の監督と援助を行うことを職責としている。監督の役割は，有罪言渡しを受けた者の行状について報告を行い，遵守事項・指示・申出・確約の重大または執拗な違反を裁判所に報告することで担保されている。他方，法文上，保護観察官は，「援助的かつ保護的に有罪を言い渡された者を援助する」ものとされている。

そのため，保護観察官の役割として，支援と統制との役割葛藤が理論的にも実際的にも重要な問題とされてきた。一般の社会的援助やソーシャルワークと本質的な差があることを指摘する見解がある一方で，その活動を憲法上の社会的法治国家原則を具現化するものとみて，支援を優位に理解すべきとする見解もみられる[18)]。

1)　こうした州法の形態は一様ではない。バイエルンとニーダーザクセンの州法は，少年行刑を規律する規定をも含んでいる。また，バーデン・ヴュッテムベルクの州法は，未決勾留を規律する規定を含んでいる。2008年の段階で，バイエルン，ハンブルク，ニーダーザクセンの州法を比較検討したものとして，*Arloth*, Frank, Neue Gesetze im Strafvollzug, GA Jg. 155, 2008, S.129 ff. を参照。

2)　*Müller-Dietz*, Heinz, Strafvollzugsrecht als Ländersache?, ZfStrVo 2005, S. 40.

3） *Dünkel*, Frieder, *Horst Schüler-Springorum*, Strafvollzug als Ländersache?, ZfStrVo 2006, S. 146.

4） Vgl. Gesetzgebungskompetenz für den Strafvollzug muss bei Bund bleiben, ZfStrVo 2005, S. 48は，2004年12月に公表された80名を超える刑法学・行刑学・犯罪学研究者による反対声明である。賛同した研究者の数は，最終的には100名を超えている。その他，ドイツ少年裁判所・少年裁判補助者連合（DVJJ），刑事施設長連邦同盟，ドイツ刑務官連合（BSBD）など，多くの団体が反対声明を出している。

5） *Preusker*, Herald, Das Bundesverfassungsgericht als Motor der Strafvollzugsreform, ZfStrVo 2005, S. 195.

6） その後の重要な連邦憲法裁判所の裁判例として，次のようなものがある。1977年6月21日判決（BVerfGE 45, 187）は，終身刑が人間の尊厳に反しないための条件として，釈放される見込みの法的な保障と自由の身になるチャンスが被収容者に残されていることを挙げ，終身の自由刑を言い渡された被収容者の場合でも，再社会化の実現に手段を尽くす義務を刑事施設が負うことを明らかにした。また，1998年7月1日判決（BVerfGE 98, 169）は，行刑法上の作業義務自体の合憲性は肯定しながらも，義務に基づく刑務作業は「正当な評価」が行われる場合にのみ効果的な再社会化手段となることを指摘し，年金保険被保険者の平均報酬の5％にとどめおいている作業報酬規定を違憲であると判断した。2004年2月5日判決（BVerfGE 109, 133）は，終身の保安監置を合憲としつつも，終身刑が合憲性を満たすための必要条件は終身の保安監置にも妥当することを指摘した。また，2006年5月31日判決（BVerfGE 116, 69）は，やはり同じ基調の上で，少年行刑法が制定されていない状態を違憲であると判断している。

7） 欧州人権条約との関係でも，同条約4条3項を根拠に，これに違反しないと理解されている。

8） 各州法も，同様の構造をとっているものの，ハンブルク行刑法（38条1項4文）とニーダーザクセン行刑法（35条）では，作業義務を免除される高齢者につき具体的年齢は明記されておらず，「年金年齢」に達した者と表現されている。

9） *Laubenthal*, Klaus, Strafvollzug. 6. Aufl. Heidelberg u.a. 2011, S. 231.

10） 具体的には，衣服の着用（20条1項），面会時の物品の授受（27条4項），書類の発送および受領時の施設の仲介（30条1項），作業義務（41条1項），健康管理および衛生上必要な処置（56条2項），日課の遵守（82条1項），秩序ある共同生活（82条1項），行刑職員の指示（82条2項），居室および施設から交付された物品の整頓（82条3項），生命または健康に対する危険な事態に関する遅滞のない報告（82条4項）などである。

11） *Laubenthal*, a.a.O.S. 449, *Feest*, Johannes,（Hrsg.）, Kommentar zum Strafvollzugsgesetz（AK-StVollzG）, 6. Aufl. Neuwied 2011, S. 106［Walter］.

12） 日本語訳として，土井政和「西ドイツ社会民主法律家協会『連邦再社会化討議草案』」法政研究57巻2号（1991年）335頁がある。その内容を検討したものとして，同「行刑と福祉」矯正協会編『矯正協会百周年記念論文集 第3巻』（矯正協会，1990年）139頁がある。

13） 今日におけるその必要性を検討するものとして，vgl. *Sonnen*, Bernd-Rüdeger, Empfiehlt sich ein Musterentwurf eines Landesresozialisierungsgesetzes（LResoG）?, *Boers/Feltes/Kinzig/Sherman/Streng/Trüg*（Hrsg.）, Kriminologie —— Kriminalpolitik —— Strafrecht. Festschrift für Hans-Jürgen Kerner zum 70. Geburtstag, Tübingen 2013, S. 471.

14） 保護観察のための刑の延期は，少年に関しては，1923年の少年裁判所法で導入されている。制度の歴史的な展開については，vgl. *Dünkel*, Frieder, Rechtliche, rechtsvergleichende und kriminologische Probleme der Strafaussetzung zur Bewährung, ZStW Jg. 95, Ht. 3, S. 1039 ff.

15）Vgl. *Meier*, Bernt-Dieter, Strafrechtliche Sanktionen. 4. Aufl. Heidelberg, 2014 S. 128.

16）この点をとらえれば，ドイツの法制度は残刑期間主義ではなく考試期間主義をとっていることになる。もっとも，司法機関である裁判所の関与の仕方など，前提となる制度に日本との大きな違いがあり，それを捨象して残刑期間主義と考試期間主義を単純に比較することに余り大きな意味はない。

17）*Cornel/Kawamura-Reindl /Maelicke/Sonnen*（Hrsg.），Resozialisierung. Handbuch. 3. Aufl. Baden-Baden 2009, S. 185 [Grosser/Maelicke].

18）*Cornel/Kawamura-Reindl /Maelicke/Sonnen, a.a.O*, S. 185 [Grosser/Maelicke].

第22章　少年司法

I ◆──少年司法制度の変遷

ドイツの少年司法制度は，一般に「**少年刑法**」と称されていることからも窺われるように，伝統的に刑事特別法としての性格を強くもっている。その中心となる実定法規範は，「**少年裁判所法**」である。少年裁判所法は，刑法および刑事訴訟法の特別法であり，実体法と手続法の要素を混在させている。

他の多くの西欧諸国と同様，ドイツにおける少年司法制度の土台がつくられたのは，社会の近代化・産業化と第一次世界大戦による戦禍を経た20世紀の前半である。1923年の少年裁判所法は，1922年の少年福祉法とともにワイマール憲法の社会国家思想をも背景に成立した。この法律は，ナチス期の1943年改正を経た後，国家社会主義思想の所産を除去した1953年法へと至った[1)]。その後，1960年代半ばから1970年代半ばにかけて，少年刑法と少年福祉法とを統合するといういわゆる統一少年法構想が存在したものの，その構想は成就しなかった。少年裁判所法の大改正となったのは，1970年代終わりからの「**実務による少年刑法改革**」と称される，身体拘束処分の回避と社会内処分の拡充を基調とする動きを立法に結実させた1990年の少年裁判所法第１次改正法（1.JGGÄndG）である。

第１次改正法成立後も，少年裁判所法は，2006年12月30日の第２次司法現代化法（被害者保護に関連する規定の整備や少年に対する条件つきの公訴参加制度の導入など），2007年12月13日の「少年裁判所法等の法律を改正する第２次法律」（少年裁判所法の目的の明文化，州に立法権限を移した連邦制度改革のための憲法改正に伴う少年行刑法に関する規定の整備），2008年７月８日の「少年刑法による有罪言渡しの場合における事後的保安監置を導入するための法律」（少年および少年刑法により有罪を言い渡された青年に対する事後的保安監置の導入)，2009年7月29日の「未決拘禁法を改正する法律」(青年の場合にも少年審判補助の代表者が弁護人と同じ範囲で被疑者と交通できるようにする規定の整備)，2012年9月4日の「少年裁判所の措置可能性を拡大するための法律」(従前「**威嚇射撃拘禁**」と称されてきたものと類似する**事前観察**の措置の導入や，とくに重大な殺人行為の場合に青年に科すことができる少年刑の上限を15年に引き上げる措置)，2012年12月5日の「保安監置法の停止要請を連邦法で実施するための法律」(事後的保安監置制度の廃止と，留保的保安監置の規定の改正）などの法律により改正されている。

Ⅱ◆──少年司法制度の基礎

1　少年裁判所法の目的

ドイツの少年司法制度は，伝統的に「**教育思想**」を理念としてきたものの，これまで，その具体的内容が法律上明文化されていたわけではなかった。そのため，「刑罰に代わる教育」を超えて，「刑罰による教育」が許容されうるかという問題が，理念的にも実際的にも，大きな争点とされてきた。

こうした状況の中，2007年の第2次改正法は，次のような目的規定を新設した。「少年刑法の適用は，とくに，当該少年または青年の新たな犯罪行為を防がなければならない。この目的を達するため，法律効果および，親の教育権に配慮した上で手続も，優先的に教育思想に適うようにするものとする」(少年2条1項)。この規定趣旨は，少年の内心や人格に入り込むような「教育」は親が行うべきものとして留保される一方で，引き起こされた不法への単なる反作用（=応報）にとどまらずに，将来の非行を防止するという特別予防を目的として，とくに援助や促進に方向づけられた現代の教育学でいう「教育」をその手段に据えることにある。他の制裁目的が個別事案においてまったく排除されるわけではないものの，潜在的な行為者に対する威嚇を狙ったような一般予防を独立して追求することは許されないと解されている[2)]。

こうした目的規定が創設された背景には，非行のエピソード性・一過性・自然治癒性と，身体拘束処分の害悪性という1970年代終わりから興隆をみた犯罪学的実証研究が明らかにした知見と，「教育」を理由に少年は成人よりも過度な国家介入を受けているのではないかという批判の高まりがあった。

2　人的対象（年齢）

少年裁判所法は，**少年**および**青年**に適用される。少年とは，14歳以上18歳未満の者のことをいい，青年とは，18歳以上21歳未満の者のことをいう（1条）。日本とは異なり，いずれの年齢基準も，行為時によっている。

刑事未成年に達していない14歳未満の**児童**については，社会保障法典８章の福祉的措置がとられうるにすぎない。

青年は，環境的諸条件をも考慮して行為者の人格を全体的に評価した場合に行為時におけるその道徳的および精神的発育からみて少年と同視できることが明らかである場合や，行為の種類・事情または動機からみて少年非行が問題となる場合には，少年に適用すべき規定が適用される（少年105条１項）。青年の扱いは，1923年の少年裁判所法制定時から一貫して争われており，立法的に解決されることなく現在に至っている。青年への少年裁判所法の全面的な適用は，学理上は，「すでに1970年代半ば以来存在する一般的な合意[3)]」であるといわれる状況にある。しかし，2012年９月４日の「少年裁判所の措置可能性を拡大するための法律」は，学理的な議論とは反対に，とくに重大な殺人行為の場合に，青年に科すことができる少年刑の上限を10年から15年に引き上げた。

3　手続の関与者

◆裁判官と検察官

少年審判手続は職権主義をとる。審判には，検察官も関与する[4)]。

少年事件に携わる裁判官と検察官には，法律上，教育経験と教育能力が求められる（少年37条）。また，主として検察官に向けられた「少年裁判所法に関する準則」は，少年裁判所の構成および少年係検察官の選任にあたっては，とくに適性および資質が考慮されるべきであること，少年裁判部は，可能な限り経験豊かで以前に少年係裁判官および後見裁判官の職を経験した者により構成されなければならないこと（37条に関する準則１項），そして，少年係裁判官および少年係検察官の活動に関しては，教育学，少年心理学，少年精神医学，犯罪学，社会学の知識がとくに有用であり，それにふさわしい専門教育が必要であることも指摘している（同3項）。

もっとも，少年裁判所法のこの規定は，一般には訓示規定と解されている。近時は，これを義務規定とすることを求める立法提案も有力にある。

少年事件の審理を行う少年裁判所とは，少年裁判官，少年参審裁判所，少年裁判部のことをいう（少年33条2項）。少年係裁判官1人の裁判体が管轄権をもつのは，教育処分，懲戒処分，法によってゆるされた付加刑および付随効果または運転免許の剥奪のみを言い渡すことが予想される比較的軽微な事件の場合である。少年係裁判官は，1年を超える少年刑を言い渡してはならず，精神病院への収容も命じることが許されない（少年39条）。少年参審裁判所は，職業裁判官1人と男女1人ずつからなる参審員2人により構成され，その他の事件の管轄権をもつ（少年33a条，40条）。もっとも，重大な事件や範囲が特別に大きな事件，少年と成人の事件が併合される事件などについては，職業裁判官3名と参審員2名の少年大裁判部が管轄することがある（少年33b条第1項，41条）。少年係裁判官が単独で判決を行った事件の上訴手続は，裁判長と2人の少年参審員から構成される少年小裁判部が管轄をもつ（少年33b条1項）。

◆参 審 員

少年参審裁判所と少年部には，男女1人ずつ，2人の参審員が関与する。少年参審員は，裁判所構成法第40条に規定されている委員会5年間の活動期間の継続中に，少年援助委員会の推薦に基づいて選任される。この少年援助委員会は，少年参審員および予備参審員として必要な数の少なくとも2倍の男女を同数推薦し，推薦された候補者は，教育能力があり，かつ少年の教育について経験をもった者であるべきものとされている。候補者名簿は，少年局において，1週間の間，誰にでも閲覧に供しなければならない（少年35条）。

少年参審員は，裁判官と同等の権限をもつ。そのため，法的要件と効果，そして事実問題や法的問題についても判断を行う。少年参審裁判所では，単純多数決による結果（裁構196条），参審員の意見が裁判官の意見を否決することがありうる。もっとも，刑事訴訟法は，罪責問題および行為の法律効果に関して被告人に不利益な判断を行う場合には，その都度，3分の2の多数決を得ることを求めており（刑訴263条1項），この規定は少年事件でも適用される。

◆少年審判補助者

少年審判補助者の活動は，少年援助のための諸団体と共同して，少年局により，行われる。その役割は，少年裁判所の手続において，教育的，社会的および保護的な見地から，少年の人格，成長状態および環境の調査を通じて関係官庁を支援し，とられなければならない措置について意見を述べることにある。勾留など身体拘束事件の場合，少年審判補助の代表者は，その調査結果に関し迅速に報告を行う。また，保護観察官が選任されていない場合，少年審判補助の代表者は，少年が指示および遵守事項を遵守することを監督する（少年35条）。

◆弁 護 人

ドイツでは必要的弁護制度がとられている。国選弁護人は，少年に弁護人がない場合に，登録名簿から裁判所により選任されることとされている。その費用は，被告人に請求されうる（少年74条）。しかし，通例は資力のない少年にとって追加的な制裁として作用しうるので，費用の請求は少年に対して行うべきでないと，一般には考えられている。

必要的弁護制度の対象は，①成人であれば弁護人が選任される場合（刑訴140条），②教育権者や法定代理人がその権利を奪われている場合，③教育権者および法定代理人が，少年51条２項により審判から退廷させられており，かつその権利の侵害が事後的な教示（少年51条４項２文）では十分に埋め合わされえない場合，④被疑者の成長状態に関する鑑定の準備を行うため，施設への収容が問題になる場合，⑤被疑者が18歳未満で，未決勾留や刑訴126a条による仮収容が執行される場合，である。⑤は，1990年の少年裁判所法第１次改正法で創設されたものであり，この場合，弁護人は「遅滞なく」選任されなければならないものとされている（少年68条）。

裁判官や検察官と異なり，現行法上，弁護人には，教育能力や教育経験は求められていない[5]。少年事件における弁護人の役割については，戦後の早い段階から，「教育思想」への拘束を肯定する見解とこれを否定する見解の対立がみられる。近時は，「教育思想」の内実をとらえ直し，これを肯定する見解も有力にある。

◆少年警察

少年裁判所法上，特別な「少年警察」制度が予定されているわけではなく，「少年警察」として制度が確立しているわけではないものの，多くの警察署において少年事件担当の部署があるといわれている。[6)]

少年事件の処理に関する警察内部の行政的な規則として重要なのは，警察官職務規則382「少年事件の処理」である。この規則は，1987年に制定され，1995年に改正されている。この改正では，検察段階でのダイバージョンに資するために，早期の段階から情報収集に努めるべきことなど，少年事件処理における新たな指針が示されたほか，1987年規則では認められていなかった教育権者や法定代理人の立会権が原則的に認められ（3.6.4），立会権と協力の権利が明記されている（3.6.5）。また，未成年者が信頼を寄せる者の立会いを認める条項も新設され（3.6.7），「尋問は信頼をもった雰囲気において行われなければならない」と定める規定（3.6.8）も登場している。

Ⅲ◆―手　　続

1　手続の基本構造

ドイツの刑事手続は，①起訴前手続，②起訴法定主義に基づく検察官の起訴を受け，裁判所が訴訟条件の具備，起訴事実の十分な嫌疑を審査する中間手続，③職権主義のもとで証拠調べ，検察官の論告，弁護人の弁論，被告人の最終陳述が行われ，判決へと至る公判手続，そして④上訴手続と⑤執行手続からなる。

こうした手続の基本構造は少年手続にも共通している。しかし，教育的な理由から，それぞれの段階で比較的大きな修正が加えられている。①起訴前手続と②中間手続では，手続打ち切りが及ぶ範囲が成人事件とは異なるため，捜査や審理もそれを重視したものであるべきものとされている。未決勾留の要件についても，大きな修正が加えられている。③審判手続では，非公開原則が妥当するため（少年48条），少年刑が予想される場合であっても，少年裁判所で審判が行われる限り手続が公開で行われることはない。その他，手続関与者やそれに求められる資質も成人事件とは異なっている。また，④上訴権は少年・教育権者・法定代理人の他検察官がもつが，刑事手続と異なり，双方ともに，単に教育処分・懲戒処分のみを命じた裁判や後見裁判官に教育処分の選択・命令を委託した裁判に対しては，処分の範囲を理由として不服を申し立てることができず（少年55条1項），また適法な控訴を行った者は，控訴審判決に対してはもはや上告を行うことができない（同2項）。さらに，検察官は，被告人に不利な判決に対しても上訴を行えるものの（刑訴296条），少年に不利となる上訴はとくに慎重に行うべきものとされている（少年裁判所法55条に関する準則）。⑤執行手続における執行指揮者は，成人事件では検察官であるのに対し，少年事件では少年係裁判官である（少年82条）。

以上のような刑事訴訟手続の修正は，未決勾留を含めて，自由剥奪処分を回避し，手続打切りを用いたダイバージョンや社会内処分を拡充するという1970年代終わりからの政策基調の上で強められている。

2　手続打切り

少年手続におけるダイバージョンには，検察段階における手続打切り（少年45条）と裁判所段階におけるそれ（少年47条）がある。具体的には，①軽罪（刑12条2項）で行為者の責任が軽く，刑事訴追の公益がない場合（この場合の手続打ち切りは，成人手続とも共通している），②教育的な措置がすでに行われ，または開始されているか，被害者との和解を達成する努力がなされている場合，③特定の指示や遵守事項を与え，少年がそれを遵守した場合，手続打切りがなされうる。立法論として批判も根強く存在する。法治国家原則から，警察段階によるダイバージョンが認められないことには，見解の一致がある。

ドイツ少年司法制度における手続打切りは，実体的な処分や手続の少年へのふさわしさが模索される中で，社会内処分の拡充と結びつきながら発展してきたものであり，少年裁判所法第1次改正法により規定の整備が図られている。しかし他方で，少年の負担がより少なく，手続経済上も有利であることなどを理由に，検察段階を中心として手続打切りが拡充してきたため，検察が「裁判官の前の裁判官」と化していることも危惧されており，各州により手続打ち切りの基準と運用が異なるために，平等原則とのかかわりで問題が指摘されてもいる。成人事件とは異なり，一部の手続打切りの要件として被疑者の自白が求められている点についても，法治国家原則から疑義が呈されている。

3　未決勾留

刑事訴訟法に規定される未決勾留の基本的な枠組み（刑訴112条，112a 条）は，少年手続にもあてはまる。しかし，1970年代終盤以降は，未決勾留が少年の心身や社会関係に悪影響を及ぼすことが認識されてきている。そのため，少年裁判所法第１次改正法は，少年に対する未決勾留を制限するための法改正を行い，上記の未決勾留の枠組みを強く修正している。すなわち，①16歳未満の少年の場合には，手続をすでに逃れていたか，逃走の準備をすでに行っていた場合，または定まった住居・居所がない場合にのみ，逃走のおそれを理由とする未決勾留が許される（少年72条）。②比例性の吟味の際には，未決勾留が少年に与える特別な負担が考慮されなければならず，福祉的な施設への収容では足りないなどの補充性がなければならない。勾留状には，福祉的な施設への収容では足りない理由と未決勾留が比例性に反しない理由が記載されなければならない（少年72条１項）。③勾留状が執行される場合，少年審判補助者が遅滞なく通知を受け（少年72a 条），被疑者が18歳未満の場合には弁護人が必要的に選任される（少年68条）[7]。④少年が未決勾留を受けている場合には，手続はとくに迅速に進められなければならない（少年72条５項）。

ドイツでは，少年事件における勾留率は成人事件のそれよりも高くなっており，この点に対する批判は強い。本来であれば勾留理由とはなりえない「教育」的なショックや一般予防を目的とする，いわゆる「**典拠の疑わしい拘禁事由**」が問題にされている。未決勾留の補充性を実現するため，福祉的な施設を用いた未決勾留回避のプロジェクトも，各地で発展してきている。

4　執行（少年行刑法の問題）

少年に対する勾留や少年刑における刑事施設在所時の権利義務関係を規律する少年行刑法の必要性は，遅くとも，1976年に成人に対する行刑法が成立した際に認識されていた。しかし，1980年代から数度法案作成の動きがあったものの，2000年代に至るまでそれが実現することはなかった。

こうした状況を破る契機となったのは，2006年５月31日の連邦憲法裁判所判決（BVerfGE 116, 69）である。この判決は，未成年者の事実関係に適った法治国家的・社会国家的保障を行うためには，その特性を反映させた法律上の規定が必要であることを指摘し，社会的法治国家原則に鑑みて少年行刑法が存在していない状態を違憲と判断した上で，2007年12月31日までに各ラントが少年の行刑関係を規律するための法律を定めることを求めた。もっとも，同年8月には，連邦制度改革の一環として，連邦と州の立法権限を整理する憲法改正が行われ，行刑法一般の制定権限が連邦から州に移譲されたため，少年行刑法の制定は州の権限で行われた。

各州の少年行刑法[8)]は，たとえば，目的設定における少年の権利と「公衆の保護」との関係や，作業や処遇プログラムへの参加義務とそれに違反した場合の懲戒の問題などについて扱いを異にしている。各論的にはなお検討を要する課題が少なくない。

Ⅳ◆――実体的処分（裁判所が言い渡す処分）

1　定式的な処分

少年裁判所が言い渡すことができる終局処分は，**教育処分**，**懲戒処分**，**少年刑**の3つである。「教育処分では十分でない場合」に，懲戒処分や少年刑が科されるものとされている（少年5条2項）。これら3つの終局処分は，後述する非定式的な処分と区別して，定式的な処分とも称される。

2　教育処分

通説・判例の理解によれば，教育処分の賦課は教育的な理由のみに基づかなければならず，犯罪行為に対する懲罰のためにそれを科すことは許されない。教育処分には，**指示**と教育のための援助がある（少年9条）。指示には，①居住場所に関する指示，②決まった家庭・施設への居住，③職業訓練や就労，④労務の提供，⑤特定の者の援護・監督に服すること，⑥社会訓練コースへの参加，⑦行為者―被害者―和解の努力，⑧特定の者との交際，飲食店・娯楽場への立入りの禁止，⑨交通安全講習への参加，がある（少年10条）。教育のための援助には，社会保障法典第8編上の教育扶助（社会保障法典8章30条）や昼夜対応施設・特殊援護的な住居形態での援助（同34条）がある（少年12条）。

教育処分を言い渡すにあたっては，少年の生活態度に鑑みて期待しえない要求をしてはならない（少年10条）。指示の期間は２年未満で，⑤については１年を，⑥に関しては６月を，超えてはならない（少年11条）。もっとも，教育上の理由がある場合には，裁判官は指示を変更，解除することができ，その期間を３年まで延期することもできる。少年が有責な違反行為に対する効果について教示を受けており，有責に指示に従わない場合には，少年拘禁が科されうる。

3　懲戒処分

懲戒処分は，「少年刑は必要ないが，自ら犯した不法に関する責任を負わなければならないことを少年に強く自覚させなければならない場合」に科されるものとされている（少年13条）。学理・判例の有力な理解によれば，その意義は，懲罰的であると同時に教育的である点にあり，応報や贖罪，行為・行為者の公的非難を直接の目的とはしない点で，少年刑とは区別される。

懲戒処分には，「戒告」と「遵守事項の賦課」，「少年拘禁」がある。「遵守事項」には，①可能な限りでの損害回復，②被害者への謝罪，③労務の提供，④公共施設のための金額の支払い，があり（少年15条），教育処分としての指示と同様に，事後的な変更や有責な不履行の際の「不服従拘禁」が予定されている。2012年の実務運用において，戒告が科されたのは26,485人，遵守事項の対象となったのは54,250人である。遵守事項のうち，損害回復は2,797人，被害者への謝罪は187人，労務の提供は37,191人，金額の支払いは13,782人となっている。

「少年拘禁」には，**休日拘禁**，**短期拘禁**，**継続拘禁**の３種類があり，現行法上，休日拘禁として最長２休日，短期拘禁として最長４日，継続拘禁として１週間以上４週間未満の拘禁が科されうる（少年16条）。2012年の実務運用において少年拘禁を科されたのは，16,470人であり，そのうち休日拘禁は6,424人，短期拘禁は1,404人，継続拘禁が8,642人となっている。

少年の名誉感情への働きかけを重視する形でナチス期に導入された少年拘禁は，戦後においても「3S」（Short, Sharp, Shock）政策の中で注目を集めた時期があった。しかし，近時は，制度導入の歴史的経緯とならんで，拘禁後の再犯率の高さや拘禁自体の悪影響が問題視されており，少年裁判所法第１次改正法では，少年拘禁の期間を短縮する法改正がなされている。現在の立法論議においては，少年拘禁を施設内の社会訓練コースとして再編すべきであるとの主張もある。

4　少 年 刑

少年刑は，少年裁判所法上予定されている唯一の刑罰であり，刑期は，６月以上５年未満，一般刑法により10年を超える自由刑が最高刑として規定されている重罪の場合には10年未満である。少年裁判所法第１次改正法は，不定期刑を廃止する一方，保護観察のための少年刑の延期の対象を，２年未満の少年刑の場合にまで拡大している（少年21条１項および２項）。2012年の実務運用では，少年刑のうちの59.9％が保護観察のために延期されている。

少年刑は，「行為に表れた少年の有害な性向から見て，教育上，教育処分または懲戒処分では十分でない場合」や，「責任が重大であるために刑罰が必要である場合」に科されうる（少年裁判所法17条２項）。実務運用では，少年刑のうち前者を理由とするものが約70％，後者が約30％となっている。もっとも，ナチス期に導入された「有害な性向」という少年刑の賦科要件は，その概念の曖昧さからも削除すべきであるという立法論が有力である。

少年刑と保護観察のための延期に関する実務（2012年）

	総数	６月	６月～９月	９月～１年	１～２年	２～３年	３～５年	５～10年
少年刑（人員）	14,803	2,020	2,307	2,904	5,409	1,405	662	96
少年刑総数に対する割合（％）	100	13.6	15.6	19.6	36.5	9.5	4.5	0.6
保護観察のための刑の延期（人員）	8,864	1,751	1,927	2,163	3,023	—	—	—
保護観察のための刑の延期の割合（％）	59.9	86.7	83.5	74.5	55.9	—	—	—

Quelle: Statistisches Bundesamt: Fachseire 10 Reihe 3, Rechtspflege. Strafverfolgung, Tab. 4.1, 2012, S.280f.

少年刑は，教育的な効果を発揮できるよう量定されなければならない（同18条２項）。そのため，通説・判例にしたがえば，特別予防に加えて贖罪が少年刑の目的や賦課理由として認められうる余地があるにしても――従前，日本で大きく誤解されてきたのとは異なり――一般予防を考慮することは許されない。もっとも，その上でも，「刑罰による教育」に対する原理的な疑問や，長期の自由刑を「教育」で正当化することへの犯罪学的・刑事政策学的な疑問が，近時呈されている。その文脈でも，少年刑の教育的な量定・形成と「責任の重大性」をどのように調和させるのかは，大きな理論的課題になっている。

1)　第二次世界大戦後，ドイツ民主共和国では，1952年に社会主義国家の特徴を反映させた少年裁判所が制定されたものの，1968年に廃止され，一般刑法の特則にとって代えられている。ドイツ民主共和国の1952年少年裁判所法の内容に関する仔細な検討は，*Plath*, Jennifer, Das Jugendgerichtsgesetz der DDR von 1952, Hamburg 2005, *Eich*, Kerstin, Die gesetzlichen Bestimmungen des Jugendstrafrechts der DDR ab 1968, Göttiongen, 2008を参照。

2)　BT-Drs. 16/6293, S. 9 f.

3)　*Dünkel*, Frieder, Heranwachsende im（Jugend-）Kriminalrecht in westeuropäischen Vergleich. ZStW Jg.105 Ht.1 1993, S.164.

4)　ただし，簡易少年手続に関して検察官の出席義務はない。

5)　もっとも，歴史的にみれば，1943年法では弁護人にも教育の能力と経験が求められていた。

6)　Vgl. *Strang*, Franz, Jugendstrafrecht. 3. Aufl. Heidelberg 2012, S.69.

7)　未決勾留法改正法を受けた刑事訴訟法の改正により，現在，この必要的弁護制度は，成人，そして青年に対しても適用されるようになっている（刑訴140条４項）。

8)　ラントによっては，成人行刑法と同一法典としているものも存在している。

■資料検索法

国立図書館　Deutsche Nationalbibliothek　www.dnb.de/
　→ドイツで出版された図書をほぼ全て検索することができる
図書館同盟　Gemeinsamer Bibliothekverbund　www.gbv.de
　→ドイツの大学における図書の所在を検索することができる
雑誌　Beck Online　beck-online.beck.de/　＊有料
　→ベック社が提供する雑誌などを検索することができる
法律雑誌　ZJS-Zeitschrift für das Juristische Studium　www.zjs-online.com/
　→インターネット上で閲覧できる法律雑誌
刑事法雑誌　ZIS-Zeitschrift für Internationale Strafrechtsdogmatik　www.zis-online.com
　→インターネット上で閲覧できる刑事法雑誌
官報　www.bundesanzeiger.de
　→ドイツの官報を検索することができる
ドイツ議会情報　DIP-Das Informationssystem für Parlamentarische Vorgänge Suchmaschine für alle Parlamentarischen Vorgänge　www.parlamentsspiegel.de
　→ドイツの上院・下院の議会議事録などを検索できるサイト
EU 議会情報　Europäische Union Europäisches E-Justice-Portal　www.portal21.de
　→ヨーロッパ議会の立法などを検索することができる
法令　www.gesetze-im-internet.de/
　→ドイツ国内の法令や規則を検索することができる
EU 関係法規　eur-lex.europa.eu/homepage.html
　→ヨーロッパ連合の法令等を検索することができる
判例　Juris Online　www.juris.de/　＊有料
　→インターネット上でドイツの判例を検索することができる
統計局　Statistisches Bundesamt　www.destatis.de/
　→ドイツの犯罪統計並び司法統計などを検索することができる
連邦警察局統計　BKA Polizeiliche Kriminalstatistik　ww.bka.de/DE/.../PolizeilicheKriminalstatistik
　→ドイツの連邦レベルでの警察統計を検索することができる
連邦憲法裁判所　Bundesverfassungsgericht　www.BVerfG.de
　→ドイツ連邦憲法裁判所のサイト
連邦裁判所　Bundesgerichtshof　www.bundesgerichtshof.de
　→ドイツ連邦裁判所のサイト
厚生省　Bundesministerium für Gesundheit　www.bmg.bund.de/
　→ドイツの麻薬政策などの動きを検索することができる
行刑資料　Strafvollzugsarchiv e.V. - Universität Bremen Informationen　www.strafvollzugsarchiv.de
　→ドイツにおける行刑資料などを検索することができる
ヴィースバーデン犯罪学研究所　Die Kriminologische Zentralstelle（KrimZ）　www.krimz.de/index.html
　→ドイツにおける犯罪学研究に関するサイト
英語検索　the Centre for German Legal Information（CGerLI）　www.cgerli.org/
　→英語によるドイツの判例や立法を検索することができる

あとがき

このたび，ドイツ刑事法入門を1冊の本として出版することができたことはほんとうに喜ばしいことです。法律文化社において本書をはじめ，アメリカ刑事法入門そしてフランス刑事法入門が出版される予定ですが，本書がこれらと時期をほぼ同じくして刊行されることは，日本の刑事法学の発展に寄与するところ大であると認識しております。

言わずもがなのことですが，日本の刑法学界では，先達の努力によって，戦後から今日まで，これら3ヶ国の刑事法学に関する研究は絶え間なく続けてこられました。日本の研究者の――留学なども通じて――不断の研究と相互の切磋琢磨によって，刑事法分野における比較法研究の業績は目を見張るものがあります。それは，他のアジア諸国との比べてもまったく引けをとりません。むしろアジアにおける比較刑事法学のリーダー的存在である／あったといえます。

優れた比較刑事法の研究業績とそれによって構築された比較刑事法文化がある日本において，いわゆる入門書にあたる書物がなかったということは驚くべきことです。しかし，それにはさまざまな理由があります。とりわけドイツ刑事法との関連でいえば，以下のような理由が考えられます。本来，ドイツ刑事法は，日本の刑事立法や法律解釈の問題を解決するために参考とされてきており，むしろ詳細な研究書の解読に関心が向けられてきました。また，ドイツ語そのものの難解さや，法律文章の難しさ，そしてドイツ刑事法学における諸派の誕生とその交流・対立を理解することの困難さがあります。ドイツ刑事法の入門書を執筆することこそ，もっとも難関であるとされて，誰も手を付けてこなかったともいえます。その意味で本書の作成は，無謀な大冒険といっても過言ではありません。

本書の執筆の依頼を受けたのは，2011年のことでした。本書がまだ企画にも至らない段階で法律文化社の掛川直之さんと「日本語で書かれた各国の刑事法の入門書のようなものがあればいいですね」と話した記憶があります。その段階では，私自身が執筆にあたるとは夢にも思わなかったのですが，掛川さんの頭の中ではすでに頭数に入っていたそうで，話し合いをした都合上，後には引くことができなくなりました。その後，私は，2012年にドイツのギーセン大学で研究生活を送る機会を得たのですが，その際，アウクスブルク大学に留学中の辻本典央さんに会うことができ，スイスのジオンで共同作業チームが作られることになりました（ヘニング・ローゼナウ教授〔アウクスブルク大学副学長〕の集中ゼミへの参加）。そして，両者の話し合いから，武内謙治さん（コンスタンツ大学留学）と山中友理さん（ミュンヘン大学留学）にもチームに加わっていただきました。私をのぞく３人の方々は，すでにドイツにおいて研究報告や講義などもされた経験をおもちであり，一般会話はもちろんのこと，研究者として必要なドイツ語の高い能力をもっておられ，しかもドイツの刑事法研究者との密接な関係をもっておられるかたばかりです。しかし，とりわけ，本書では，各メンバーが入門書ということを念頭に置いて，詳細な研究知識を発揮することを最小限に留め，かつてドイツの大学で出席した講義で学んだことを思い出しつつ執筆することに集中していただくことにしました。

また，本書の執筆メンバーがドイツ研究者との交流を積極的に行っていることから，ドイツの研究者の方々の協力を得ることもできました。アルント・ジン教授（オズナブリュック大学）には，ドイツの犯罪論体系の歴史と現在（第１・２章）について共同執筆していただきました。そしてマーティン・ザイファート助手（ギーセン大学）には，ドイツの法曹要請システム（第18章の補論）についてご寄稿いただきました。心から感謝いたします。

本書は，日本の刑法学界のなかで初めての冒険といえます。そのため，失敗作だと批判されるかもしれません。しかし，プロセスなしには，成功と達成はあり得ません。日本における比較法文化の発展に少しでも寄与できれば幸いです。

2014年12月
執筆者を代表して　金　尚均

事項索引（日独単語対照表）

あ 行

か 行

さ　行

た 行

な 行

は 行

ま 行

や 行

ら 行

■著者紹介

金　尚均（きむ・さんぎゅん）　第Ⅰ部

立命館大学大学院法学研究科博士後期課程中退
現在，龍谷大学大学院法務研究科教授
〔主要業績〕
『ドラッグの刑事規制』（日本評論社，2009年）
『危険社会と刑法』（成文堂，2001年）

辻本 典央（つじもと・のりお）　序章・第Ⅱ部

京都大学大学院法学研究科博士後期課程中退
現在，近畿大学法学部教授
〔主要業績〕
『刑事訴訟法教室』（法律文化社，2013年／共著）
Eine inhaltliche Analyse der Verständigung im deuts chen Strafprozess aus der Perspektive eines Außenstehenden, Zeitschrift fur Internationale Strafrechtsdogmatik (ZIS), 2012, S. 612

武内 謙治（たけうち・けんじ）　第Ⅲ部（第21・22章）

九州大学大学院法学研究科博士後期課程修了／博士（法学）
現在，九州大学大学院法学研究院准教授
〔主要業績〕
『少年司法における保護の構造』（日本評論社，2014年）
『少年事件の裁判員裁判』（現代人文社，2014年／単編著）

山中 友理（やまなか・ゆり）　第Ⅲ部（第19・20章）

ミュンヘン大学法学博士号取得／法学博士
現在，関西大学政策創造学部准教授
〔主要業績〕
Maßnahmen gegenüber psychisch kranken Straftätern: Ein Vergleich zwischen Deutschland und Japan (Müchner Jurisitische Beiträge Bd. 71) , Utz Verlag, München, 2008
「ドイツの性犯罪対策」岩井宜子編『性・犯罪――実態と対策』（尚学社，2014年）

ドイツ刑事法入門

2015年3月15日　初版第1刷発行

著　者　金　尚均・辻本典央
　　　　武内謙治・山中友理

発行者　田靡純子

発行所　株式会社 法律文化社

〒603-8053
京都市北区上賀茂岩ヶ垣内町71
電話 075(791)7131　FAX 075(721)8400
http://www.hou-bun.com/

＊乱丁など不良本がありましたら，ご連絡ください。
　お取り替えいたします。

印刷：中村印刷㈱／製本：㈱藤沢製本
装幀：白沢　正

ISBN978-4-589-03652-0